中国林业发展报告

2010

国　家　林　业　局

2010 中国林业发展报告

前　言

2009年是新中国成立60周年，是我国应对国际金融危机的关键之年，也是我国林业发展史上具有里程碑意义的一年。这一年，历史上首次中央林业工作会议胜利召开，在全国掀起了加快林业改革发展的新热潮；提前实现了2010年森林覆盖率达到20%的奋斗目标，有力地提升了我国在应对气候变化中负责任大国形象；集体林权制度改革全面推进，林业发展的潜能和活力得到极大释放。

在遭受特大干旱等自然灾害的情况下，森林、湿地、荒漠生态系统建设及生物多样性保护取得重大成效。全年完成造林626.23万公顷，比2008年增长16.97%。截至2009年底，全国累计有121.1亿人次参加义务植树，植树563.3亿株。特别是林业重点工程建设取得重大进展。2009年国家林业重点工程完成造林459.62万公顷，比2008年增长33.71%，占全部造林面积的73.40%，所占比重比2008年提高9.19个百分点。全年治理沙化土地153万公顷。截至2009年底，林业系统自然保护区达到2 012处，总面积增加到1.23亿公顷，占全国国土面积的12.8%。

面对国际金融危机的严重影响，各级林业部门按照党中央、国务院的部署，采取一系列有效措施积极应对，保持了林业产业的强劲增长势头。全年实现林业产业总产值17 493.73亿元（按现价计算），比2008年增加3 087.32亿元，增长21.43%。

在各级林业部门的艰苦努力和各有关部门的大力支持下，各项林业事业全面发展，取得了一系列重大突破。重点国有林区棚户区改造全面实施，林区民生明显改善。林业国际合作的渠道和领域不断拓宽，我国林业的国际影响力继续增强。强林惠林政策体系初步形成，林业投入再创历史新高，林业系统实际到位各类建设资金 1 377.86 亿元，与 2008 年相比增长 36.88%。

过去的一年，是发展现代林业、建设生态文明、推动科学发展取得重大进展的一年，是我国林业发展史上划时代的一年。同时，我们也清醒地认识到，当前林业建设还存在着林业改革进展不平衡，森林资源保护压力大，林区民生亟待进一步改善，林业产业发展质量有待提高等问题，影响着林业功能和作用的全面发挥。要与中央赋予林业的“四个地位”相适应并切实承担起林业的“四大使命”，困难之多，难度之大，前所未有；要顺利实现胡锦涛总书记提出的建设祖国两大绿色生态屏障和 2020 年比 2005 年增加森林面积 4 000 万公顷、增加森林蓄积量 13 亿立方米的目标，任务之重，责任之大，也前所未有。

2010 年，是两个五年规划的衔接之年，我国正处在继续全面建设小康社会的重要战略机遇期，建设生态文明已成为我国现代化建设的战略任务，维护生态安全已成为全球面临的重大课题，林业工作肩负着更加重大的历史使命。发展林业，是实现科学发展的重大举措，是建设生态文明的首要任务，是应对气候变化的战略选择，是解决“三农”问题的重要途径。时代潮流已经把林业推到了历史的前台。我们一定要用世界眼光和战略思维来认识林业，继续深化新时期林业在经济社会发展全局中战略地位的认识，进一步增强紧迫感和责任感，紧紧抓住发展机遇，坚定不移地推进林业改革，毫不动摇地加快林业发展，切实肩负起历史赋予我们的责任，履行好时代赋予我们的使命。

贾治邦

2010年9月

目 录

党中央、国务院对林业的新指示、新要求

2009年9月召开的联合国气候变化峰会上，胡锦涛主席做出了“大力增加森林碳汇，争取到2020年森林面积比2005年增加4000万公顷，森林蓄积量比2005年增加13亿立方米”的庄严承诺。

2009年11月26日，胡锦涛总书记在“关于第七次全国森林资源清查情况的报告”上批示：“经过多年努力，我国林业发展和生态建设取得显著成效。希望林业战线同志们，继续努力，依靠人民群众，依靠科学技术，依靠深化改革，扎实开展植树造林活动，着力加强森林保护和经营，确保实现2020年的奋斗目标”。

温家宝总理在2009年6月22日会见中央林业工作会议代表时的讲话中指出，“2003年，党中央、国务院做出了《关于加快林业发展的决定》，明确了林业发展的指导思想、基本方针、主要任务和政策措施，指出了林业发展要坚持以生态建设为主的可持续发展道路。在这份文件中，中央明确了林业的定位，即在贯彻可持续发展战略中林业具有重要地位，在生态建设中林业具有首要地位，在西部大开发中林业具有基础地位。这3句话我始终没有忘记。我还想加一句，就是在应对气候变化中林业具有特殊地位。中央把林业地位提到这样的高度，是前所未有的”。

回良玉副总理在2009年6月22日中央林业工作会议上的

讲话中指出，“现在的林业与过去的林业已大不相同，社会对林业的需求日趋多样，林业的内涵日益丰富，林业的多种功能空前凸显。过去林业主要是保障木材等林产品供给，现在正在向开发生物产业、森林观光、保健食品等多元化方向拓展；过去林业主要是发挥防风固沙、水土保持等作用，现在正在向森林固碳、物种保护、生态疗养等新领域延伸；过去林业主要是着眼发展经济，现在正在向改善人居、传承文化、提升形象等高层次推进。我们要充分认识新时期加快林业改革发展的重大意义，准确把握新时期林业在经济社会发展全局中的战略地位，切实增强紧迫感和责任感，坚定不移地推进林业改革，毫不动摇地加快林业发展。”

中央领导同志的重要批示对林业改革发展提出了新目标新要求，也充分肯定了我国林业发展和生态建设取得的显著成效，为加快林业改革发展指明了前进方向，确立了根本方针，增加了强大动力。

A P1-20

摘要

摘　要

2009年，全国林业行业坚持以科学发展观为统领，深入贯彻中央林业工作会议精神，认真落实各项林业政策，全面推进集体林权制度改革，进一步加强生态建设，稳步发展林业产业，着力建设形式多样的生态文化，林业继续呈现出良好的发展态势，各项林业事业取得了新的成效。

1. 造林规模继续扩大，国土绿化成效显著

2009年，随着集体林权制度改革的深入推进，国家造林补助标准的提高以及中央扩大内需林业任务增加的影响，全国造林面积继续保持增长。2009年全年完成造林面积626.23万公顷，比2008年增长16.97 %。其中，人工造林415.63万公顷，增长12.81%，飞播造林22.63万公顷，增长46.91%，无林地和疏林地新封山育林187.97万公顷，增长24.04%。年末实有封山（沙）育林面积2153.78万公顷。各级领导率先垂范，义务植树蔚然成风，义务植树组织管理得到加强，截至2009年底，全国累计有121.1亿人次参加义务植树，植树563.3亿株。

2. 全国防沙治沙扎实推进，湿地及生物多样性保护取得新进展

2009年，《省级政府防沙治沙目标责任考核办法》经国务院批准下发，防沙治沙重点工程建设扎实推进，全国荒漠化沙化监测工作顺利开展，履约与国际合作得到加强。据统计，全国共完成沙化土地治理153万公顷。2009年，国家林业局下发了《关于同意河北坝上闪电河等62处湿地开展国家湿地公园试点工作的通知》，全国湿地公园发展的步伐进一步加快。以湿地自然保护区、湿地公园为主的湿地保护网络体系初步形成，湿地保护面积达到1 795万公顷，占自然湿地总面积的49.6%，湿地保护率比2008年增加了0.6个百分点。生物多样性保护取得新进展，重点物种保护工作稳步推进，着力完善濒危物种保护制度，加强了野生动物疫源疫病监测。国家划定禁猎（采）区 2 667 个，总面积为 8 462.39 万公顷。森林景观资源保护利用工作进一步加强，截至 2009 年底，全国共建立森林公园 2 458 处，总面积 1 652.50 万公顷。

3. 林业重点工程取得新成绩，成为维护我国生态安全的强大基础

2009 年，林业重点工程建设深入实施，投资规模增加，营造林面积扩大，森林、湿地、荒漠生态系统以及生物多样性保护加强。2009 年国家林业重点工程完成造林面积 459.62 万公顷，比 2008 年增长 33.71%，占全部造林面积的 73.40%，所占比重比 2008 年提高 9.19 个百分点。其中天然林资源保护工程、退耕还林工程（不含京津风沙源治理工程退耕）、京津风沙源治理工程、三北及长江流域等重点防护林体系建设工程、重点地区速生丰产用材林基地建设工程造林面积分别为 136.09 万公顷、88.67 万公顷、43.48 万公顷、189.31 万公顷和 2.08 万公顷，占全部造林面积的比重分别为 21.73%、14.16%、6.95%、30.23% 和 0.33%，其他社会造林占全部造林面积的 26.60%。

天然林资源保护工程 2009 年，天然林资源保护工程完成各项公益林建设 136.09 万公顷，其中人工造林 28.20 万公顷，飞播造林 15.33 万公顷，无林地和疏林地新封山育林 92.56 万公顷。森林管护面积 10 122.56 万公顷，其中，国有林管护面积 4 972.39 万公顷，林业职工代管的集体林面积 1 239.48 万公顷。工程区木材产量 1 484.02 万立方米，占全国木材总产量的 21.00%，这是自 2003 年以来天然林资源保护工程区木材产量首次下降。2009 年，一次性安置人数比 2008 年减少，为 1.21 万人，其中全民职工人数 0.70 万人，混岗职工人数 0.51 万人。天然林资源保护工程实施 12 年以来，工程区累计一次性安置职工 62.15 万人，参加基本医疗保险人数为 100.79 万人。

退耕还林工程 2009 年，按照“巩固成果、确保质量、提高效益、稳步推进”的总体思路，退耕还林工程建设继续稳步推进。全年共完成造林面积 89.86 万公顷（含京津风沙源治理工程中的 1.20 万公顷），其中：退耕地造林 0.07 万公顷，配套荒山荒地造林 57.67 万公顷，无林地和疏林地新封山育林 32.12 万公顷。全年完成种草面积 2.93 万公顷。退耕还林工程完成投资 352.65 亿元，其中，粮食补助资金 204.90 亿元，生活费补助资金 32.82 亿元，两项合计，补助到户资金 237.72 亿元，占退耕还林投资完成额的 67.41%，用于基本口粮田、农村能源等建设的投资 90.61 亿元，占 25.70%。2009 年粮款兑现涉及 873.21 万公顷退耕地，涉及 2 838 万农户。

京津风沙源治理工程 2009 年，京津风沙源治理工程以提质增效为核心，建设重点转向飞播造林和封山育林。工程范围内的 75 个县共完成造林 43.48 万公顷，其中人工造林 13.04 万公顷，飞播造林 7.30 万公顷，无林地和疏林地新封山育林 23.14 万公顷。草地治理面积 18.53 万公顷，小流域治理面积 12.67 万公顷，治理总面积达到 74.68 万公顷。建设完成水利配套设施 1.13 万处，生态移民 4 264 人，涉及到 1 578 户。完成投资 45.67 亿元，其中，林业建设完成投资 40.32 亿元，占 88.28%。

三北及长江流域等重点防护林体系建设工程 2009 年，在扩大内需政策的支持下，三北及长江流域等重点防护林体系工程投资和造林规模均实现较大幅度增长。工程共完成造林面积 189.31 万公顷，其中人工造林 161.86 万公顷，无林地和疏林地新封山育林 27.45 万公顷。三北防护林四期工程完成造林面积 125.59 万公顷，长江流域防护林二期工程完成造林面积 22.21 万公顷，沿海防护林二期工程完成造林面积 21.22 万公顷，珠江流域防护林二期工程完成造林面积 8.20 万公顷，太行山绿化二期工程完成造林面积 11.92 万公顷，平原绿化二期工程完成造林面积 0.17 万公顷。自 2001 年以来，工程累计完成人工造林 592.10 万公顷、飞播造林 29.11 万公顷、新封山育林 355.53 万公顷。其中，三北四期工程累计完成人工造林 368.71 万公顷、飞播造林 10.12 万公顷、新封山育林 168.03 万公顷。

野生动植物保护及自然保护区建设工程 2009年，我国继续加强野生动植物保护及自然保护区工程建设，保护区数量与保护区面积稳步增加。截至2009年底，林业系统自然保护区已达2 012处，总面积1.23亿公顷，占全国国土面积的12.8%。全国野生动植物资源繁育基地、保护区管理和科研建设成效显著。截至2009年底，共有野生动物种源繁育基地431个，野生植物种源培育基地244个。野生动物园69个，植物园64个，狩猎场142个。野生动植物保护管理站4 526个，野生动植物科研及监测机构638个，鸟类环志中心（站）122个。全国从事野生动植物及自然保护区建设的人员达4.97万人，比2008年增长12.50%，其中各类专业技术人员1.25万人。2009年，工程完成投资8.01亿元，比2008年增长14.75%，工程投资占当年林业重点工程投资的比重仅为1.57%，平均每个保护区投资39.81万元，投资力度亟待加强。

湿地保护与恢复工程 2009年，一批重要湿地的生态状况得到了有效改善。共有10多个省（自治区、直辖市）完成了省级湿地保护规划。截至2009年底，国家湿地公园试点总数达到100处，面积为41.5万公顷。新增杭州西溪湿地公园为国际重要湿地，全国拥有国际重要湿地达到37处，面积391.48万公顷；湿地示范区面积为247.98万公顷，比2008年增加27.21万公顷，增长12.32%。建立了《全国湿地保护工程实施规划》信息管理系统，湿地保护和恢复的示范模式逐步形成，部署开展了内蒙古科尔沁、黑龙江安邦河、湖北洪湖、湖南东洞庭湖湿地保护恢复项目的自评估工作。

石漠化综合治理工程 2009年，针对已启动的100个石漠化综合治理试点工作，出台石漠化治理工程信息报送制度，组建了100个试点县专职信息员队伍。截至2009年底，中央累计下达石漠化综合治理林业建设任务26.79万公顷，其中封山育林18.86万公顷，人工造林7.93万公顷；截至2009年底，累计完成林业建设任务16.02万公顷，占下达任务的60%。

重点地区速生丰产用材林基地建设工程　2009 年，在中央林业工作会议精神的推动下，在市场拉动、利益驱动和企业带动等影响下，重点地区速生丰产用材林基地建设工程取得较大进展，农户造林和国有（集体）林场造林大幅增长。全年在荒山荒地中营造速生丰产用材林 21.19 万公顷，占用材林建设总面积的 26.44%。重点地区速生丰产用材林基地建设工程共造林 2.69 万公顷，其中荒山荒地造林面积 2.08 万公顷，更新造林面积 0.52 万公顷。

4. 林业产业发展总体平稳，产值、产量继续保持增长

2009 年，全年实现林业产业总产值 17 493.73 亿元（按现价计算），比 2008 年增加 3 087.32 亿元，增长 21.43%。其中第一、二、三产业分别增长 13.63%、27.49% 和 28.21%。林业三次产业的产值结构由 2008 年的 44.14:47.47:8.39 调整为 41.30:49.84:8.86。分地区看，东部 10 省林业产业总产值比重较大，占全部林业产业总产值的 46.96%；中部省份增长较快，比 2008 年增长 22.96%。林业产业总产值超过 800 亿元的省份共有 9 个，广东、福建、浙江省仍然名列前茅。

由于受雨雪冰冻灾害和地震灾害影响，清理受损林木和灾后重建，2008 年木材产量大幅增加，2009 年木材产量正常回落，达到 7 068.29 万立方米，比 2008 年减少 12.83%。锯材产量持续增长，产量为 3 229.77 万立方米，比 2008 年增长 13.69%。人造板产量快速增长，产量达到 11 546.65 万立方米，比 2008 年增长 22.71%。其中，胶合板 4 451.24 万立方米，同比增长 25.71%；纤维板 3 488.56 万立方米，同比增长 20.02%；刨花板产量 1 431.00 万立方米，同比增长 25.28%；其他人造板 2 175.85 万立方米（细木工板占 67.96%），同比增长 19.53%。木地板产量保持稳定增长，达到 3.78 亿平方米，同比增长 0.17%。其中，实木地板 8 139 万平方米，占全部木地板产量的 21.56%；实木复合木地板 11 771 万平方米，占全部木地板的 31.18%；强化木地板 12 716 万平方米，占全部木地板产量的

33.68%；竹木复合地板2 011万平方米，占全部木地板产量的5.33%。2009年木家具产量为20 501.01万件，比2008年增长8.20%，木浆产量551万吨，比2008年下降18.01%。

2009年，新造经济林面积100.26万公顷，比2008年增长17.84%。各类经济林产品总量达到1.27亿吨。竹材产量为13.56亿根，比2008年增长7.47%。年末实有花卉种植面积63.26万公顷；切花切叶124亿支；盆栽植物近20亿盆；观赏苗木50亿株；草坪2.32亿平方米。

2009年全国森林公园共接待游客3.33亿人次，其中海外游客912万人次，旅游总收入达226.14亿元。全国森林公园共提供社会就业岗位近62万个，创造的社会综合旅游产值近1 800亿元。

5. 生态文化体系建设成效显著，生态文明观念在全社会逐步树立

生态文化基础设施建设进一步加强 生态文化场馆建设快速推进，全国新建改建扩建生态文化场馆51处，较2008年增长了121.74%。生态文化休憩场所建设迈上新台阶，全国新建扩建生态文化休憩场所143处。生态文化教育示范基地建设推向深入，规模不断扩大，数量不断增加，全国新建生态文化（文明）教育基地29处，较2008年增长了81.25%。

生态文化产品进一步丰富 生态理论研究紧密联系经济社会发展实际，深入探讨重大理论和实践问题，研究领域不断拓展，研究层次不断提高，研究内容不断深化，形成了诸多具有指导意义的学术成果。生态文艺创作成果丰硕，亮点频现，生态保护和建设成为众多文艺作品和活动的主题。

生态文化传播范围进一步扩大 中央主要报刊和电台刊播林业和生态报道及专题达到13 000篇（条），较2008年增加18.18%。网络媒体通过专栏、专访、博客、播客、微博、网上调查等多种途径加大生态文化传播力度，引导网民关心、支持和参与生态文化建设。《中国绿色时报》、《中国林业》、《生态文化》、《森林与人类》、《湖南林业》、《云南林业》等中央和地方林业报纸刊物立足林业，全面报道各地生态文化建设的生动实践，充分反映各地生态文化建设的重大进展，广泛宣传各地生态文化建设的先进典型，为普及生态知识、提高公众生态文明素养、推进生态文化建设发挥了重要作用。展览、展会、论坛成为开展生态教育、传播生态知识的重要手段和形式，被广泛运用到生态文化建设的实践中。

生态文化队伍进一步壮大　生态文化研究力量进一步加强，一批新的生态文化研究组织创立。生态文艺创作队伍进一步壮大，许多知名文艺工作者转向生态文艺创作，大量生态文艺创作新锐脱颖而出，生态文艺创作机构增长快速。同时，各级各地有关部门注重生态文化建设人才培养，切实提高生态文化建设工作者的业务素质和工作能力，为构建繁荣的生态文化体系奠定了坚实的组织基础。

6. 林业投入再创历史新高，强林惠林政策实现重大突破

2009 年，林业系统实际到位各类建设资金 1 377.86 亿元，与 2008 年相比增长 36.88%，资金到位率为 107.90%。其中，中央林业资金 838.24 亿元，占全部林业建设资金总量的 60.84%，同比下降 3.84 个百分点。在中央林业资金中，国家预算内基本建设资金 121.56 亿元，比 2008 年增长 98.58%；国债资金 59.96 亿元，增长 5.11%；中央财政专项资金 460.66 亿元，增长 18.66%；其他国家预算内资金 196.06 亿元，增长 35.59%。2009 年，中央林业资金仍主要以工程资金形式注入林业，天然林资源保护工程、退耕还林工程、重点防护林建设工程、京津风沙源治理工程、野生动植物保护及自然保护区建设工程等五大林业重点生态工程为主要投入对象。中央林业资金投入 5 项工程的资金总量达 499.96 亿元，占全部中央林业资金的 59.64%。

2009 年，国家林业局下达林业贴息贷款项目建议计划 160 亿元，实际落实林业贴息贷款 159.90 亿元，占同期贷款计划的 99.94%，与 2008 年相比增长 79.54%。其中：工业原料林项目落实贷款 62.25 亿元，占当年贷款落实总额的38.93%；经济林项目落实贷款34.41亿元，占当年贷款落实额的21.52%；其他种植业项目落实贷款7.11亿元，占当年贷款落实总额的4.45%；多种经营项目落实贷款56.13亿元，占当年贷款落实总额的35.10%。林业贷款大幅增长的主要原因在于，集体林权制度改革和林业发展金融服务的政策措施、林业贷款中央财政贴息支持力度的加强等因素。

2009年，实际利用外资规模达到5.54亿美元，比2008年下降45.04%，占全国利用外资总水平（900.30亿美元）的0.62%。其中国外借款1.17亿美元，外商直接投资4.18亿美元，无偿援助0.19亿美元，分别占林业实际利用外资总规模的21.19%、75.34%和3.47%。2009年林业利用外资呈以下特点：从利用外资方式上看，依然以外商直接投资方式为主；从利用外资的项目类型上看，以商品林造林项目为主，项目个数为315个，实际利用外资金额为1.05亿美元；从林业利用外资的区域上看，东部地区省份利用外资水平较高，占全部林业利用外资额的55.61%。

2009年，全部林业固定资产投资完成额达到1 351.33亿元，比2008年增长36.88%，其中，林业基本建设投资完成1 288.18亿元，同比增长35.27%；更新改造投资完成52.05亿元，同比增长81.89%；森工其他固定资产完成投资11.10亿元，同比增长75.33%。国家投资完成710.48亿元，占全部林业投资完成额的52.58%。

从结构看，营林固定资产基本建设投资完成1 109.52亿元，比2008年增长34.05%；森工固定资产基本建设投资完成178.66亿元，同比增长43.42%；营林和森工固定资产基本建设投资比为6:1。营林更新改造固定资产投资完成6.67亿元，与2008年相比下降了25.07%；森工更新改造固定资产投资完成45.39亿元，同比增长130.17%；营林和森工更新改造固定资产投资完成比为1:7。

7. 林地管理进一步加强，森林可持续经营水平不断提高

2009年，森林资源管理进一步加强。一是完善林地管理制度。

编制《全国林地保护利用规划纲要》，并上报国务院。简化并规范征占用林地申报材料、实施审批前的监督检查、维护林权权利人的利益。把生态保护作为审查的重点，引导科学使用林地。建立了全国征占用林地项目审核审批情况月报制度，强化了对省级林业主管部门的监管，并探索推广征占用林地网上审批。协调解决林地管理中存在的突出问题，与国务院法制办等部委沟通协调，解决石油天然气管线等建设项目用地中出现的法律冲突问题，与南水北调办公室协调，解决淹没区以上林地林木处置问题等。二是继续推进森林可持续经营。规范森林经营方案的编制，国家林业局制定下发了《县级森林可持续经营规划编制指南》，编写了《森林经营方案编制与实施规范》和《简明森林经营方案编制技术规程》两个行业标准，初步构建了符合中国林业特点的森林经营方案制度体系。三是中幼龄林抚育工作全面推进。财政部和国家林业局从2009年起开展森林抚育补贴试点，系统研究全面开展森林经营工作的政策机制和技术体系。四是大力查处林地案件。全国森林公安受理、查处林地案件10 384起，其中刑事案件784起，有力地保护了林业用地。

8. 林业种苗建设投入大幅增加，森林防火形势依然严峻

2009年，国家共下达林木种苗工程建设投资计划28 851万元，比2008年增长105.0%；其中中央预算内资金20 000万元，地方配套资金8 851万元，分别比2008年增加100%和119%。2009年，全国共采收林木种子2 419万千克，生产良种共257万千克，采穗圃生产穗条7.7亿条（根）、无性系繁殖圃生产穗条 5.5亿条（根）。2009年，全国共完成育苗面积65.9万公顷，其中新育苗面积22.4万公顷，生产造林合格苗木178亿株。

2009年，森林防火形势严峻，综合防控成绩突出。2009年，我国10多个省（自治区、直辖市）遭遇数十年不遇的特大旱情，森林火险等级居高不下，部分省区火灾频发。全年发生火灾8 859起，受害森林面积4.6万公顷，同比分别下降37.37%和12.15%，有效保护了森林资源和人民群众生命财产安全，并为新中国成立60周年大庆营造了良好的社会氛围。

9. 林业有害生物防治压力增大，野生动物疫源疫病监测成果显著

2009年，受极端气候条件等多种因素影响，我国林业生物灾害呈现偏重发生，局部成灾严重。全国主要林业有害生物发生面积达1 157万公顷，其中：虫害发生面积850.30万公顷，鼠害188.55万公顷，病害103.12万公顷。各级森防组织积极应对，完成防治面积820万公顷，防治率70.85%；实现成灾率控制在6.4‰以下、无公害防治率78.4%以上、测报准确率83%以上、种苗产地检疫率96.8%以上的指标要求。2009年，中央预算防治补助2亿元，基础设施建设资金2.5亿元，各地也均不同程度地增加了应急救灾资金。

2009年，野生动物疫源疫病监测防控工作取得重要进展，全年未发生特别重大、重大及较大的野生动物疫情。全国各地共上报监测信息10 280份，报告野生动物异常情况51起，死亡野生动物55种2 447只（头），涉及青海、西藏、江西、浙江等14个省（自治区、直辖市）。发生青海更尕海野鸟高致病性禽流感、鼬獾犬瘟热和鸟禽霍乱等7起一般野生动物疫情。

10. 林业科技不断进步，林业教育蓬勃发展

2009年，林业科技投资规模和增长幅度都再创历史新高。其中，中央财政林业科技推广示范项目正式启动，新增中央财政投入2.4亿元，比2008年增加500%；农业科技成果转化资金总经费1 090万元，比2008年增加12%；林业公益性行业专项经费14 069万元，比2008年增长16%；新增国家科技支撑计划项目经费5 906万元和国家转基因重大科技专项经费950万元。2009年，对92项科研项目、174项推广项目进行验收，对71项在研项目进行中期评估；取得科研成果270多项，其中应用技术成果240多项，基础理论成果近30项；近180项科技成果已成功应用。2009年，新颁布林业标准58项，组织开展171项林业行业标准、18项国家标准、5项国际标准的制修订工作；开展了60个全国林业标准化示范区建设。

2009年，全国普通高等林业院校招收研究生和其他高等学校、科研单位招收林科研究生共6 177人，比2008年增加11.98%；招收本专科生共60 983人，比2008年增加7.64%；中等林业（园林）学校招生和其他中等职业学校林科共招收学生48 956人，比2008年增加49.47%。2009年，全国普通高等林业院校和其他高等学校、科研单位林科专业毕业博士、硕士生4 734人，比2008年增加4.85%；毕业本、专科生52 184人，比2008年增加3.51%；毕业中专生28 447人，比2008年增加16.75%。2009年，行业培训及人才开发成果丰富。组织林业建设专题研究班2期、专业技术人才高级研修班5期、其他培训班90余期，培训8 000余人次；33 430人次通过林业行业职业技能鉴定考核，比2008年增加17.57%。其中18 807人次获得高级及其以上《职业资格证书》，比2008年增加3.32%。

11. 林业工作站建设稳步推进，国有林场扶持力度加强

2009年，全国完成林业工作站基本建设投资46 379.43万元，比2008年增加2.53%，其中国家投资7 516.75万元，地方配套38 862.68万元。全国新建乡镇林业站1 283个，501个林业工作站新建了办公用房，831个站配备了通讯设备，857个站配备了机动交通工具。2009年，在全国选择了220个县（市、区）实施林业重点工程区林业工作站建设项目，为2 697个乡镇林业工作站配备了必要的设施设备，通过项目实施，有效提高了林业工作站建设整体水平。

2009年，国有林场全年营造林总面积46.1万公顷，比2008年下降50.70%。2009年，国有林场扶贫资金总额2.5亿元，改造危旧房面积14.8万平方米，维修、接通断头路1 428千米；2009年，国家林业局、国家发改委、住房城乡建设部联合下发了《关于做好国有林场危旧房改造工作的通知》，将国有林场危旧房改造纳入国家扩大内需投资计划，并选择12个省（自治区、直辖市）开展了试点工作。同时，将国有林场纳入了全国农村饮水安全工程规划范围，国有林场公路建设也正在规划中。截至2009年底，全国国有林场资产总额319亿元（不含林木资产），其中：流动资产150.9亿元、固定资产133.6亿元；负债总额233.1亿元，其中流动负债182.7亿元、长期负债50.3亿元。2009年，全国国有林场利润总额3.4亿元，比2008年减少5.7亿元。

12. 林业信息化建设取得突破性进展，进入了以信息化带动现代化的新阶段

发布了《全国林业信息化建设纲要》及其指南。召开了首届全国林业信息化工作会议，确立了“加快林业信息化，带动林业现代化”的基本思路，举办了首届全国林业信息化高峰论坛、林业信息化成果展，设立了林业信息化标识。实施了国家林业局内外网整合改造、林业专网扩建、自然资源信息库等一批重点信息化工程。组织了林业信息化战略研究，启动了辽宁、湖南、福建、吉林森工等首批全国林业信息化示范省（点）建设。成立了全国林业信息数据标准化技术委员会，专门负责林业信息化标准建设的组织、计划、制度修订等工作。

13. 区域林业发展不均衡，区域性特征明显

东部地区 一方面，非国有经济造林占据绝对优势，区域生态良好的局面基本形成。2009年，区内森林覆盖率为35.68%，除天津、上海、江苏、山东4省（直辖市）外，其余6省森林覆盖率均高于全国平均水平，其中浙江、福建、海南和广东省的森林覆盖率接近或超过50%，生态良好为东部地区的经济快速发展奠定了坚实的基础。另一方面，林业经济实力约占全国的一半，产业结构日趋合理。2009年，区内林业产业总产值8 214.99亿元，比2008年增长20.60%，占全国林业产业总产值的46.96%；单位森林面积实现林业产业产值25 285元/公顷，是全国平均水平8 950元/公顷的2.83倍。林业三次产业结构比由2008年的35.9：59.4：4.7调整为32.2：63.1：4.7，第二产业实力进一步增强。

中部地区 生态建设力度加大，非国有经济造林比重较高，造林成果巩固的任务十分艰巨。2009年，区内全年共完成造林面积131.45万公顷，占全国造林总面积的20.99%，这一比例高于东部地区近10个百分点。但主要灾害在这一地区表现活跃，生态建设成果巩固的任务十分繁重。2009年，共发生森林火灾3 960次，发生次数占全国的44.70%，火灾发生率是全国平均火灾发生率的2.6倍。预防和控制森林火灾的任务十分艰巨。区域产业发展特色较为突出，木本油料种植成为这一区域的一大特色，全年生产油茶籽80.33万吨，占全国总产量的68.70%。

西部地区 全国五成以上的投资放在西部地区，由于面积大，单位投资低于全国水平，职工收入有所提高。2009年，实际完成固定资产投资额为764.74亿元，比2008年增长34.15%，占全国林业固定资产投资总额的56.59%。单位造林面积投资额为5 746元/公顷，占全国平均水平的70%，远低于其他三个区域的水平。区内林业系统在岗职工人数40.91万人，占全国31.10%，比2008年减少0.87万人，减幅为2.82%；在岗职工年平均工资19 514元，比2008年增长2 787元，增幅为16.66%。

东北地区 2009年，区内共完成造林面积37.33万公顷，全部造林面积中100%为重点工程造林，重点工程造林作用突出。同年，区内林业产业总产值为1 983.41亿元，占全国林业产业总产值的11.33%；单位森林面积实现林业产业产值6 246元，为全国平均水平的69.79%。单位造林面积固定资产投资额为11 472元/公顷，是全国平均水平的1.4倍。职工总数占全国的近四成。区域经济结构单一，资源优势没有转变为经济优势。

14. 国际合作范围拓宽，履约工作进展顺利

2009年，国际合作与交流内容增加，范围拓宽。共争取到德国、英国、澳大利亚、日本、联合国粮农组织、小渊基金、国际热带木材组织、世界自然基金会、大自然保护协会无偿援助项目176个，受援资金3 651万美元；实施对外援助培训项目和国家重点科技合

作项目11个，共计160余万美元。先后签署1个政府间协定、3个双边部门间协定及1个区域部门间协议，对外签署林业领域政府间协定（备忘录）已达到13个，部门间协议达到50。2009年，召开了中韩、中希、中日、中蒙、中英、中加、中俄双边工作组及中俄兴凯湖保护协定联合工作组会议8次。专项国际合作进展顺利，履约工作成效明显。中德签署财政合作《北方荒漠化防治协调与培训项目合作协议》;继续与美国、印度、俄罗斯、日本、澳大利亚、韩国、德国等多个国家签署加强自然及野生动植物保护合作的协议；与湿地国际、世界自然基金会、美国大自然协会分别签署了合作年度备忘录，与伊拉克政府签订了《中伊湿地合作协议》。《濒危野生动植物种国际贸易公约》(CITES)、《联合国防治荒漠化公约》（UNCCD）、《联合国气候变化框架公约》（UNFCCC）、《湿地公约》（RAMSAR）履约工作按要求开展工作，取得丰富成果。

15. 国家出台了多项林业新政策，积极推进林业改革和发展

2009年，中央召开了首次林业工作会议，明确了支持林业改革发展的政策要求。国家提高了退耕还林工程造林中央补助标准，人工造林苗木造林费补助标准由2008年的每亩100元提高到人工造乔木林每亩200元、灌木林每亩120元。国家出台了新修订《育林基金征收使用管理办法》，新办法在育林基金征收使用管理方面做出重大调整，降低了征收比例，缩小了征收范围，减少了征收环节，明确了林木产品销售收入确定原则。

国家出台了《关于做好集体林权制度改革与林业发展金融服务工作的指导意见》，对加大林业信贷投放、开发林业信贷产品、拓宽林业融资渠道、完善财政贴息政策、健全林权抵押贷款制度、建立政策性森林保险制度做出了明确规定。国家林业局下发了《关于改革和完善集体林采伐管理的意见》，明确了改革和完善集体林采伐管理的指导思想、基本原则和总体目标，从9个方面改革和完善了集体林采伐管理。国家林业局下发了《关于促进农民林业专业合作社发展的指导意见》，从7个方面加强对农民林业专业合作社的政策扶持，初步解决单家独户分散经营的困难。国家林业局下发了《关于切实加强集体林权流转管理工作的意见》，从稳定林地家庭承包经营关系，建立规范有序的集体林权流转机制，加强集体林权流转的引导，维护集体林权流转秩序，禁止强迫或妨碍农民流转林权等方面规范集体林权流转行为。

国家出台了新修订的《国家级公益林区划界定办法》，将国家重点公益林更名为国家级公益林，明确国家级公益林的8大类区划范围和3个保护等级，国家级公益林稳定在全国林地总面积的30%～40%。国家出台了新修订《中央财政森林生态效益补偿基金管理办法》，自2010年1月1日起，中央财政补偿基金依据国家级公益林权属实行不同的补偿标准。国有的国家级公益林平均补偿标准为每年每亩5元，集体和个人所有的国家级公益林补偿标准为每年每亩10元。

国家发布了《林业产业振兴规划（2010～2012年）》和《全国油茶产业发展规划（2009～2020年），下发了《关于进一步加强木材运输管理工作的通知》、《关于成品油价格和税费改革后进一步完善种粮农民、部分困难群体和公益性行业补贴机制的通知》,《关于以农林剩余物为原料的综合利用产品增值税政策的通知》,修订了《林业贷款中央财政贴息资金管理办法》，明确了相关扶持政策。

16. 林业法律体系不断完善，依法治林成效显著

2009年，林业立法工作进入新阶段。加快了《森林法》修订工作，完成了《森林公园管理办法》、《陆生野生动物疫源疫病监测管理办法》、《野生动植物进出口证书核发管理办法》等4件部门规章草案的起草与审查。林业执法及执法监督力度进一步加大。全国共发生林业行政案件29.75万起，与2008年相比下降了15.89%。森林公安机关全年共办理森林和野生动物刑事、行政案件18.06万起，打击处理违法犯罪人员23万人次，收缴林木59.26万立方米、野生动物62.68万头（只），涉案金额72亿元。2009年，开展了全国林木种苗质量抽查，林木种子样品合格率为96.7%，苗木苗批合格率为96.2%。

17. 木材产品供需总量扩大，林产品总体价格水平下降，进出口贸易大幅减少，但出口减幅小于进口减幅，贸易逆差转为顺差

2009年，全国木材产品市场总供给为42 234.49万立方米，比2008年增长13.74%。其中：进口原木及其他木质林产品折合木材18 436.62万立方米，其中，原木2 805.93万立方米，锯材（含特形材）折合木材1 293.33万立方米，单板和人造板折合木材211.39万立方米，纸浆及纸类折合木材13 492.83万立方米，木片折合木材497.88万立方米，家具、木制品及木炭折合木材135.26万立方米。国内商品材产量为7 068.29万立方米，木质刨花板和纤维板折合木材（扣除与薪材供给的重复计算）8 225.42万立方米，农民自用材和烧柴产量为4 604.17万立方米，超限额采伐、上年库存等形式形成的木材供给约为3 800万立方米。全国木材产品消耗总量为42 189.48万立方米，比2008年增长13.58%。其中：工业与建筑用材消耗量为32 516.47万立方米，农民自用材（扣除农民建房用材）和烧柴消耗量为3 199.83万立方米，出口原木及其他木质林产品折合木材6 473.18万立方米，其中，原木1.27万立方米，锯材折合木材128.29万立方米，单板和人造板折合木材1 821.63万立方米，纸浆及纸类折合木材1 570.06万立方米，家具折合木材2 722.17万立方米，木片、木制品和木炭折合木材229.76万立方米。

2009年林产品价格指数为94.05%，木材产品价格指数为95.58%。

2009年林产品出口363.16亿美元，与2008年同口径比下降4.47%，占全国商品出口额的3.02%；林产品进口339.02亿美元，比2008年减少11.80%，占全国商品进口额的3.37%；林产品贸易顺差为24.14亿美元。

木质林产品进出口中，原木出口1.27万立方米，比2008年增加

349.56%，原木进口 2 805.93 万立方米，比 2008 年减少 5.11%；锯材（不包括特形材）出口 56.11 万立方米，比 2008 年减少 21.80%，锯材进口 993.52 万立方米，比 2008 年增长 38.34%；胶合板、纤维板和刨花板的出口量依次为 563.48 万立方米、203.11 万立方米和 12.49 万立方米，分别比 2008 年下降了 21.58%、14.75% 和 35.35%，胶合板、纤维板和刨花板的进口量分别为 17.92 万立方米、45.30 万立方米和 44.65 万立方米，与 2008 年相比，胶合板和纤维板的进口量分别下降 39.03% 和 10.21%，刨花板的进口量增长 19.35%；木家具出口 120.35 亿美元，比 2008 年增长 9.24%，进口 2.98 亿美元，比 2008 年下降 4.58%；木浆进口 1 357.85 万吨，比 2008 年增长 43.53%；纸和纸制品（按木纤维浆比例折合值）出口 480.28 万吨，与 2008 年同口径比增长 4.33%，进口 349.59 万吨，比 2008 年减少 6.43%；废纸进口 2 750.17 万吨，比 2008 年增长 13.62%。

非木质林产品出口 94.66 亿美元，比 2008 年下降 12.44%，占林产品出口额的 26.06%；进口 117.84 亿美元，比 2008 年下降 12.11%，占林产品进口额的 34.76%。

2009 年，林产品出口主要集中于美、日市场，进口则以美、俄和东南亚市场为主。前 5 位出口贸易伙伴依次是美国 24.54%、日本 10.99%、中国香港 5.60%、英国 4.81% 和德国 3.31%；前 5 位进口贸易伙伴分别为美国 12.17%、印度尼西亚 10.66%、马来西亚 10.64%、泰国 8.99% 和俄罗斯 8.78%。

B

P21-30

第七次全国森林资源清查

- 森林资源总量
- 森林资源结构
- 森林资源质量
- 森林生态功能效益
- 森林资源动态分析

第七次全国森林资源清查

第七次全国森林资源清查从2004年开始，历时5年，清查面积957.67万平方千米，实测固定样地41.50万个，判读遥感样地284.44万个，获取清查数据1.6亿组，参与清查工作的技术人员2万余人。

根据第七次全国森林资源清查结果，全国森林面积19 545.22万公顷[①]，森林覆盖率20.36%。活立木总蓄积149.13亿立方米，森林蓄积137.21亿立方米。森林面积列世界第五位，森林蓄积列世界第六位，人工林面积继续保持世界首位。

（一）森林资源总量[②]

1. 林地面积

林地是用于培育、恢复和发展森林植被的土地，包括有林地、疏林地、灌木林地、未成林造林地、苗圃地、无立木林地、宜林地和其他林地。全国林地面积30 378.19万公顷，其中：有林地18 138.09万公顷，疏林地482.22万公顷，灌木林地5 365.34万公顷，未成林造林地1 046.18万公顷，苗圃地45.40万公顷，无立木林地709.61万公顷，宜林地4 403.54万公顷，其他林地187.81万公顷（图1）。

有林地面积中，乔木林15 558.99万公顷[③]，占85.78%；经济林2 041.00万公顷，占11.25%；竹林538.10万公顷，占2.97%。黑龙江、内蒙古、云南、四川、广西、江西、湖南等省（自治区）有林地面积较大，7省（自治区）合计9 544.32万公顷，占全国的52.62%。

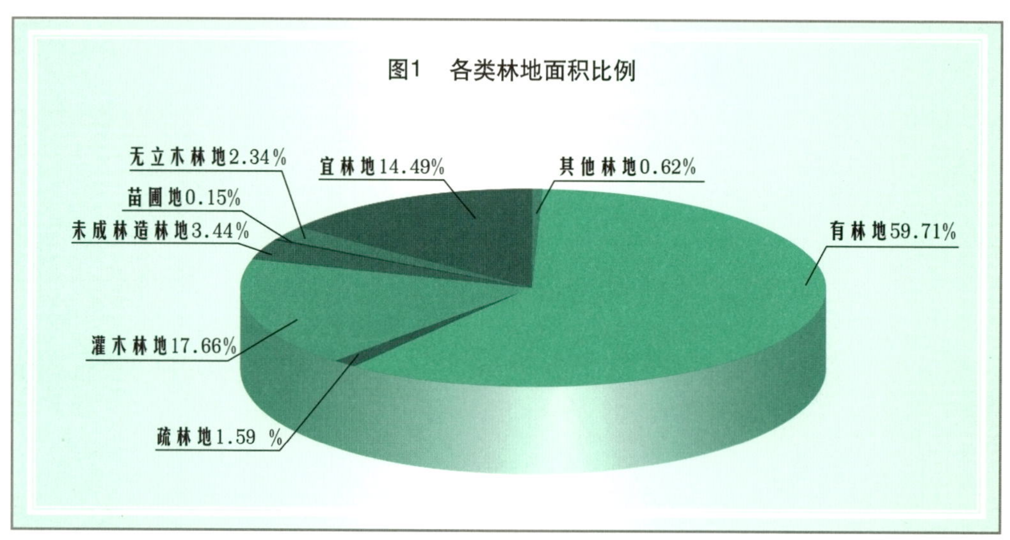

图1　各类林地面积比例

[①] 本报告涉及的全国森林面积含国家特别规定的灌木林新增面积。
[②] 以下数据均未包括香港特别行政区、澳门特别行政区和台湾省的资源数据。
[③] 乔木林面积统计口径与以往各次全国森林资源清查林分面积的统计口径一致，未包含经济林面积。

2. 林木蓄积

林木蓄积是一定范围土地上现存活立木材积的总量，也称活立木总蓄积，包括森林蓄积、疏林蓄积、散生木蓄积和“四旁”树蓄积。全国活立木总蓄积1 455 393.79万立方米。其中，森林蓄积1 336 259.46万立方米，疏林蓄积11 423.77万立方米，散生木蓄积74 468.12万立方米，“四旁”树蓄积33 242.44万立方米（图2）。森林蓄积主要分布在西南高山林区和东北、内蒙古林区，其中西藏、四川、云南、黑龙江、内蒙古、吉林等省（自治区）森林蓄积较多，6省（自治区）合计占全国的66.88%。

图2 各类林木蓄积比例

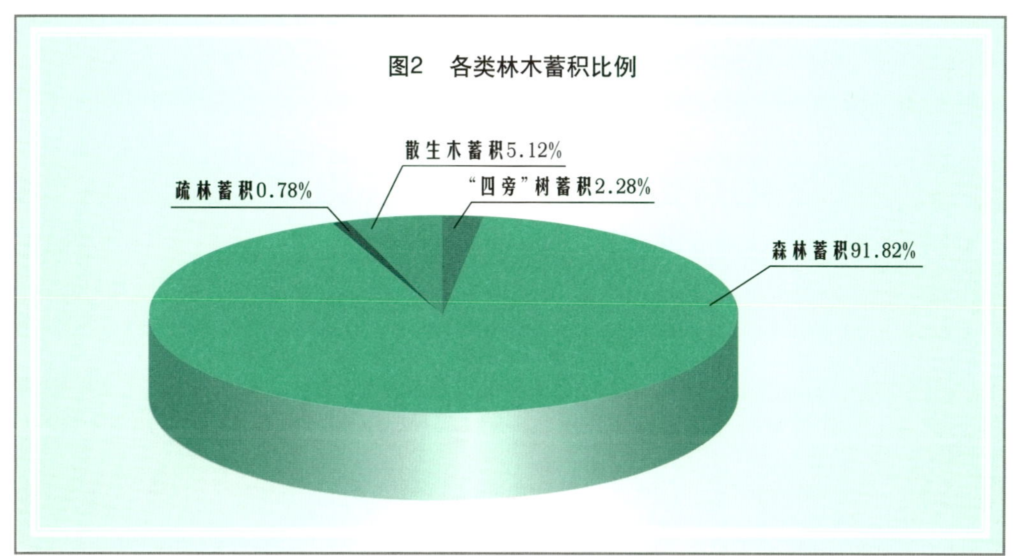

（二）森林资源结构

林种结构、龄组结构和树种结构分别反映了森林资源的用途、年龄分布和树种组成，在一定程度上体现出森林资源的质量、功能和经营状况。

1. 林种结构

根据《森林法》，中国森林划分为防护林、用材林、经济林、薪炭林、特种用途林。在充分发挥森林多方面功能的前提下，按照主要用途的不同，将防护林和特种用途林归为公益林，将用材林、经济林、薪炭林归为商品林。

有林地面积18 138.09万公顷，公益林和商品林各占52.41%和47.59%。其中，防护林8 308.38万公顷，特种用途林1 197.82万公顷，用材林6 416.16万公顷，薪炭林174.73万公顷，经济林2 041.00万公顷（图3）。

森林蓄积中，防护林蓄积735 033.12万立方米，特种用途林蓄积174 609.49万立方米，用材林蓄积422 704.82万立方米，薪炭林蓄积3 912.03万立方米（图4）。

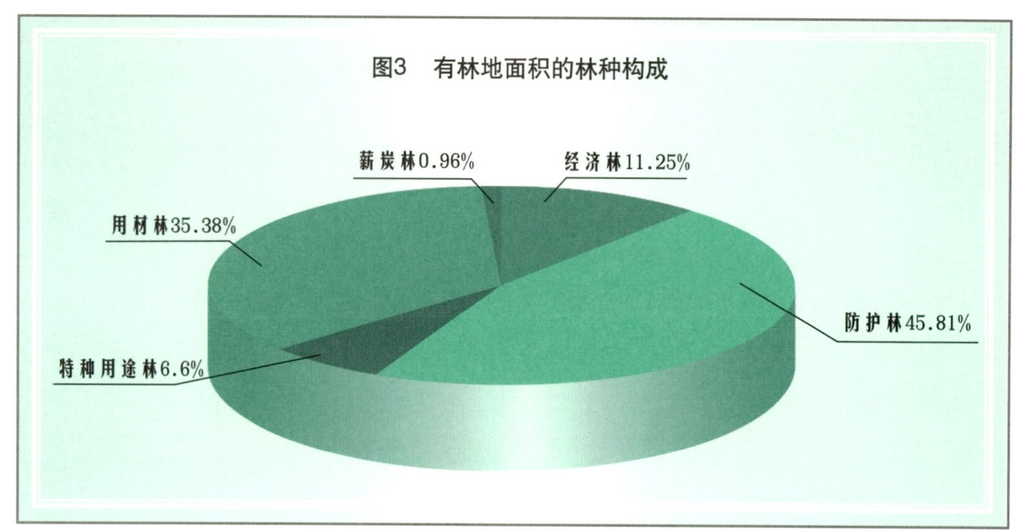

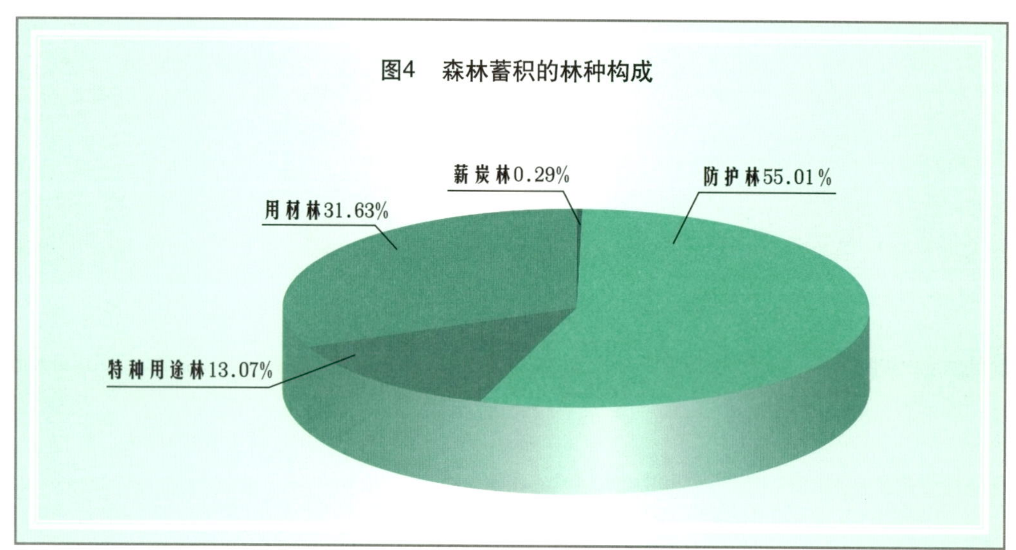

2. 龄组结构

根据树种生物学特性、生长过程及经营利用方向的不同，按年龄大小将乔木林划分为幼龄林、中龄林、近熟林、成熟林和过熟林。幼龄林面积5 261.86万公顷，蓄积148 777.11万立方米；中龄林面积5 201.47万公顷，蓄积386 141.65万立方米；近熟林面积2 305.37万公顷，蓄积264 983.39万立方米；成熟林面积1 871.25万公顷，蓄积315 872.22万立方米；过熟林面积919.04万公顷，蓄积220 485.09万立方米（图5）。乔木林面积中，幼中龄林比例较大，占67.25%。近、成、过熟林主要分布在西藏、内蒙古、四川、黑龙江、云南、吉林、陕西等省（自治区），7省（自治区）合计占全国的72.11%。

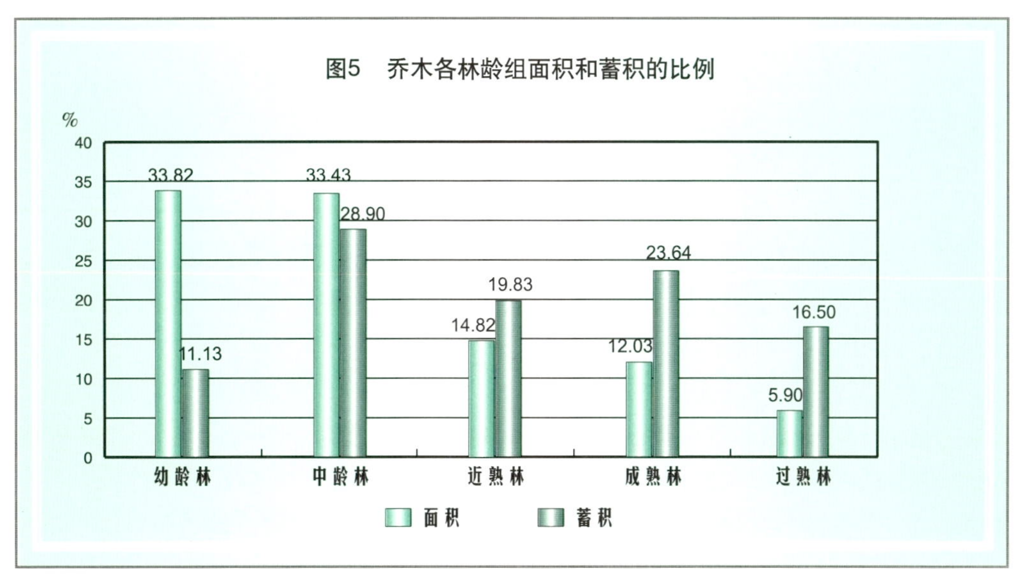

3. 树种结构

我国树种资源极其丰富，有木本植物8 000余种，约占世界的54%。其中，乔木树种2 000余种。乔木林按优势树种（组）统计，面积比重排名前10位的有栎类、马尾松、杉木、桦木、落叶松、杨树、云南松、云杉、柏木、冷杉，面积合计8 620.69万公顷，占全国的55.40%；蓄积合计760 345.78万立方米，占全国的56.90%（表1）。

表1 乔木林主要优势树种（组）面积和蓄积

主要优势树种（组）	面 积（万公顷）	面积比例（%）	蓄 积（万立方米）	蓄积比例（%）
栎 类	1 610.03	10.35	120 841.43	9.04
马尾松	1 203.50	7.74	58 787.72	4.40
杉 木	1 126.87	7.24	73 409.48	5.49
桦 木	1 079.85	6.94	79 946.31	5.98
落叶松	1 063.11	6.83	95 521.69	7.15
杨 树	1 010.26	6.49	54 939.14	4.11
云南松	460.59	2.96	46 872.15	3.51
云 杉	430.96	2.77	100 159.61	7.50
柏 木	324.37	2.08	16 306.22	1.22
冷 杉	311.15	2.00	113 562.03	8.50

栎类林和杨树林在全国各省（自治区、直辖市）均有分布，栎类林在云南、内蒙古、陕西、黑龙江、吉林、四川等省分布较多，6省（自治区）面积合计占全国的63.71%，蓄积合计占全国的75.90%；杨树林在内蒙古、黑龙江、河南、山东、江苏、吉林等省（自治区）分布较多，6省（自治区）面积合计占全

国的70.08%，蓄积合计占全国的72.92%。马尾松林和杉木林主要分布在南方集体林区，马尾松林在江西、广西、湖南、湖北、浙江和福建等省（自治区）较多，6省（自治区）面积合计占全国的65.92%，蓄积合计占全国的60.86%；杉木林在湖南、江西、福建、广西、浙江等省（自治区）较多，5省（自治区）面积合计占全国的71.16%，蓄积合计占全国的71.71%。桦木林和落叶松林主要集中分布在东北、内蒙古林区，以内蒙古和黑龙江2省（自治区）最多，2省（自治区）合计，桦木林面积占全国的82.51%，蓄积占全国的79.78%；落叶松林面积占全国的80.18%，蓄积占全国的76.29%。

4. 权属结构

土地权属 林地面积中，国有12 131.58万公顷，占39.94%；集体所有18 246.61万公顷，占60.06%。有林地面积中，国有7 246.77万公顷，占39.95%；集体所有10 891.32万公顷，占60.05%。我国林地和有林地面积，国有与集体所有之比均为4：6。

林木权属 有林地面积中，国有的7 143.58万公顷，占39.38%；集体经营的5 176.99万公顷，占28.54%；个体经营的5 817.52万公顷，占32.08%。森林蓄积中，国有的878 812.35万立方米，占65.77%；集体所有的290 427.90万立方米，占21.73%；个体所有的167 019.21万立方米，占12.50%。乔木林面积国有的比例较大，占45.11%；经济林和竹林面积以个体经营的比例较大，分别达82.68%和76.13%（表2）。

表2 森林资源按林木权属构成

项　目	国　有	集　体	个　体
有林地面积（万公顷）	7 143.58	5 176.99	5 817.52
所占比例（%）	39.38	28.54	32.08
乔木林面积（万公顷）	7 018.52	4 820.15	3 720.32
所占比例（%）	45.11	30.98	23.91
经济林面积（万公顷）	100.80	252.66	1 687.54
所占比例（%）	4.94	12.38	82.68
竹林面积（万公顷）	24.26	104.18	409.66
所占比例（%）	4.51	19.36	76.13
森林蓄积（万立方米）	878 812.35	290 427.90	167 019.21
所占比例（%）	65.77	21.73	12.50

（三）森林资源质量

乔木林单位面积蓄积量、单位面积生长量、单位面积株数、平均郁闭度、平均胸径、群落结构、树种组成结构、森林灾害、自然度和森林健康状况等是评价森林资源质量的重要指标。全国乔木林每公顷蓄积量为85.88立方米，每公顷年均生长量为3.85立方米，每公顷株数为916株，平均郁闭度为0.56，平均胸径为13.3厘米。乔木林群落结构完整的面积占58.02%，较完整的占37.30%，简单结构的占4.68%。乔木纯林占62.59%，混交林占37.41%。乔木林人为干扰较小，处于原始和接近原始状态的面积占5.01%；人为干扰较大，处于次生状态或人工类型的面积占94.99%。

根据乔木林遭受火灾、病虫鼠害、气候灾害（风、雪、水、旱）和其他灾害的程度，乔木林受害等级划分为轻度、中度和重度三级。乔木林受灾面积1 761.74万公顷，占乔木林面积的11.32%。其中，重度灾害的占11.78%，中度灾害的占23.10%，轻度灾害的占65.12%。各种灾害类型中，遭受病虫鼠害的乔木林面积893.02万公顷，占受灾面积的50.69%；遭受火灾的面积306.40万公顷，占17.39%；遭受气候等其他灾害的面积562.32万公顷，占31.92%。按林木生长发育状况和受灾情况，评定乔木林健康状况，处于健康等级的面积占72.33%，处于亚健康、中健康和不健康等级的面积分别占21.44%、4.72%和1.51%。

综合利用反映森林资源质量的指标，采用层次分析法和专家咨询法，对我国乔木林质量评定为好、中、差三个等级。乔木林质量等级好的面积占16.66%，中等的面积占60.96%，差的面积占22.38%（图6）。经综合评价，乔木林质量指数为0.57，质量整体上处于中等水平。乔木林质量指数达到0.6以上的有西藏、吉林、四川和福建等4省（自治区），以西藏自治区最高，为0.69。

图6 乔木林质量等级面积比例

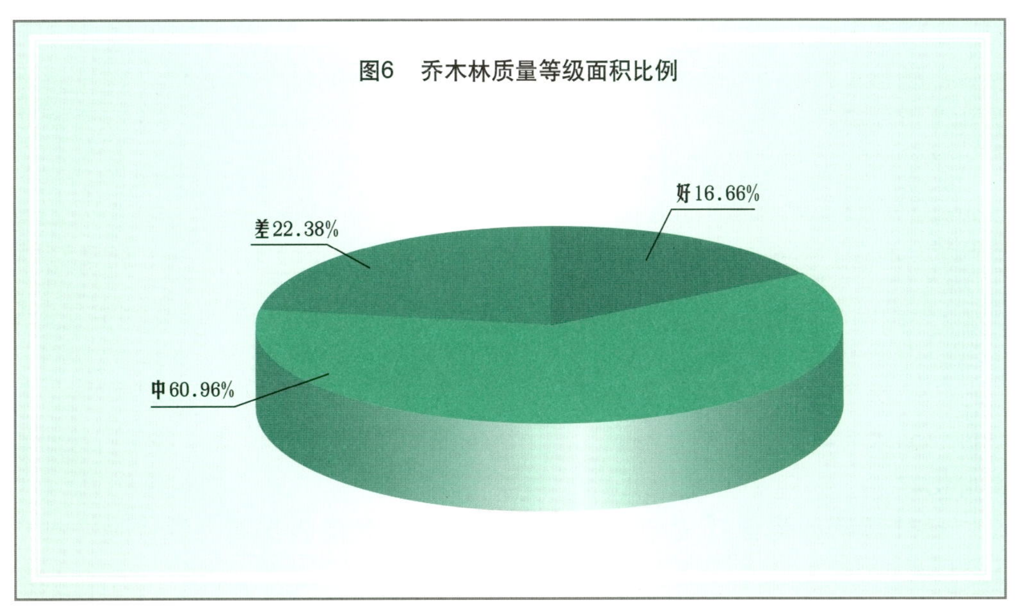

（四）森林生态功能效益

森林具有涵养水源、固碳释氧、保育土壤、调节气候、净化环境、保护生物多样性等诸多方面的生态功能。综合森林质量、结构和受干扰程度等多方面因素，对乔木林生态功能状况评定为好、中、差三个等级。乔木林生态功能等级为好的面积占11.31%，中等的面积占79.74%，差的面积占8.95%（图7）。全国乔木林生态功能指数平均为0.54，乔木林生态功能处于中等水平。生态功能等级为好的乔木林主要分布在东北的大兴安岭、长白山林区，西南的川西林区和滇西北林区，西藏的林芝、波密林区，福建的武夷山以及海南的五指山等林区。

图7　乔木林生态功能等级面积比例

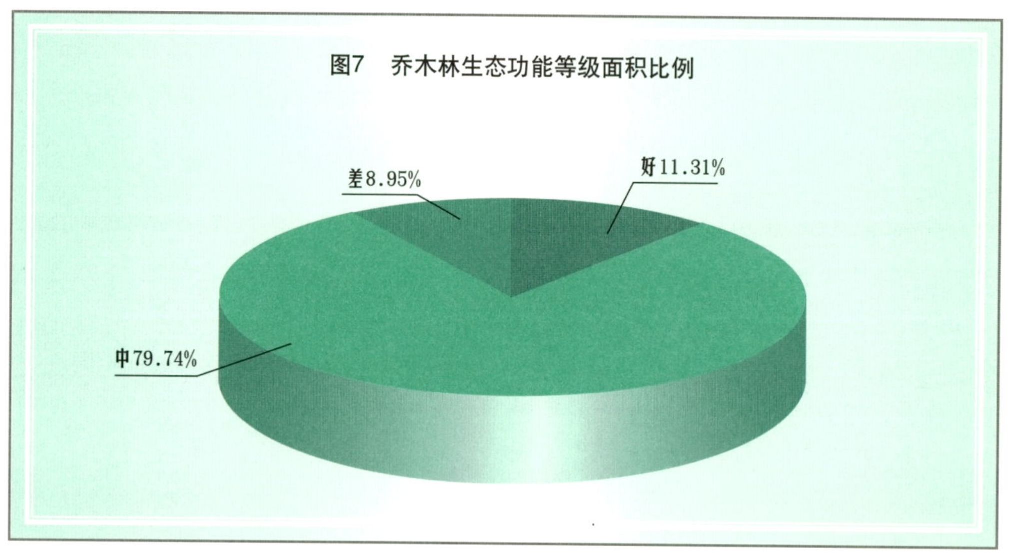

中国林业科学研究院根据第七次清查结果和森林生态定位监测结果评估，全国森林植被总碳储量达78.11亿吨；森林生态系统年涵养水源量4 947.66亿立方米，年固土量70.35亿吨，年保肥量3.64亿吨，年吸收大气污染物量0.32亿吨，年滞尘量50.01亿吨。仅固碳释氧、涵养水源、保育土壤、净化大气环境、积累营养物质以及生物多样性保护等6项，中国的森林生态服务功能年价值量就达到了10.01万亿元。

（五）森林资源动态分析

第七次全国森林资源清查结果显示，森林面积、森林覆盖率、蓄积持续增长，总的来看，第六次清查与第七次清查间隔5年内，我国森林资源呈现6个重要变化。

森林面积、蓄积持续增长，全国森林覆盖率稳步提高　森林面积净增2 054.30万公顷，全国森林覆盖率由18.21%提高到20.36%，上升了2.15个百分点。活立木总蓄积净增11.28亿立方米，森林蓄积净增11.23亿立方米。

天然林面积、蓄积明显增加，天然林资源保护工程区增幅明显 天然林面积净增393.05万公顷，天然林蓄积净增6.76亿立方米。天然林资源保护工程区的天然林面积净增量比第六次清查多26.37%，天然林蓄积净增量是第六次清查的2.23倍。

人工林面积、蓄积快速增长，后备森林资源呈增加趋势 人工林面积净增843.11万公顷，人工林蓄积净增4.47亿立方米。未成林造林地面积1 046.18万公顷，其中乔木树种面积637.01万公顷，比第六次清查增加30.17%。

林木蓄积生长量增幅较大，森林采伐逐步向人工林转移 林木蓄积年净生长量5.72亿立方米，年采伐消耗量3.79亿立方米，林木蓄积生长量继续大于消耗量，长消盈余进一步扩大。天然林采伐量下降，人工林采伐量上升，人工林采伐量占全国森林采伐量的39.44%，上升12.27个百分点。

森林质量有所提高，森林生态功能不断增强 乔木林每公顷蓄积量增加1.15立方米，每公顷年均生长量增加0.30立方米，混交林比例上升9.17个百分点。有林地中公益林所占比例上升15.64个百分点，达到52.41%。随着森林总量的增加、森林结构的改善和质量的提高，森林生态功能进一步得到增强。

个体经营面积比例明显上升，集体林权制度改革成效显现 有林地中个体经营的面积比例上升11.39个百分点，达到32.08%。个体经营的人工林、未成林造林地分别占全国的59.21%和68.51%。作为经营主体的农户已经成为我国林业建设的骨干力量。

从本次清查结果看，我国森林资源保护和发展依然面临着以下突出问题。

森林资源总量不足 我国森林覆盖率只有全球平均水平的2/3，排在世界第139 位。人均森林面积0.145公顷，不足世界人均占有量的1/4；人均森林蓄积10.151立方米，只有世界人均占有量的1/7。全国乔木林生态功能指数0.54，生态功能好的仅占11.31%，生态脆弱状况没有根本扭转。生态问题依然是制约我国可持续发展最突出的问题之一，生态产品依然是当今社会最短缺的产品之一，生态差距依然是我国与发达国家之间最主要的差距之一。

森林资源质量不高 乔木林每公顷蓄积量85.88立方米，只有世界平均水平的78%，平均胸径仅13.3厘米，人工乔木林每公顷蓄积量仅49.01立方米，龄组结构不尽合理，中幼龄林比例依然较大。森林可采资源少，木材供需矛盾加剧，森林资源的增长远不能满足经济社会发展对木材需求的增长。

林地保护管理压力增加 清查间隔5年内林地转为非林地的面积虽比第六次清查有所减少，但依然有831.73万公顷，其中有林地转为非林地面积377.00万公顷，征占用林地有所增加，局部地区乱垦滥占林地问题严重。

营造林难度越来越大 我国现有宜林地质量好的仅占13%，质量差的占52%；全国宜林地60%分布在内蒙古和西北地区。今后全国森林覆盖率每提高1个百分点，需要付出更大的代价。

C

P31-50

生态建设

- 全国造林绿化工作
- 全国防沙治沙
- 全国湿地保护
- 全国生物多样性保护
- 林业重点工程建设

生态建设

2009年，按照党中央、国务院提出的保增长、扩内需、调结构的总体部署，继续把林业生态建设作为拉动内需的重要内容。生态建设投资规模扩大，造林面积增加，社会参与程度不断提高，珍贵树种、生物质能源林、木本粮油培育发展成为新亮点，防沙治沙、生物多样性保护工作取得新进展，林业重点工程建设在调整中稳步推进。

（一）全国造林绿化工作

1. 造林规模继续扩大，国土绿化成效显著

2009年，随着集体林权制度改革的深入推进，国家造林补助标准的提高以及中央扩大内需林业任务增加的影响，全国造林面积继续保持增长。2009年全年完成造林面积626.23万公顷，比2008年增长16.97 %。其中，人工造林415.63万公顷，增长12.81%，飞播造林22.63万公顷，增长46.91%，无林地和疏林地新封山育林187.97万公顷，增长24.04%。西部12个省（自治区）(含新疆生产建设兵团）共完成造林面积384.03万公顷，占全部造林面积的61.32%。完成有林地造林面积46.35万公顷，其中，林冠下造林13.74万公顷，有林地和灌木林地新封32.61万公顷；"四旁"（零星）植树24.56亿株；年末实有封山（沙）育林面积2 153.78万公顷（图8）。

全民义务植树蓬勃开展 2009年，各级领导率先垂范，义务植树蔚然成风，义务植树组织管理得到加强，植树形式不断创新。全年有4.1亿人次直接参

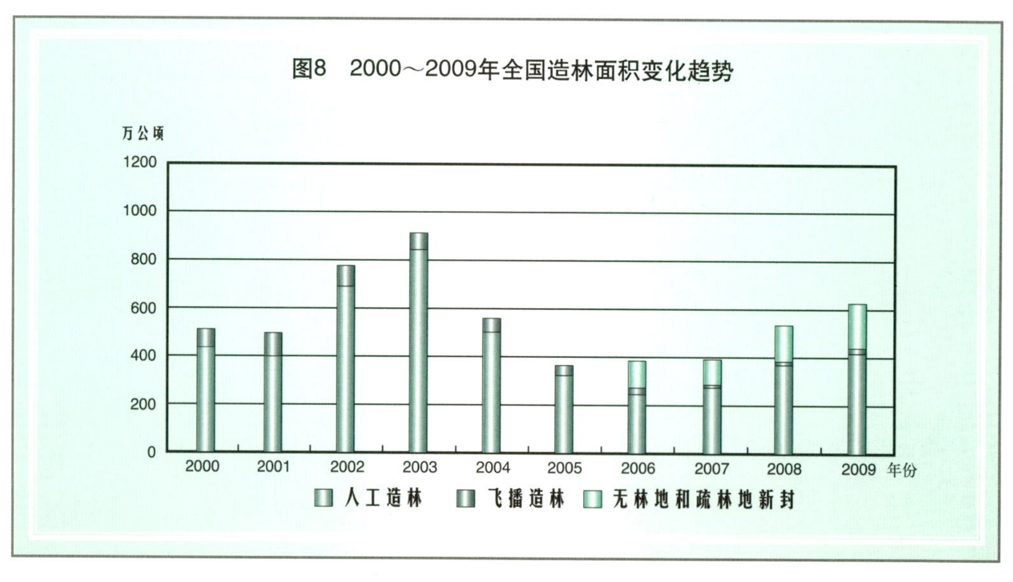

图8 2000～2009年全国造林面积变化趋势

加义务植树，栽植树木18.1亿株，另有1.8亿人次通过间接方式履行植树义务，折合栽植树木6.7亿株。全年共有5.9亿人次参加各种形式的义务植树活动，植树24.8亿株（含折合株数），义务植树尽责率达63%，较上年提高了4个百分点。截至2009年底，累计有121.1亿人次参加义务植树，植树563.3亿株。

部门绿化稳步推进 2009年，各部门、各系统结合实际，发挥优势，努力推进身边增绿。交通运输系统全年投入公路绿化资金33.9亿元，新增公路绿化里程6.7万千米，使全国公路绿化里程达到167.7万千米，占全国公路可绿化里程的57.3%。铁道系统全年投入绿化资金4.18亿元，栽植乔木535.4万株，灌木3 286.2万株，当年绿化里程4 082.7千米，使国家铁路已绿化里程达到33 155.2千米，占宜林铁路的73.7%。水利系统投入各类资金5 600多万元，共完成义务植树520万株，绿化荒山、荒沟、荒丘、荒滩180万公顷，庭院绿化240公顷，湖泊、水库绿化3 800公顷，江河沿岸绿化5 200千米，渠道两侧绿化1 240公顷。农垦系统以农田防护林和村镇绿化为重点大力推进垦区绿化，截至2009年底，垦区人工林已超过57万公顷，建成了由7万条林带构成的4万余个网格，绿化公路近万千米，绿化村屯上千个，垦区森林覆盖率达17%，村镇绿化覆盖率达32%。解放军和武警部队共完成“三荒”造林2.67万公顷，创建绿色营区和生态营区186个，支援地方义务植树逾3.3万公顷。共青团以“保护母亲河行动”为载体，全年各级团组织发动青少年800多万人次参与绿化相关活动，建设青少年绿色家园、绿化基地、共青林等示范项目300多个。各级妇联以“三八绿色工程”活动为载体，精心组织、动员广大妇女积极参与植树造林。中国石油矿区绿地面积达到3.5万多公顷、绿地率29.86%。冶金系统加强生产、生活区和矿山复垦造林绿化，全年投入造林绿化资金4.2亿元，新增绿地面积近700公顷。

城市绿化迈出新的步伐 2009年，全国城市建成区绿化覆盖面积已达135.65万公顷，建成区绿化覆盖率37.37%，绿地率33.29%，城市人均拥有公园绿地面积9.71平方米。杭州、无锡、宝鸡、威海四城市被授予“国家森林城市”称号，全国累计14个城市成为国家森林城市，146个城市（区）、30个县和10个镇分别被命名为国家园林城市（区）、国家园林县城和国家园林城镇。

2. 森林经营力度进一步加大，生态公益林造林比重超过70%

2009年是我国森林经营快速发展的关键起步之年。一是森林经营政策取得新突破。中央林业工作会议明确提出要建立造林、抚育、保护、管理投入补贴制度，并从中央财政安排资金5亿元，在内蒙古、吉林等11省（自治区）开展森林抚育补贴试点，这是我国财政政策支农惠林的又一重要举措，在全国林业行业产生深远影响，为森林经营注入新的活力。二是启动森林经营试点工作。为积极探索新时期森林经营新模式、新机制，在考虑资源状况、森林类型、技术力量等综合因素的基础上，在全国确定了128个森林经营试点单位，明确试点任务和要求，为全面推动森林经营探路子、树典型、做样板。三是森林经营生产稳步推进。全年完成幼林抚育实际面积955.60万公顷，比2008年增长2.95%；成林抚育面积1 060.80万公顷，比2008年增长1.59%；低产低效林改造面积54.34万公顷，比2008年增长37.26%。

2009年，在全部造林面积中，防护林440.77万公顷、用材林80.13万公顷、经济林100.26万公顷、薪炭林2.37万公顷、特种用途林2.71万公顷（图9），占全部造林面积的比重分别为70.38%、12.80%、16.01%、0.38%和0.43%，生态公益林（防护林和特种用途林）占全部造林面积的比重为70.81%，保持较高比重。

图9　2000～2009年全国造林面积分林种结构变化趋势

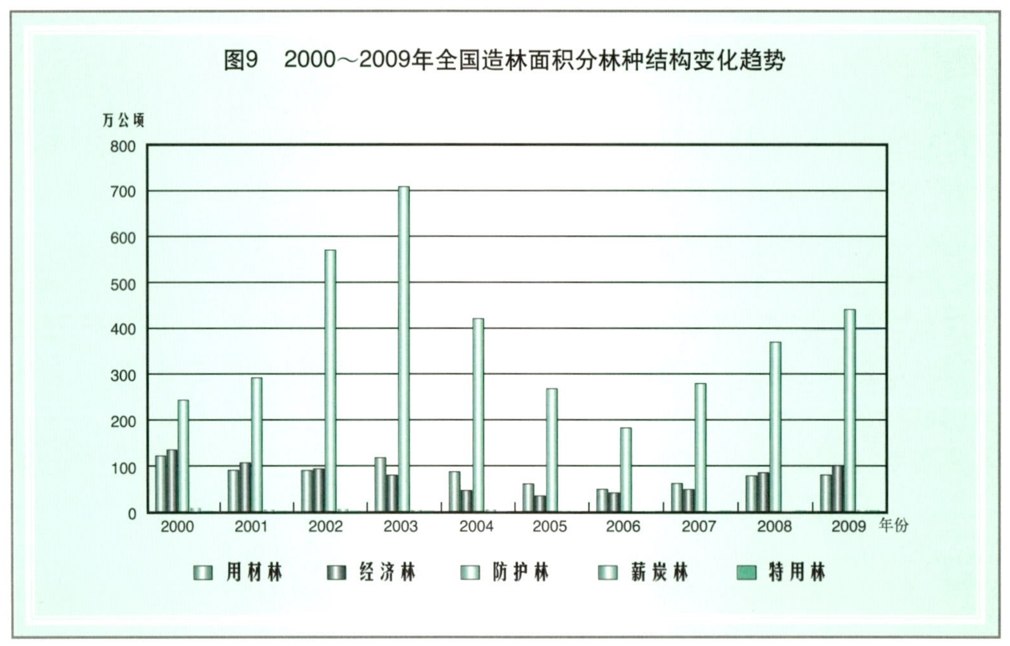

3. 造林投资补助标准提高，珍贵树种培育、生物质能源林、木本粮油林成为商品林发展的新亮点

为全面落实中央林业工作会议和中央领导同志重要批示精神，确保完成2020年比2005年新增森林面积4 000万公顷的目标，国家大幅度提高营造林投资补助标准，人工造林由每公顷1 500元提高到乔木林每公顷3 000元，灌木林每公顷1 800元。珍贵树种培育、生物质能源林、高产油茶/板栗/核桃等木本粮油林成为商品林新的增长点，分别占全国造林面积的1.8%、2.7%、11.7%。油茶产业发展势头良好，成效显著，国务院正式批准了《全国油茶产业发展规划（2009～2020年）》，油茶产业已成为国家战略性产业，2009年，新造和改造油茶林面积26.95万公顷。

4. 全国营造林综合核查情况

2009年，按照标准、组织、核查、评价“四统一”的工作原则，国家林业局组织完成了全国营造林综合核查工作。2009年共抽查了除西藏外的30个省

（自治区、直辖市）和新疆生产建设兵团、东北内蒙古森工集团共计35个省级单位的400个县级单位，1 386个乡级单位，42 877个小班和157个播区，实际抽查面积32.44万公顷。

2008年度全国营造林实绩结果 2008年度全国营造林统计上报完成总面积569.62万公顷。经核查，核实面积535.80万公顷，核实率94.1%，与2006年度同比，上升3.6个百分点；合格总面积462.31万公顷，合格率（指核实合格率，下同）86.3%，与2006年度同比，下降 1.9个百分点。全国营造林质量有所下滑。质量下滑的主要原因是，气候干旱、宜林地质量差等自然因素合计影响全国合格率10.6个百分点，比2006年度高出4.3个百分点，其中干旱影响合格率高达6.8个百分点。

相关年度全国营造林成效 经核查，相关年度全国营造林成效总面积达483.03万公顷，综合成效率为92.7%，同比上升5.3个百分点。其中，2005年度全国人工造林（更新）保存面积313.74万公顷，保存率93.0%，与2003年度同比上升6.2个百分点；2003年度的封山育林成效面积为116.84万公顷，成效率95.5%，与2002年度同比下降0.5个百分点；2003年度的飞播造林成效面积为52.45万公顷，成效率69.3%，与2002年度同比上升2.6个百分点。全国营造林成效保持了平稳上升势头。

林业重点工程营造林实绩与成效 2008年度全国林业重点工程统计上报完成营造林总面积322.53万公顷，较2006年度增加24.71万公顷。核实总面积291.40万公顷，合格总面积247.69万公顷。全国林业重点工程营造林核实率为90.3%，合格率为85.0%，与2006年度相比，分别下降了0.5和2.5个百分点。全国林业重点工程营造林质量仍处于下降趋势，封、飞、造合格率与2006年度同比，分别下降了0.3、12.2、4.7个百分点，其中人工造林合格率为81.4%，低于全国平均水平。

相关年度林业重点工程营造林成效 相关年度全国林业重点工程营造林成效总面积390.42万公顷，成效率91.2%，上升4.8个百分点，其中2005年度人工造林（更新）保存率92.9%，同比上升5.6个百分点。

2009年造林绿化虽然取得了显著成绩，但也存在一些突出问题。一是受气候干旱以及新造林抚育跟不上等影响，人工造林质量有所下滑，生态公益林造林树种单一问题也比较突出。二是现有宜林地造林难度加大。现有宜林地的60%分布在内蒙古和西北五省区，干旱、石漠化、沙漠化严重，造林的合格率、成活率、保存率面临挑战。三是森林、草原质量低下、生态功能不强。我国单位面积森林蓄积量只有85.88立方米/公顷，相当于世界平均水平的78%，中幼林普遍存在林分过密或过疏、质量差、生长量低的问题，亟待抚育；草原退化、沙化、盐碱化现象严重；水土流失面积大，防灾、减灾、救灾能力不强。四是违法侵占林地、草原、绿地、湿地资源现象时有发生，造成林地、草原、绿地流失。一些地方乱砍滥伐、乱采滥挖屡禁不止，森林、草原和城镇绿地的监管、保护力度有待加强。五是城市绿化发展不平衡，尤其是西部地区城市绿化总体发展滞后。六是一些地区义务植树实现形式单一，乡镇、城市街道属地管理未落实，尽责率有待提高。除此之外，近年来持续的大面积干旱等极端气候现象频繁出现，给造林绿化增添了难度，也给巩固绿化成果带来不利影响。

（二）全国防沙治沙

全面落实地方政府防沙治沙目标责任制　2009年是贯彻落实《国务院关于进一步加强防沙治沙工作的决定》，是全面完成《全国防沙治沙规划（2005～2010年）》任务的关键一年，国务院批准下发《省级政府防沙治沙目标责任考核办法》，各地采取扎实有效措施，全国共完成沙化土地治理153万公顷，防沙治沙各项工作取得积极进展。

扎实推进重点工程建设　京津风沙源治理工程稳步推进，开展了工程效益评估和监测。石漠化治理试点工程正式启动，防沙治沙综合示范区有效推进；新疆塔里木周边、准噶尔盆地南缘以及甘肃石羊河流域等防沙治沙项目已报国家发展改革委审批，组织编制了《国家级沙化土地封禁保护区规划》；在沙区全面推行了禁止滥樵采、禁止滥放牧、禁止滥开垦的“三禁”措施，推广了容器苗造林技术，提高了重点工程建设质量。

抓好荒漠化监测和沙尘暴应急工作　组织开展了第四次全国荒漠化和沙化监测工作，外业调查全面完成。在重点区域启动运行了25个沙尘暴地面监测站，在沙尘暴高发期，建立了应急值守制度，及时报告灾情信息。妥善处置了新疆南疆盆地等重大沙尘暴灾害。

努力推进沙产业发展　组织起草了《关于进一步加快沙产业发展的指导意见》，召开了全国防沙治沙综合示范区建设暨沙产业发展现场会，交流各地沙产业发展的典型经验，部署沙产业发展相关工作。

加强履约与国际合作　国家林业局参加了联合国可持续发展委员会第十七届会议，积极宣传中国林业及荒漠化防治对经济社会可持续发展的作用、成就和经验。参加了联合国防治荒漠化公约第九次缔约方大会，中国履约成效得到广泛赞誉。启动实施了“中德北方荒漠化防治财政合作项目”，获外援赠款30多万欧元。推进了“全球干旱地区土地退化评估项目”，举办了土地退化评估国际培训班，当地层面和国家层面土地退化评价取得重要成果。

（三）全国湿地保护

积极推进湿地保护网络体系建设　以湿地类型自然保护区和湿地公园建设为主的湿地保护网络建设推进。2009年，国家林业局下发了《关于同意河北坝上闪电河等62处湿地开展国家湿地公园试点工作的通知》，全国湿地公园发展的步伐进一步加快。截至2009年底，国家湿地公园试点总数达到100处，湿地面积41.5万公顷；全国已建立湿地类型自然保护区553处。以湿地自然保护区、湿地公园为主的湿地保护网络体系初步形成，湿地保护面积达到1 795万公顷，占自然湿地总面积的49.6%，湿地保护率比2008年增加了0.6个百分点。

部署开展湿地调查监测工作 2009年，国家投入1 500万元财政专项资金，实施第二次全国湿地资源调查项目。编制和印发《全国湿地资源调查技术规程》和《全国湿地资源调查工作方案》，组建调查工作领导小组和专家技术委员会；举办了全国湿地资源调查技术研讨会和座谈会，研究、讨论、解决调查中的重大技术问题。已完成北京、天津、吉林、黑龙江、江苏、广东6个省（直辖市）的湿地资源调查任务，参加湿地资源调查的人员近2 000人。组织其他省份编制完成了本省的调查实施细则和工作方案。积极开展重要湿地的监测和确认工作。完成编制《中国国际重要湿地监测技术规程》、《国际重要湿地生态状况评价办法》；部署完成了国际重要湿地监测任务，编制完成了《2009年中国国际重要湿地生态状况白皮书》；在黑龙江省、辽宁省、广东省开展国家重要湿地的确认试点工作，提出中国国家重要湿地确认办法（含确认技术标准）。

推进湿地生态效益补偿试点 国家林业局成立了湿地生态效益补偿试点工作领导小组和办事机构，明确了职责任务。先后组织赴重庆、湖北、广东、黑龙江等地开展了启动试点工作的调查研究；开展了湿地生态效益补偿课题研究工作。

不断强化湿地保护管理的科技支撑体系 筹备成立了由43位跨学科知名专家组成的国家湿地科学技术专家委员会，组织召开了委员会第一次会议，研究讨论了委员会的职责范围、工作规则以及今后3～5年的工作重点；推动并批准成立国家湿地保护与修复技术中心；国家林业局与北京林业大学、东北林业大学、国家高原湿地研究中心等合作，开展了湿地分类分级管理制度、湿地自然保护区功能区划分、主体功能区划中湿地的定位、湿地生态补水制度的研究。

进一步加强湿地保护宣传教育工作 组织开展“世界湿地日”宣传活动。以2009年“世界湿地日”主题为片名，与中央电视台、世界自然基金会联合拍摄并播放了电视专题片。会同全国政协环资委、河北省政协主办了“衡水湖湿地保护与发展高峰论坛”；与世界自然基金会、大自然保护协会、有关省林业主管部门共同举办了长江中下游湿地网络年会。国家林业局会同浙江省政府成功举办了“中国首届湿地文化节”。积极推动中国湿地博物馆建设，博物馆于2009年11月建成并在杭州正式开馆。“湿地中国”网影响日益扩大，与人民网建立了合作关系，全年共发布信息2.2万条。组织完成了“2009湿地使者”行动，共有44个大学生社团约500多名大学生、31个湿地保护区和湿地公园参加活动。

（四）全国生物多样性保护

重点物种保护工作稳步推进 一是初步完成《全国极度濒危野生动物拯救

恢复规划》和《全国珍稀特有两栖爬行野生动物保护行动方案》的编制。二是巩固、扩大濒危野生动物保护成果，朱鹮、虎、金丝猴、扬子鳄、野马、鹤类等物种野外种群和人工繁育种群均稳中有升，成功开展了朱鹮、扬子鳄放归自然。三是研究极度濒危野生动物拯救恢复措施，对海南长臂猿、普氏原羚、赛加羚羊、野骆驼等保护问题，进行了专题调研并提出解决方案。四是指导灾后重建，促进大熊猫保护管理。指导重灾区的大熊猫保护区开展野外调查，指导制定科学的繁育计划，共计出生了20胎25只大熊猫，使圈养种群总数达290只；继续推动圈养大熊猫标记，标记量已占全部圈养个体的70%。五是实施极小种群野生植物拯救保护，积极推进《全国极小种群野生植物拯救保护实施方案》的报批实施，增加极小种群野生动物保护数量，目前已从原69种增加到120种。六是研究探讨人工繁育野生动物放归自然，研究实施了朱鹮、扬子鳄、广东瑶山鳄蜥、华南虎、梅花鹿、蟒蛇等放归自然工作方案。七是开展野生植物回归自然项目示范，召开全国极小种群野生植物保护研讨会暨回归自然启动仪式，将华盖木等三种植物列入回归自然试验，研讨提出了回归种群的选择标准和回归方式。八是稳步推进野生动物肇事补偿试点；研究起草《野生动物肇事补偿中央财政补助标准》，推进野生动物肇事补偿的规范化、标准化。

着力完善濒危物种进出口管理制度 2009年，全国生物多样性保护工作取得稳步进展。一是着力完善规章制度，完成《濒危野生动植物进出口证书核发管理办法》（草案），起草《濒管中心实施行政许可工作流程及行政许可违规行为责任追究规定》和《对外确认证书管理规定》。二是强化贸易监管基础建设，完成《野生动植物进出口管理情况分析报告》，启动中国“两爬”（指两栖和爬行动物）物种贸易监测方案制定工作，完成了重点敏感贸易木材种类鉴定手册框架；启动了野生动植物网上博物馆的开发设计工作。三是切实加强行政许可管理，截至2009年底，核发允许进出口证明25 567份，物种证明19 544份，涉及的野生动植物出口90.47亿元，进口269.99亿元，分别比2008年增长40.9%和增长95%。

加强野生动物疫源疫病监测防控 2009年，针对周边国家疫情的威胁和国家公共卫生安全形势需要，国家林业局高度重视野生动物疫源疫病监测防控工作，坚持对策部署和检查落实相结合，做到日常监测和应急处置并重，实现机制完善和能力提高两个目标，切实强化鸟类禽流感等野生动物疫源疫病监测防控工作。野生动物疫源疫病监测防控工作取得重要进展，在各级林业主管部门的共同努力下，2009年全年未发生特别重大、重大及较大的野生动物疫情。各地共上报监测信息10 280份，报告野生动物异常情况51起，死亡野生动物55种2 447只（头），涉及青海、西藏、江西、浙江等14个省（自治区、直辖市）。发生青海更尕海野鸟高致病性禽流感、鼬獾犬瘟热和鸟禽霍乱等7起一般野生动物疫情。

（五）林业重点工程建设

2009年，林业重点工程建设深入实施，投资规模增加，营造林面积扩大，森林、湿地、荒漠生态系统以及生物多样性保护加强。共完成造林面积459.62万公顷，比2008年增长33.71%，占全部造林面积的73.40%，所占比重比2008年提高9.19个百分点（图10）。其中天然林资源保护工程、退耕还林工程（不含京津风沙源治理工程退耕）、京津风沙源治理工程、三北及长江流域等重点防护林体系建设工程、重点地区速生丰产用材林基地建设工程造林面积分别为136.09万公顷、88.67万公顷、43.48万公顷、189.31万公顷和2.08万公顷，占全部造林面积的比重分别为21.73%、14.16%、6.95%、30.23%和0.33%，其他社会造林占全部造林面积的26.60%（图11）。

图10　2000～2009年林业重点工程造林面积变化趋势

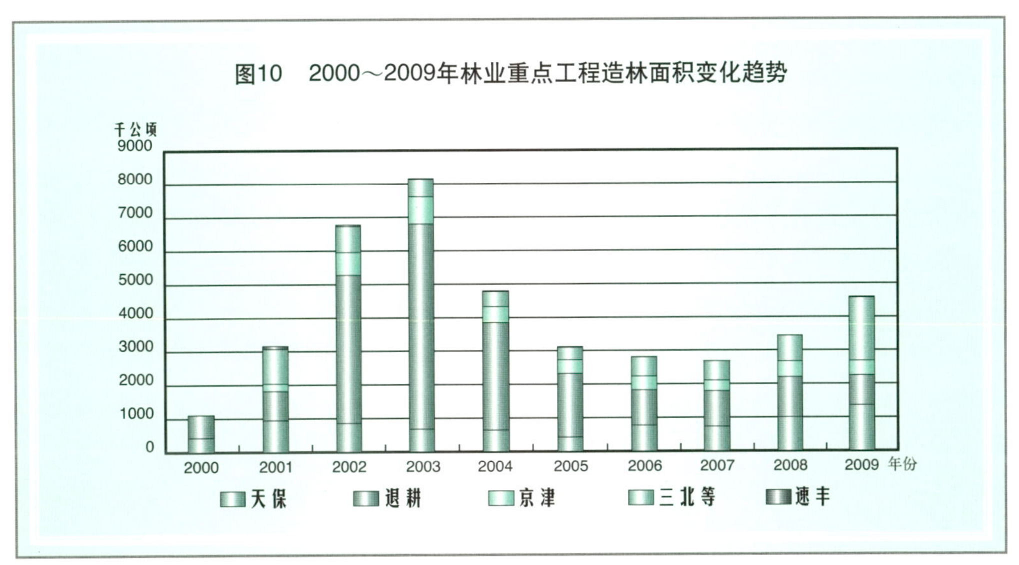

图11　2009年林业重点工程造林占全国造林的比重

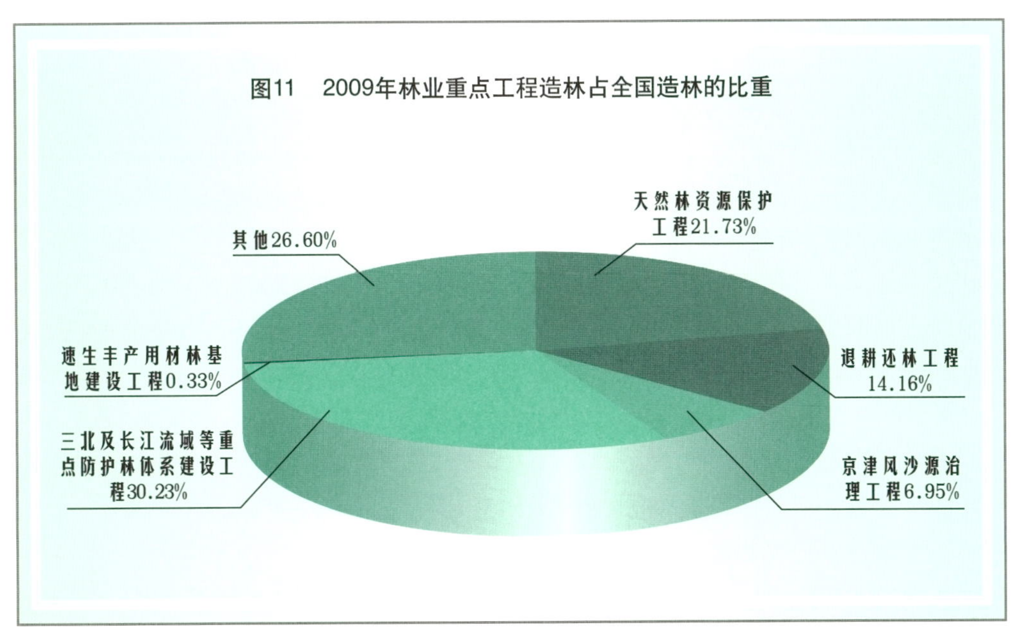

林业重点工程投资完成额为508.73亿元，比2008年增长21.06%，占全部林业投资完成额的37.65%。其中，天然林资源保护工程完成投资81.72亿元，退耕还林工程（不含京津风沙源治理工程退耕）完成投资321.75亿元，京津风沙源治理工程完成投资40.32亿元，三北及长江流域防护林建设工程投资总额55.71亿元，野生动植物及自然保护区建设工程和重点地区速生丰产用材林基地建设工程投资分别为8.01亿元和1.22亿元。

1. 天然林资源保护工程

2009年，根据党中央、国务院关于"增加天然林保护投资，延长天然林资源保护工程实施期限"等相关指示，天然林资源保护工程积极总结经验，开展延期政策研究。工程建设各项任务完成情况良好。受天然林资源保护政策调整预期的影响，工程区木材生产、人员安置等出现明显波动。

公益林建设 受扩大内需、增加天然林保护投资政策的影响，2009年天然林资源保护工程公益林建设继续保持较大幅度增长。2009年，天然林资源保护工程完成各项公益林建设136.09万公顷，比2008年增长34.88%，其中人工造林28.20万公顷，飞播造林15.33万公顷，无林地和疏林地新封山育林92.56万公顷，分别比2008年增长47.16%、129.77%和23.30%。

自1998年工程实施以来，12年间工程已累计完成人工造林266.19万公顷、飞播造林319.27万公顷、新封山育林1 207.88万公顷。

森林管护 2009年工程区森林管护面积10 122.56万公顷，其中，国有林管护面积4 972.39万公顷，林业职工代管的集体林面积1 239.48万公顷，分别占天然林资源保护工程全部森林管护面积的49.12%和12.24%。

木材生产 2009年工程区木材产量1 484.02万立方米，占全国木材总产量的21.00%，比2008年减少11.63%，这是自2003年以来天然林资源保护工程区木材产量首次下降（图12），其中，东北、内蒙古工程区木材产量下降5.87%，长江上游、黄河中上游工程区下降23.80%。

人员安置 2009年，工程区就业总量基本保持不变，受天然林资源保护延期政策预期的影响，一部分离开本单位保留劳动关系人员转为下岗待安置职工，使下岗待安置职工增长2倍多，凸现工程区政策调整前的就业压力。2009年，天然林资源保护工程区年末全部在册职工人数为79.79万人，比2008年减少3.50万人，下降4.20%。在全部在册职工中，在岗职工58.69万人，比2008年下降3.42%，下岗待安置职工7.06万人，比2008年增加5.11万人，增长261.38%，离开本单位保留劳动关系人员14.03万人，比2008年减少6.53万人，下降31.75%。一次性安置人数比2008年减少，为1.21万人，其中全民职工人数0.7万人，混岗职工人数0.51万人。天然林资源保护工程实施12年以来，工程区累计一次性安置职工62.15万人，其中，全民职工占62.75%，混岗职工占37.25%。参加基本养老保险人数为87.85万人，比2008年下降14.93%，参加基本医疗保险人数为100.79万人，其中，在岗职工占49.27%。

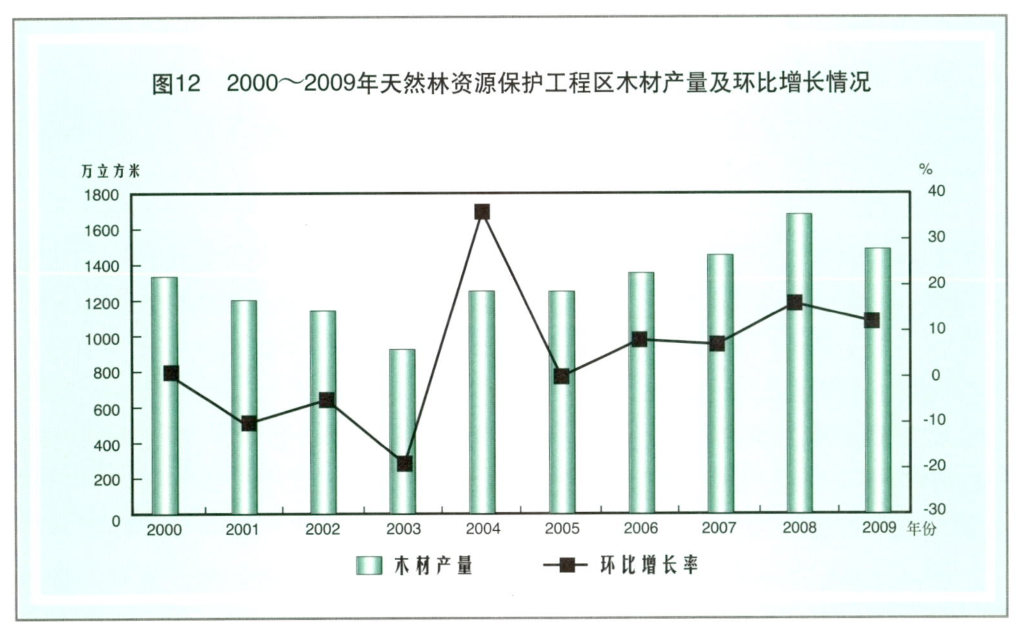

2009年国家林业重点工程社会经济效益监测通过对44个天然林资源保护、35个天然林资源保护森工企业监测结果显示：经过11年保护与建设，工程各项建设任务顺利完成，天然林资源保护工程区森林植被快速恢复，基本实现了既定目标，为社会经济可持续发展创造了条件。

一是森林资源总量和质量同步提升。2009年，样本县单位面积森林蓄积量为82.76立方米/公顷，是近年来单位面积蓄积量最大的年份。1997～2009年，样本县天然林资源保护工程区有林地面积增加了72.25万公顷，森林蓄积量增加了6 183.75万立方米；2009年与1997年相比，样本企业森林面积增长0.46%；2004～2008年，样本企业森林蓄积增长3.94%。

二是人员分流安置压力明显减轻。与1997年相比，44个样本县2009年末在册职工人数减少了3 837人，累计一次性安置5 108人，分流到森林管护和公益林建设岗位7 985人，为工程建设顺利实施提供了人员保障。1998～2009年，样本企业离退休人数共计4.40万人，一次性安置人数15.21万人，分别占1997年企业在册职工总数的12.75%和44.09%，即天然林资源保护工程实施以来，有近一半的职工通过一次性安置和企业解除劳动关系，有一成以上的职工通过离退休离开工作岗位，两项合计占工程实施前在册职工总数的56.84%。

三是工程建设资金保障得力。截至2009年，样本县已累计到位工程建设资金323 557.55万元，累计投入资金318 040.51万元，其中，公益林建设投资93 336.53亿元，占投入资金的29.35%，人员安置和保障资金160 780.39亿元，占投入资金的50.55%。2009年，样本企业天然林资源保护工程实际到位资金15.24亿元，中央资金占89.59%，地方资金占10.41%；样本企业天然林资源保护工程资金支出15.58亿元，其中，基本建设资金支出占10.48%，财政专项资金支出占89.05%，其他支出占0.47%。

四是森林资源消耗有所增加。随着天然林资源保护工程区森林资源恢复和木材供给能力的提升，样本县森林采伐限额和木材产量也稳步回升。2009年样本县木材采伐消耗森林蓄积总量为146.00万立方米，消耗了限额的69.57%。其中，商品材采伐消耗比2008年下降30.07 %，占当年总消耗量的24.37%；农民自用材采伐消耗比2008年增长13.87%，占24.12%；烧材采伐消耗比2008年增长55.69%，占51.51%。2009年，样本林场森林资源总消耗量为129.81万立方米，与2008年相比增长1.19%，其中，采伐性消耗占91.42%，烧材消耗、火灾消耗以及其他消耗分别占5.35%，0.02%和3.21%。

2. 退耕还林工程

2009年是退耕还林工程建设10周年。按照“巩固成果、确保质量、提高效益、稳步推进”的总体思路，退耕还林工程继续稳步推进，巩固退耕还林成果专项建设进一步展开，受延长期补助标准降低的影响，补助到户资金继续减少。全年工程共完成造林面积89.86万公顷（含京津风沙源治理工程中1.20万公顷），其中退耕地造林0.07万公顷，配套荒山荒地造林57.67万公顷，无林地和疏林地新封山育林32.12万公顷。全年完成种草面积2.93万公顷。西部12个省（自治区）（含新疆生产建设兵团）共完成51.57万公顷的退耕还林任务，占退耕工程总造林面积的57.38%。

2009年，退耕还林工程完成投资352.65亿元，其中，粮食补助资金204.90亿元，生活费补助资金32.82亿元，两项合计，补助到户资金237.72亿元，占退耕还林投资总额的67.41%，用于基本口粮田、农村能源等建设的投资90.61亿元，占25.70%（图13）。

图13　2009年退耕还林投资完成构成

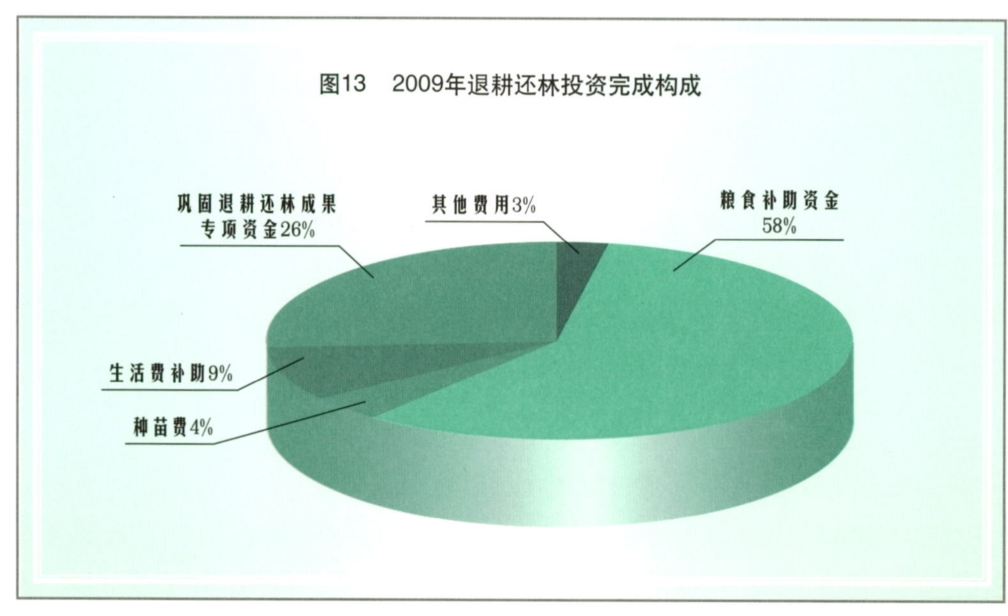

受延长期补助标准降低和部分退耕还草延长期补助期满的影响，2009年，退耕还林发放给农户的补助总额下降，涉及补助的农户数减少。2009年粮款兑现涉及873.21万公顷退耕地，涉及2 838万农户，与2008年相比，分别下降2.40%和3.36%。

自1999年工程试点以来已累计完成退耕地造林906.26万公顷，配套荒山荒地造林1 413.72万公顷，新封山育林193.32万公顷。累计粮食补助资金总计1 610.46亿元，累计生活费兑现金额总计195.32亿元。

2009年国家林业重点工程社会经济效益监测通过对100个退耕县及1 165户农户连续监测结果显示：2009年，退耕还林各项任务稳步推进，补助政策进一步落实。一是荒山荒地人工造林和封山育林建设任务顺利完成，基本口粮田、农村能源等巩固退耕还林成果专项建设稳步推进。补植补造面积比2008年增长24.22%，开展基本口粮田建设的耕地平均占样本村面积的7.02%，开展建沼气池、利用太阳能等农村能源建设的农户比例平均在25%左右；二是两轮退耕补助衔接加大了补助兑现的难度，但补助兑现率明显提高。享受原补助的退耕地比例为65.46%，享受延长期补助的占30.85%，延长期补助期满的占3.68%；使用一卡通兑现退耕补助的农户比例已达70.12%；两轮补助平均兑现率达96%左右。

总体看，经过10年退耕工程的建设，"以粮食换生态"的政策目标初步实现：一是退耕造林平均占样本县造林面积的26.00%，与退耕前的1998年相比，样本县森林面积增长25.30%，森林覆盖率从25.18%增加到32.93%，提高了7.75个百分点；二是退耕还林成果基本稳固，退耕农户关心并投入退耕地生产，退耕地产出继续增加，80%以上的退耕农户认真管护退耕地，42.57%的退耕农户投入退耕地生产，林木成活率平均在95%以上；三是退耕政策深得农民拥护，在增加农民收入和减轻贫困方面发挥了不可替代的作用，退耕补助占农户收入的平均比重为15%，在西部贫困地区占农户收入的比重在20%以上；四是随着国家进一步加强城乡统筹发展，加大农村基础设施建设和农村社会保障，经济发展支持退耕成果巩固的外围作用明显增强，退耕区参加农村合作医疗的农户比例接近90%左右；五是继续退耕有空间，55%的样本农户认为村里还有需要退耕的25°以上的坡耕地和严重沙化耕地，40%的调查农户认为自家还有25°以上的坡耕地需要退耕；六是少数地区已出现毁林复耕，粮食主产区、城市郊区等复耕多，巩固退耕还林成果面临自然灾害、退耕产品市场及后续产业发展缓慢、农业直补政策的冲击以及基层管理工作放松等诸多压力，根据变化了的经济形势编制退耕还林工程规划、加大重点生态地区退耕还林实施力度成为当务之急。

3. 京津风沙源治理工程

2009年，京津风沙源治理工程以提质增效为核心，深入实施《关于进一步加强京津工程区宜林荒山荒地造林的若干意见》，强化抚育管护，加强产业建设，强化科技支撑，进一步提高工程质量。2009年，京津风沙源治理工程林业投资继续增加，建设重点转向飞播造林和封山育林。工程范围内的75个县共完成造林43.48万公顷，其中人工造林13.04万公顷，飞播造林7.30万公顷，无林地和疏林地新封山育林23.14万公顷，分别比2008年增长－34.17%、9.51%和13.30%。草地治理面积18.53万公顷，小流域治理面积12.67万公顷，治理总面积达到74.68万公顷。同时，还建设完成水利配套设施1.13万处，生态移民4 264人，涉及到1 578户。与2008年相比，除草地治理和小流域治理分别增长2.58%和36.62%外，其他非林业建设项目规模都处于下降状态。2009年，京津风沙源治理工程共完成投资45.67亿元，其中，林业建设完成投资40.32亿元，占88.28%。

工程实施9年来累计完成治理面积达到814.75万公顷，其中林业工程532.85万公顷，草地治理203.49万公顷，小流域治理78.41万公顷。在林业工程中，累计完成人工造林279.96万公顷、飞播造林65.59万公顷、新封山育林187.30万公顷。累计完成投资218.38亿元。

2009年国家林业重点工程社会经济效益监测通过对21个京津风沙源样本县监测结果显示：21 个样本县（旗）生态状况继续好转，呈现林草植被增长、农民收入增加、社会可持续发展能力增强和沙化土地减少的“一减三增”的良好局面。

一是林草植被增长，沙化土地减少。与工程实施前的2000 年相比，21 个样本县（旗）的有林地面积增长31.58%，沙化土地面积下降32.63%，沙化耕地面积下降31.99%，土地质量得到明显改善。

二是地区经济总量大幅增长，经济结构持续调整。与2000年比，21 个样本县（旗）样本县（旗）地区生产总值982.42亿元，年均增长20.05%，高于同期全国平均水平（15.65%）。从农林牧渔业产业结构看，种植业比重下降4.69 个百分点，畜牧业比重上升2.40 个百分点，林业比重上升近2个百分点，林业和畜牧业比重均高于全国平均水平。

三是农村居民人均纯收入快速增长，工程减贫效果明显。与2000 年相比，农村居民人均纯收入增长170.75%，增幅高于同期全国平均水平（128.72%），低收入人口下降50.76%。同期，参与工程农户家庭净收入增幅高于未参与工程农户，表明京津工程的实施促进了当地经济发展，提高了人民生活水平，减少了农村贫困人口数量。

4. 三北及长江流域等重点防护林体系建设工程

2009年，三北防护林工程重点区域治理得到加强，工程建设与小城镇、社会主义新农村建设相结合，突出重点区域治理、封山（沙）育林和特色产业基地建设；沿海防护林工程实现了基干林带合拢，工程区防灾减灾能力得到提高，取得了良好的生态效益；长江防护林工程两湖两库治理效果明显，林业血防工程建设规模进一步扩大，太行山绿化工程建设涌现出山西长治等一批典型，珠江防护林工程、平原绿化工程稳步推进。

2009年，在扩大内需政策的支持下，三北及长江流域等重点防护林体系建设工程投资和造林规模双双实现较大幅度增长。工程共完成造林面积189.31万公顷，比2008年增长147.21%，其中人工造林161.86万公顷，无林地和疏林地新封山育林27.45万公顷。分工程看，三北防护林四期工程完成造林面积125.59万公顷，比2008年增长152.21%；长江流域防护林二期工程完成造林面积22.21万公顷，沿海防护林二期工程完成造林面积21.22万公顷，珠江流域防护林二期工程完成造林面积8.20万公顷，太行山绿化二期工程完成造林面积11.92万公顷，平原绿化二期工程完成造林面积0.17万公顷，分别比2008年增长207.44%、185.79%、121.94%、48.43%和−58.90%。

在全部造林面积中，防护林面积所占比重为85.86%，其中水土保持林和防风固沙林所占比重最高，分别达到了27.56%和24.69%。另外还完成低产低效防护林改造面积7.23万公顷。自2001年以来，工程累计完成人工造林592.10万公顷、飞播造林29.11万公顷、新封山育林355.53万公顷。其中，三北四期工程累计完成人工造林368.71万公顷、飞播造林10.12万公顷、新封山育林168.03万公顷。

2009年，工程完成投资55.71亿元，比2008年增长65.13%，其中，国家投资20.96亿元，群众投工投劳16.22亿元，分别占总投资的37.63%和29.11%。

5. 野生动植物保护及自然保护区建设工程

2009年，我国继续加强野生动植物保护及自然保护区工程建设，组织开展了全国林业自然保护区评估活动，保护区数量与保护区面积稳步增加。截至2009年底，林业系统自然保护区已达2 012处，总面积1.23亿公顷，占全国国土面积的12.8%，其中，国家级自然保护区247处，面积7 701.89万公顷。与2008年相比，林业系统自然保护区数量增加6个，面积增加7.70万公顷。年末实有自然保护小区4.84万个，总面积1 383.97万公顷。国家划定禁猎（采）区2 667处，总面积为8 462.39万公顷。

2009年，全国野生动植物资源繁育基地、保护区管理和科研建设成效显著。截至2009年底，共有野生动物种源繁育基地431个，比2008年增长22.79%。野生植物种源培育基地244个，野生动物园69个，植物园64个，狩猎场142个。野生动植物保护管理站4 526个，野生动植物科研及监测机构638个，鸟类环志中心（站）122个。全国从事野生动植物及自然保护区建设的人员达4.97万人，比2008年增长12.50%，其中各类专业技术人员1.25万人。

2009年，工程完成投资8.01亿元，比2008年增长14.75%，工程投资占当年林业重点工程投资的比重仅为1.57%，平均每个保护区投资39.81万元，投资力度亟待加强。

国家林业重点工程社会经济效益监测通过对40个自然保护区2001～2009年的监测结果显示：自然保护区科研监测能力和管理水平不断提高，野生动植物种类增加，种群规模扩大，区内资源得到有效保护，生态状况继续改善。

一是野生动植物物种种类有所增加。2009年，40个样本保护区主要保护的野生动物物种种类，与2008年相比有所增加，但其中有2个保护区反映主要保护野生动植物物种种类增加，黑龙江南翁河保护区新发现国家一级保护动物“中华秋沙鸭”，新发现国家二级保护植物黄檗与钻天柳，江西井冈山保护区新发现国家二级保护动物“阳彩臂金龟”。

二是野生动植物种群规模扩大。如甘肃尕海则岔保护区内国家一级保护动物黑鹳从2004年的不足10只，增加到2009年的310只；江西井冈山保护区分布的南方红豆杉、伯乐树、白豆杉、福建柏等41种国家一、二级保护植物数量已由2002年的10 840余株增长到2009年的23 354株，增幅达到115%。

三是有林地面积和森林蓄积量增加。2009年，40个样本保护区有林地122.89万公顷，比2008年增加857.5公顷；森林蓄积量12 660.9万立方米，比2008年增加114.78万立方米，增长0.91%。样本保护区森林资源管护情况良好，有林地面积稳中有升，林分质量继续改善。

四是保护区科研监测能力提高。2009年，40个样本保护区新完成科研成果53项，比2008年增加7项。保护区问卷调查结果显示，在40个样本保护区中，有30个样本保护区开展过资源综合考察；有32个样本保护区进行了物种动态监测；有29个保护区定期开展物种资源调查，及时掌握物种资源变化情况。

五是保护区生态状况进一步改善。2009年，样本保护区候鸟种群数量增加，自然灾害程度减轻，发生沙暴天气的保护区平均沙暴日数比2008年减少16.67%；发生大风天气的保护区平均大风日数比2008年降低11.11%；与2008年相比，外来物种入侵有所减轻，入侵物种减少了3种，入侵面积减少了1.7公顷。保护区内水质较好，空气负氧离子含量高。2009年，保护区问卷调查显示，有11个保护区开展了水质监测工作，其中，有7个保护区反映保护区内水质达到Ⅰ类水质标准。有12个保护区对空气负氧离子含量进行了测定，其中10个保护区47处空气中负氧离子含量均远远高于世界卫生组织规定的清新空气标准。

6. 湿地保护与恢复工程

2009年，湿地保护与恢复工程建立了《全国湿地保护工程实施规划》信息管理系统，湿地保护和恢复的示范模式逐步形成，部署开展了内蒙古科尔沁、黑龙江安邦河、湖北洪湖、湖南东洞庭湖湿地保护恢复项目的自评估工作，一批重要湿地的生态状况得到了有效改善。共有10多个省(自治区、直辖市)完成了省级湿地保护规划。

2009年，新争取工程中央投资3亿元，其中林业湿地项目中央投资2.239亿元，累计完成中央投资11亿元，其中林业湿地项目累计完成中央投资6.95亿元。截至2009年底，国家湿地公园试点总数达到100处，面积为41.5万公顷。新增杭州西溪湿地公园为国际重要湿地，全国拥有国际重要湿地达到37处，面积391.48万公顷；湿地示范区面积为247.98万公顷，比2008年增加27.21万公顷，增长12.32%。

7. 石漠化综合治理工程

2009年，以制度建设为重点，加强石漠化综合治理工程管理，石漠化综合治理试点工程顺利推进。按照国务院批复的《岩溶地区石漠化综合治理规划大纲（2006～2015）》，工程建设范围涉及贵州、广西、云南、湖南、湖北、重庆、四川、广东8省（自治区、直辖市）的451个县（旗、市、区）。2009年，针对已启动的石漠化综合治理100个试点县，出台石漠化治理工程信息报送制度，组建了100个试点县专职信息员队伍。

截至2009年底，中央累计下达石漠化综合治理林业建设任务26.79万公顷，其中封山育林18.86万公顷，人工造林7.93万公顷；截至2009年底，累计完成林业建设任务16.02万公顷，占下达任务的60%，其中2008年林业建设任务已经完成。

8. 重点地区速生丰产用材林基地建设工程

2009年，重点地区速生丰产用材林基地建设工程取得较大进展，农户造林和国有（集体）林场造林大幅增长。全年在荒山荒地中营造速生丰产用材林21.19万公顷，占用材林建设总面积的26.44%。重点地区速生丰产用材林基地建设工程共造林2.69万公顷，比2008年增长4.08倍，其中荒山荒地造林面积2.08万公顷，更新造林面积0.52万公顷；国有林场造林、农户造林分别增长5.24倍和20.1倍，与此同时，外商投资造林仅增长5.95%。

2009年，工程投资完成额为12.18亿元，其中，国家投资0.12亿元，不到总投资的1%。经过多年的速生丰产用材林建设，我国初步形成了以粤桂琼闽地区、长江中下游地区与黄河中下游地区和东北三省、内蒙古地区为代表的工业原料用材林基地，进一步增强了我国的木材供给能力。

专栏1 2009年林业应对气候变化及碳汇工作进展情况

2009年中央1号文件明确要求建设现代林业，发展碳汇林业；6月召开的中央林业工作会议明确提出在应对气候变化中林业具有特殊地位，并强调发展林业是应对气候变化的战略选择；全国人大常委会8月做出《关于积极应对气候变化的决议》，要求继续实施重点生态建设工程，推进植树造林，发展碳汇林业，增强森林碳汇功能；胡锦涛主席9月在联合国气候变化峰会上向国际社会庄严承诺要大力增加森林碳汇，到2020年比2005年增加森林面积4 000万公顷和森林蓄积量13亿立方米（简称林业“双增”目标）。11月，林业“双增”目标纳入了我国政府承诺的到2020年我国自主控制温室气体排放的行动目标。

按照党中央国务院部署要求，林业深入贯彻，积极落实，2009年林业应对气候变化开展了以下工作：一是为统筹指导林业应对气候变化工作，按照国务院发布的《中国应对气候变化国家方案》（简称国家方案）的总体要求，组织编制并发布了《应对气候变化林业行动计划》（简称林业行动计划），提出了林业应对气候变化的指导思想、基本原则、阶段性目标，以及

22项主要行动。二是组织专业检查队伍，完成中国绿色碳基金支持下7省9个碳汇造林项目的检查验收，指导13家计量单位完成此类项目的首次碳汇计量任务。同时下发了关于加强碳汇造林管理工作的通知，规范碳汇项目管理，积极推进自愿市场碳汇项目资质管理工作。三是扎实开展碳汇计量和监测工作，基本完成《全国森林碳汇计量与监测技术指南》的编制，并在辽宁省进行试点，委托北京大学完成我国森林生态系统碳汇计量与预测研究并通过专家审定，组织举办了面向全国的第二期碳汇计量与监测培训。四是国家林业局和政协全国人大环境与资源保护委员会等5部门联合主办了气候变化论坛，完成了由中共中央财经工作领导小组办公室牵头的“十二五”重大课题研究“发展低碳经济，应对气候变化”林业分报告，积极参加政府间气候变化专门委员会第五次评估报告大纲讨论和专家推荐，参与由科技部牵头组织的国家第二次信息通报编写工作并推荐增补林业专家。五是积极参与气候公约林业议题对案研究和谈判，在哥本哈根气候大会上，全面阐述我国林业应对气候变化方面的立场和主张，加强基础四国的交流和对话，维护发展中国家整体利益，圆满完成林业议题谈判任务。

专栏2 黑龙江扎龙湿地生态补水

黑龙江扎龙湿地位于扎龙国家级自然保护区内，地处黑龙江省西部，距齐齐哈尔市东南26千米，保护区总面积21万公顷，是我国于1992年最早纳入《国际重要湿地名录》的7块湿地之一。

扎龙湿地是由乌裕尔河下游流域一大片永久性季节性淡水沼泽地和无数小型浅水湖泊组成，周围是草地、农田和人工鱼塘。生境类型以沼泽为主，植物群落以芦苇为主。栖息着重点保护鸟类41种，其中国家一级保护鸟类8种，国家二级保护鸟类33种。全球鹤类15种，在扎龙就有6种，占全国鹤类种数的66.7%。扎龙是丹顶鹤最为重要的繁殖地，全世界现存丹顶鹤2 000多只，本区就有500多只的繁殖种群，占全球丹顶鹤总数的四分之一。典型、原始的生态系统和丰富的生物多样性，使扎龙湿地在保持水源、净化水质、蓄洪防旱、调节气候等方面具有巨大的生态功能，是嫩江、松花江平原的“肾脏”、“调节器”，对减缓黑龙江省西部地区沙化东移、保护黑龙江省的自然生态起着重要作用，同时，在全球生物多样性保护尤其是鹤类保护工作中占有极其重要的地位。

自20世纪90年代末期以来，扎龙湿地出现严重缺水，导致生态功能下降，植被退化严重，荒火频繁发生。针对扎龙湿地缺水的情况，黑龙江省从2002年开始，不定期不定量向扎龙湿地进行补水，已累计补水12亿多立方米，缓解了扎龙湿地的缺水状况。2009年，省政府建立了扎龙湿地长效补水机制，设立扎龙湿地补水专项资金，省政府每年投入200万元，齐齐哈尔、大庆市每年各投入100万元。

专栏3　2009年我国沙尘天气概况及灾情评估

2009年，全年沙尘暴灾害频次偏少，比2008年减少4次。2009年春季，我国北方地区共出现8次沙尘天气过程，其中扬沙、浮尘3次，沙尘暴5次，无强沙尘暴发生。

8次沙尘天气过程，影响范围涉及中国西北大部、华北大部、东北大部、河南和山东两省北部以及四川盆地等16省（自治区、直辖市）920个县市，受影响土地面积约320万平方千米，受影响人口4亿，受影响耕地3 400万公顷，经济林地530万公顷，草地1亿公顷。4月中旬发生在南疆盆地和西北大部的两次沙尘暴过程强度较大，影响范围较广，给当地工农业生产、交通运输及群众生活造成了较重影响。在新疆阿克苏地区，由于大风刮断树木造成2人意外死亡。据不完全统计，2009年中国沙尘暴灾害造成各类经济损失折合人民币约6.19亿元。

D

P51-58

产业发展

- 林业产业总产值
- 产业结构
- 木材生产及林产工业
- 经济林、竹及花卉产业
- 森林公园建设及旅游
- 国有林区经济效益

产业发展

2009年，集体林权制度改革全面实施，林业产业总量继续增加，产业结构趋于合理，林业产业发展总体较为平稳。

（一）林业产业总产值

2009年，全年实现林业产业总产值17 493.73亿元（按现价计算），比2008年增加3 087.32亿元，增长21.43%（图14）。

分产业看，第一产业产值7 225.26亿元，占全部林业产业总产值的41.30%，同比增长13.63%；第二产业产值8 717.92亿元，占全部林业产业总产值的49.83%，同比增长27.49%；第三产业产值1 550.56亿元，占全部林业产业总产值的8.86%，同比增长28.21%。

分地区看，东部10省林业产业总产值比重较大，占全部林业产业总产值的46.96%；中部省份增长较快，比2008年增长22.96%。林业产业总产值超过800亿元的省份共有9个，广东、福建、浙江省仍然名列前茅。

（二）产业结构

2009年，林业三次产业的产值结构由2008年的44.14：47.47：8.39调整为41.30：49.84：8.86。第一产业比重下降，第二产业比重明显上升，第三产业比重略有上升（图15）。

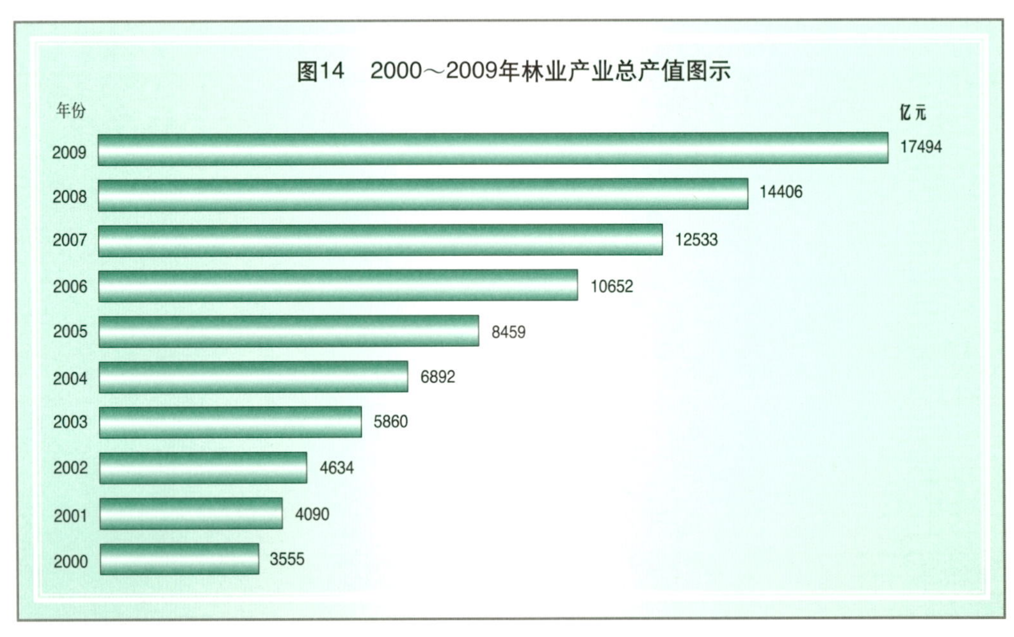

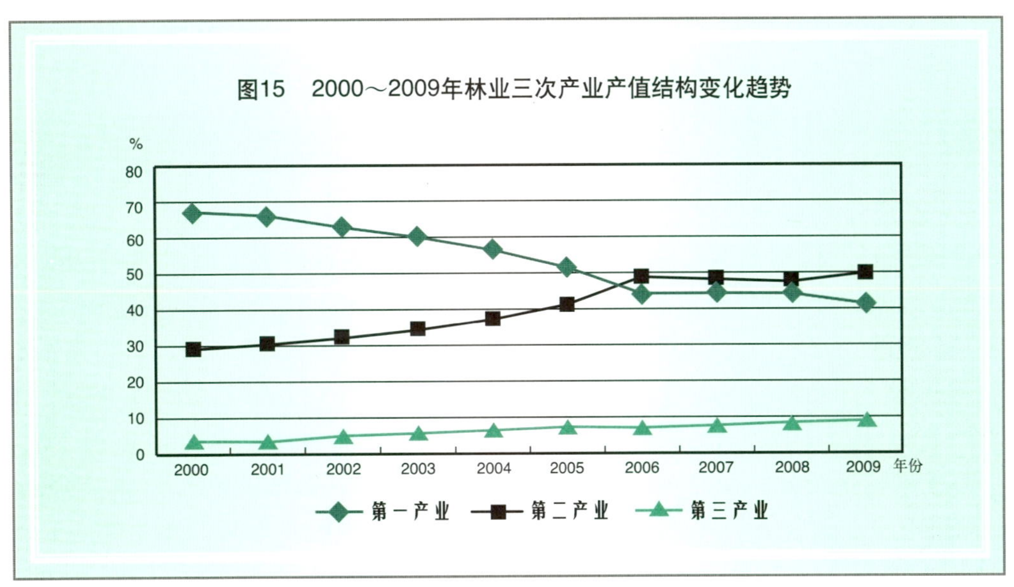

在林业产业发展中，涉林产业的产值贡献是全部林业产业产值的主体，2009年达到95.29%，非林产业仅占4.71%。从林业的一、二、三次产业内部结构看，一、二、三产业的涉林与非林的比重分别为95.50：4.50、97.13：2.87、83.94：16.06，林业第三产业的非林产业比重最大。

在林业的一、二、三次产业中，涉林的龙头产业的带动日益加强。

经济林产品的种植与采集业产值占到林业第一产业产值的一半以上　2009年，在全国林业产业总产值中，包括干鲜果品、茶、中药材以及森林食品等在内的经济林产品的种植与采集业的产值达到3 903.20亿元，比2008年增长12.93%，占林业第一产业的54.02%；其他主要产业依次是林木的培育和种植业，产值1 302.50亿元，比重为18.03%；木竹材采运业产值763.70亿元，比重为10.57%；花卉的种植业产值为643.79亿元，比重为8.91%；陆生野生动物繁育与利用业产值为173.60亿元，比重为2.40%，林业服务业产值为113.19亿元，比重为1.57%。

木材加工及木、竹制品制造业成为林业第二产业的主要组成部分　2009年，木材加工及木、竹制品制造业产值达到3 929.28亿元，比2008年增长21.56%，占林业第二产业的比重达到45.07%。其他主要产业按比重依次为木、竹、苇浆造纸业产值1 663.60亿元，占林业第二产业比重19.08%；木质、竹藤家具制造业产值1 481.45亿元，比重16.99%；非木质林产品加工制造业产值678.14亿元，比重为7.78%。

森林旅游业成为林业第三产业的增长点　2009年，森林旅游及休闲服务业产值达到965.23亿元，比2008年增长39.96%，占林业第三产业的比重达到62.25%。其他主要产业按比重依次为：包括交通运输、批发零售及住宿餐饮业在内的非林产业产值249.09亿元，比重为16.06%；林业公共管理服务业产值160.80亿元，比重为10.37%；林业生态服务产值128.82亿元，比重为8.31%；林业专业技术服务产值46.62亿元，比重为3.01%。

以上三个龙头行业的产值分别占第一、二、三产业的比重为54.02%、45.07%和62.25%。对林业产值的贡献十分突出。

（三）木材生产及林产工业

木材产量正常回落 由于受雨雪冰冻灾害和地震灾害影响，清理受损林木和灾后重建，2008年木材产量大幅增加，2009年木材产量正常回落，达到7 068.29万立方米，比2008年减少12.83%。

从木材产品结构看，原木产量6 476.27万立方米，比2008年减少11.98%；薪材产量592.02万立方米，比2008年减少21.17%。

从木材生产单位看，林业系统内生产的木材为2 604.78万立方米，比2008年下降9.04%，占全部木材产量的36.85%，其中系统内国有林场、事业单位生产木材1 294.60万立方米；系统外企、事业单位采伐自营林地的木材222.98万立方米，同比下降12.61%，占全部木材产量的3.15%；乡（镇）集体企业及单位生产木材产量368.32万立方米，同比下降16.48%，占全部木材产量的5.21%；村及村以下各级组织和农民个人生产的木材3 872.22万立方米，同比下降14.87%，占全部木材产量的54.78%。

锯材产量持续增长 2009年，全部锯材产量3 229.77万立方米，比2008年增长13.69%，其中热带锯材产量147.44万立方米，占全部锯材产量的4.56%。

人造板产量快速增长 2009年，我国人造板产量首次突破1亿立方米，达到11 546.65万立方米，比2008年增长22.71%。其中热带材人造板产量595.46万立方米，仅占全部人造板产量的5.16%。在全部人造板产量中，胶合板4 451.24万立方米，比2008年增长25.71%，占全部人造板产量的38.55%；纤维板3 488.56万立方米，比2008年增长20.02%，占全部人造板产量的30.21%，其中中密度纤维板产量为3 131.64万立方米；刨花板产量1 431.00万立方米，比2008年增长25.28%，占全部人造板产量的12.39%；其他人造板2 175.85万立方米（细木工板占67.96%），比2008年增长19.53%，占全部人造板产量的18.84%。另外，2009年人造板表面装饰板产量为2.53亿平方米，单板产量为2 714万立方米（图16、图17）。

从分省情况看，人造板生产依然主要集中在东部地区，江苏、河南、山东、河北、广西、福建、安徽、广东8省（自治区）产量均超过500万立方米，8省（自治区）人造板产量共计8 694.49万立方米，占全国人造板总产量的75.30%，其中江苏、河南、山东和河北4省的人造板产量均已突破1 000万立方米。

木地板产量保持稳定增长 2009年，全部木地板产量达到3.78亿平方米，比2008年增长0.17%。在木地板产量中，实木地板8 139万平方米，占全部木地板产量的21.56%；实木复合地板11 771万平方米，占全部木地板的31.18%；强化木地板12 716万平方米，占全部木地板产量的33.68%；竹木复合地板2 011万平方米，占全部木地板产量的5.33%。木地板产量最大的省份是浙江省，产量达到7 224万平方米。

木制家具产量继续增长 2009年，木制家具产量为20 501.01万件，比2008年增长8.20%。

木浆产量下降 2009年，纸和纸板总产量8 640万吨，比2008年增长8.27%；纸浆产量6 674万吨，比2008年增长4.04%，其中木浆产量551万吨，比2008年下降18.01%。

林化产品产量恢复增长 2009年，全国松香类产品产量111.70万吨，比2008年增长4.66%，其中松香产量为100.16万吨，同比增长5.92%；松节油产量11.23

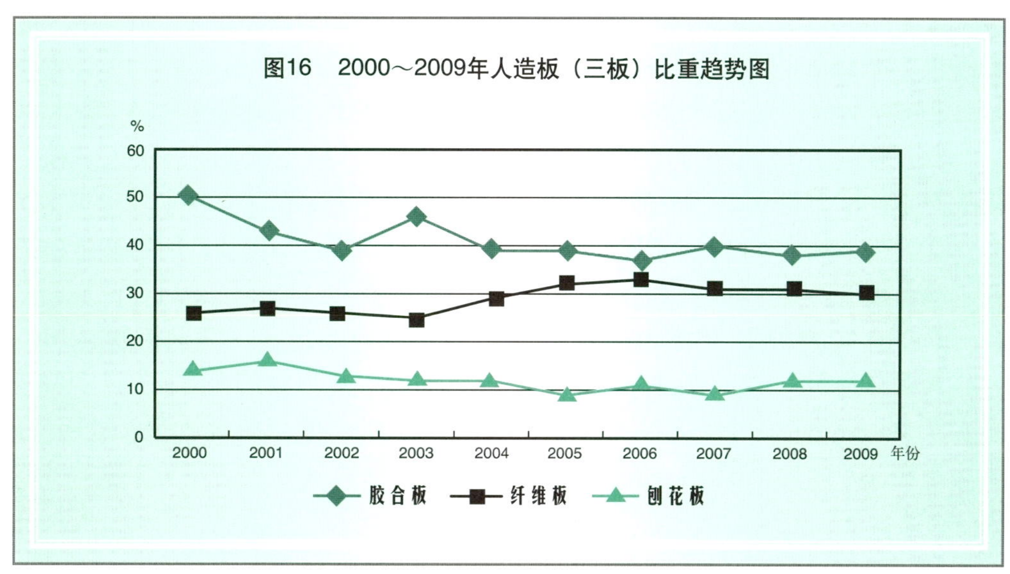

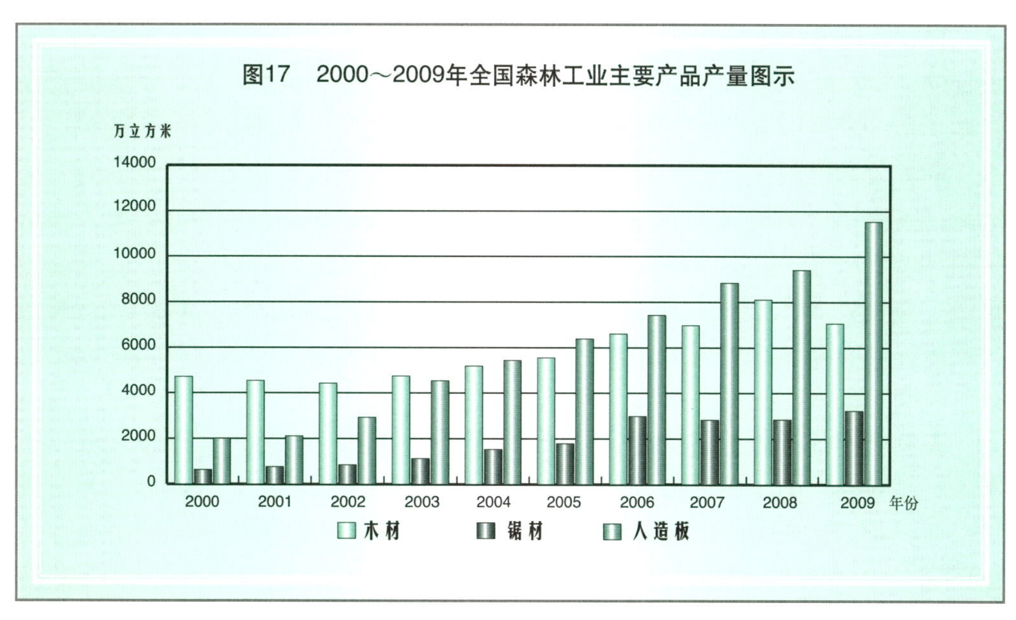

万吨，同比增长37.17%；栲胶11 000吨，同比增长17.81%；紫胶产量1 992吨，同比下降31.10%。

（四）经济林、竹及花卉产业

2009年，新造经济林面积100.26万公顷，比2008年增长17.84%。各类经济林产品总量达到1.27亿吨。水果产量为11 182万吨，比2008年增长13.94%，其中苹果、柑橘和梨分别为3 268万吨、2 364万吨和1 473万吨；干果产量为673万吨，比2008年增长26.11%；林产饮料产品的产量为143万吨，比2008年增长7.51%；林产调料产品的产量为47万吨，比2008年增长8.70%；林产工业原料产量156万吨，比2008年增长16.83%；木本油料产量为122万吨，比2008年增长16.03%；竹笋干、食用菌等森林食品产量为263万吨；木本药材的产量为153万吨。

2009年竹材产量为13.56亿根，比2008年增长7.47%，其中毛竹8.76亿根，篙竹4.80亿根，分别占全部竹材产量64.61%和35.39%。村及村以下各级组织和农民生产竹材11.27亿根，占全部竹材产量的83.11%。

2009年，油茶籽产量为117万吨，占木本油料产量的96.05%，比2008年增长18.13%。油茶产业产值达82亿元。

2009年花卉种植面积63.26万公顷；切花切叶124亿支；盆栽植物近20亿盆；观赏苗木50亿株；草坪2.32亿平方米。具有一定规模的花卉市场4 300多个，花卉企业3.45万个，其中大中型花卉企业6 700多个；花卉从业人员387万人，花农110万户；控温温室面积和日光温室面积分别为2 709万平方米和11 463万平方米。

（五）森林公园建设及旅游

森林公园建设和发展继续保持快速增长的良好态势。2009年新批准设立国家级森林公园22处，国家级森林公园总数达到731处。截至2009年底，全国共建立森林公园2 458处（含白山市国家级森林旅游区），总经营面积1 652.5万公顷。

森林公园建设进一步加强　2009年，全国森林公园共投入建设资金191.16亿元，其中用于环境保护的专项投资达18亿元，营造风景林8.89万公顷，改造林相8.86万公顷。森林公园基础设施条件和旅游接待能力明显提高。截至2009年底，全国森林公园共建成游步道5.14万千米，拥有旅游车（船）23 290台（艘），接待床位57.94万个，餐位99.8万个。从事森林公园管理和服务的职工总数达127 415人，导游11 770人。

森林公园社会效益持续增长　2009年，全国森林公园共接待游客3.33亿人次，其中海外游客912万人次，旅游总收入达226.14亿元。同时，各地积极采取措施，鼓励森林公园周边社区和居民共同参与森林旅游，从中受益。2009年，全国森林公园共提供社会就业岗位近62万个，创造的社会综合旅游产值近1 800亿元。

（六）国有林区经济效益

2009年，国有林区（包括135个木材采运企业和20个重点营林局）主要经济效益指标保持稳定。国有林区总资产贡献率3.6%，比2008年下降0.4个百分点；企业资本保值增值率99.1%，比2008年下降10.1个百分点；资产负债率53.9%，比2008年下降3.7个百分点；流动资产周转率0.7次，比2008年下降0.1次；成本费用利润率14.5%，比2008年提高2个百分点；企业全员劳动生产率11 187元/人，比2008年增加956元/人；产品销售率92.2%，比2008年提高10.8个百分点。

专栏4 特色林果业助推农民增收

新疆气候类型独特，生态和生产环境多样，具有发展特色林果业得天独厚的光、热、水、土自然条件优势，是世界六大果品生产带之一和我国久负盛名的“瓜果之乡”。

近几年，特别是2003年自治区加快南疆农村经济发展工作会议之后，自治区党委、政府把发展特色林果业摆在突出位置，科学规划，加大投入，林果种植规模每年以100多万亩（1亩＝1/15公顷，下同）的速度推进，形成了快速发展之势。截至2009年，全疆林果种植面积超过1 600万亩，形成了环塔里木盆地以红枣、核桃、杏、香梨、石榴、苹果、巴旦木为主的南疆林果主产区，吐哈（吐鲁番、哈密）盆地以葡萄、哈密大枣为主的优质林果生产基地，伊犁河谷、天山北坡以苹果、葡萄、枸杞及小浆果为主的特色林果生产基地，以及具有区域化特色的林果产业带。2009年底，新疆果品总产量超过530万吨，实现总产值150多亿元。

为推进特色林果业发展，自治区财政已投入林果业发展财政专项资金1.3亿元。2006年开始从自治区财政专门安排林果业发展专项资金1 000万元，2008年，增至5 000万元，并且从2009年开始，每年递增1 000万元，到2013年达到并稳定在1亿元水平上。

特色林果业已经成为南疆各地农村经济发展、农民增收的重要产业。2009年，农民人均林果纯收入超过600元，占全疆农民人均纯收入的15%以上。一些林果业发展较早的县市，林果业收入已占到农民年收入的50%以上。例如巴州若羌县大力发展红枣产业，截至2009年底，全县红枣种植面积14万亩，农民人均纯收入超过1万元，其中来自红枣的收入占到88%，成为西部地区第一个人均收入过万元的县。和田地区和田县已将核桃产业作为农民增收的主渠道，2009年核桃总面积已达30万亩，总产达1.7万多吨，实现产值3.4亿多元，人均核桃收入1 470元，占农牧民人均纯收入的45%，现薄皮核桃正逐步进入盛果期，产量逐年以20%速度递增，预计到“十二五”末，全县核桃产量将突破5万吨，年产值将增加到10亿元，人均核桃收入将达到3 900元。喀什地区叶城县2009年实现林果产值10.25亿元，农民人均林果收入2 350元，比2008年增加824元，增长54%。预计到2015年，全县林果面积将达到90万亩，其中30万亩核桃精品丰产园将进入盛果期，产量将达到10万吨，全县农民人均仅核桃纯收入就突破3 600元，林果业已成为叶城县农村经济发展的支柱产业。

专栏5 摇钱树，大产业

云南国土面积39.4万平方千米，94%的国土面积是山区，有六大江河分布其间，山间盆地星罗棋布，地形地貌复杂多样，立体气候明显，物种资源丰富，特色林产业发展历史悠久，其中核桃是全省栽培范围最广、面积最大、产量产值最高的干果经济林。

全省现有核桃面积超过2 400万亩，年产核桃干果28万多吨，总产值超过74亿元。全省核桃产区农民年人均核桃收入300多元，其中核桃主产区农民年人均核桃收入超过500元。云南核桃产量、质量均居全国之冠，被誉为山区群众的“摇钱树”，是农村增收的“铁杆庄稼”。云南核桃正逐步成为广大山区林农的“致富树”，核桃产业正逐渐成为主产区的新兴支柱产业和农民增收的重要来源。

云南省委、省政府重视核桃产业发展，1995年以来，在省委、省政府建设“绿色经济强省”，实施“生态建设产业化、产业发展生态化”的战略思想指导下，各级政府把发展核桃作为扶贫攻坚、新农村建设和山区群众脱贫致富的先锋产业。全省确定了101个核桃基地县（重点县70个），将滇西、滇西北、滇中、滇东南、滇东北打造成全国最大、最重要的核桃基地，分别建成20个50万亩(含现有面积)以上的核桃林基地县；25个30万～50万亩核桃林基地县；25个10万～30万亩核桃林基地县。

2008～2009年云南省财政共投入2.7亿元扶持核桃产业发展，全省核桃基地建设每年以400多万亩的速度快速推进。2009年全省完成核桃造林488.8万亩。全省核桃产品加工、销售企业发展到500多个，年加工产值超过15亿元。核桃交易市场逐步形成，仅大理白族自治州就建成了祥云县刘厂镇、永平县博南镇、漾濞县苍山西镇三个较大的泡核桃交易市场，逐步成为滇西最大的泡核桃产品销售、加工集散地。全省核桃产业发展成效显著。

同时，全省核桃基地建设水平不断提高，良种选育和采穗圃建设不断加强，耐（避）晚霜核桃品种选育工作正抓紧开展；着力扶持核桃加工企业扩大生产规模，开发新产品，创建知名品牌，充分发挥龙头企业的带动作用；加强科技支撑，健全完善社会化服务体系，延伸核桃产业链。不远的将来，定能实现建成云南核桃大产业的宏伟目标。

E

P59-66

生态文化

生态文化

（一）生态文化基础设施

1. 生态文化场馆

2009年，生态文化场馆建设快速推进，全国新建改建扩建生态文化场馆51处，较2008年增长了121.74%。目前我国惟一一座以退耕还林工程建设为主题的展览馆——退耕还林展览馆在陕西省吴起县建成并开馆，展览馆以大量的图片和实物，形象、具体、直观地展示了退耕还林的伟大历程和巨大成就，展现了党中央、国务院实施退耕还林、改善生态的决心和信心，以及广大退耕还林者和务林人让荒原变绿洲的丰硕成果，为广大关心、支持退耕还林的专家学者和社会各界人士研究退耕还林提供了丰富翔实的历史资料。中国湿地博物馆在浙江省杭州市投入使用，全馆系统展示了丰富多彩的世界湿地及其生态系统功能、中国典型湿地的奥秘、湿地面临的问题及威胁、全球湿地保护行动，尤其是中国政府在湿地保护方面取得的成就，为人们了解湿地提供了重要平台。全国首个以竹炭为主题的专业博物馆——中国竹炭博物馆在浙江省遂昌县开馆，该馆集历史文化、科学知识、旅游购物于一体，通过互动环节让人们亲身体验竹炭文化的神奇魅力。以“以人为本、以绿为基、以史为脉、以文为魂、以山成形、以水造景”为建设宗旨的甘肃省兰州绿色文化博览园开园，通过运用文字资料、声、电、多媒体、图像、实物标本等多种形式和手段，全方位、多角度生动展示了兰州人民不畏艰难、持之以恒改善生态环境的艰难历程和取得的显著成效。云南历史上第一个以林业为主题的展览馆——昆明市林业展览馆对外开放，展出了一大批具有昆明地区特色的植物、昆虫、动物标本和图片，以此展现森林的物质资源和生态要素的双重属性、森林资源的科学开发和保护及公众对生态文明建设所做的工作。

2. 生态文化休憩场

2009年，生态文化休憩场所建设迈上新台阶，全国新建扩建生态文化休憩场所143处。以纪念新中国第一任林业部长为主题的“梁希森林公园”重建项目在浙江省湖州市开工建设。北京绿化隔离区“郊野公园环”建设取得新进展，八家郊野公园、东小口森林公园等一批郊野公园建成并向游人免费开放，为京城生态旅游增加了新的亮点。江西省三清山植物园建设项目启动，初步规划建设东北亚美树种园、金缕梅类园、山茶科专类园、木兰科专类园、苹果类园、杜鹃科专类园、引种园、经济和药用植物园8个专类园，不仅保护了珍稀濒危植物，而且为当地群众休闲度假提供了新的去处。云南省昆明市在盘龙江、金汁河、马料河等主城区25条河道新建43个各具特色的主题生态公园、湿地公园、滨河公园，使人们在享受良好生态环境的同时，实地接触到各类湿地植物，增强了湿地保护意识。宁夏回族自治区隆德县六盘山万亩珍稀植物生态园一期工程竣工，园区依托六盘山红色旅游、自然风光及丰富的生物种群资源，突出园林特色和生态特色，精心打造出集六盘山珍稀植物引种、城市绿化苗木培育、市民观赏休闲和中小学科普教育于一体的植物生态园、旅游观光园和科普教育园。

3. 生态文化教育示范基地

2009年，生态文化教育示范基地建设推向深入，规模不断扩大，数量不断增加，全国新建生态文化（文明）教育基地29处，较2008年增长了81.25%。国家林业局、教育部和共青团中央授予湖南省森林植物园、山东省滕州滨湖国家湿地公园、河南省野生动物救护中心、东北林业大学、新疆维吾尔自治区野马繁殖研究中心、江西省共青城、黑龙江省北极村国家森林公园、陕西省定边县石光银英雄庄园、贵州省贵阳市黔灵山公园、江西鄱阳湖国家级自然保护区等10家单位“国家生态文明教育基地”称号，这些基地对开展生态文明宣传教育、提升生态文明教育水平、培养社会公众生态文明观念发挥了主体作用。国家林业局、教育部和共青团中央还联合下发了《国家生态文明教育基地管理办法》，推动国家生态文明教育基地创建工作步入了规范化、制度化轨道。中国生态文化协会命名河北省唐山市南湖城市中央生态公园和江苏省南京市中山陵园风景区为首批“全国生态文化示范基地”。江西省建成首个生态希望小学——南昌县洪银生态希望小学，学校除了保持传统希望小学各项功能外，首次将生态环保概念引入规划和教学中。辽宁省首个生态文化教育示范基地在辽宁老秃顶子国家级自然保护区挂牌，保护区强化科普、文化、宣传、教育职能，充分利用区内丰富的物种资源，建成了标本馆、宣教中心等基础设施。河南省首家国家生态文明教育基地在省野生动物救护中心揭牌成立，基地配备专职工作人员在开放日为参观者进行系统讲解。这些基地的建设和开放，对于传播生态知识、引导人们树立人与自然和谐的生态价值观念发挥了积极重要的作用。

（二）生态文化产品

1. 生态理论研究

2009年，生态理论研究紧密联系经济社会发展实际，深入探讨重大理论和实践问题，研究领域不断拓展，研究层次不断提高，研究内容不断深化，形成了诸多具有指导意义的学术成果。《中国生态文化的内涵与方向》、《倡导生态道德，推进生态文明建设》、《生态文明教育：建设生态文明的基础工程》、《生态文明与可持续发展》、《中国需要什么样的城市森林》、《应从战略高度认识森林旅游业》、《建设生态文明，实现科学发展》、《革命意识形态下生态意识的珍贵流露》、《易学的生态思想》、《强化全社会生态文化教育，建设生态文明》、

《中国传统文化的生态智慧》等学术论文为新时期生态建设、生态文化建设和生态文明建设提供了科学指导和理论支撑。《森林哲学散论》、《大暖化》、《地球：我们输不起的实验室》、《地球史》、《20世纪90年代以后的生态社会主义》等理论专著为进一步开展生态学术探讨奠定了坚实基础，成为生态理论研究成果的杰出代表。

2. 生态文艺创作

2009年，生态文艺创作成果丰硕，亮点频现，生态保护和建设成为众多文艺作品和活动的主题。报告文学《兴隆之本》、小说《鬼娃子》、杂文《别仅让生态文明成为口头禅》、文学评论《世界文学的生态转向》、诗歌《树叶》、散文《鼓浪屿读榕》、歌曲《森林宝鸡》、快板书《一大四小就是好》等一大批生态题材的优秀文艺作品，受到了社会的高度关注和受众的广泛好评，成为普及生态知识、传播生态文化、倡导生态文明的重要载体。"惠风兰韵"书画作品展、全国生态文学作品大赛、生态的足迹——全国生态建设成就摄影大赛、全国林业职工原创美术作品展、"倡导绿色生活、共建生态文明"公益招贴画进万家活动、首届十大生态美文评选、全国生态文艺创作座谈会等一系列生态文艺活动，极大地激发了各地文艺工作者和爱好者投身生态文艺创作的积极性和主动性，为繁荣生态文艺创作发挥了重要作用。由国家林业局指导拍摄的我国首部以茶为题材，以林改为背景的电影《龙顶》在北京首映，石漠化治理题材电视剧《绝处逢生》在中央电视台综合频道热播。以我国大学生开展绿色长征活动为主线拍摄的纪录片《路在前方》，在第六届纽约皇后国际电影节上获"最佳国际纪录片奖"，该片真实记录了2007年绿色长征志愿者们走进自然保护区、城市社区、农村开展可靠调研、生态保护宣传、绿色咨询等活动的真实场景，展现了中国大学生为绿色事业积极贡献力量的风采。中国野生动物保护协会、福建省委宣传部、福建省文化厅监制，福建省文艺音像出版社独立创作、摄制的数字电影《鹤乡谣》获得美国圣地亚哥第六届国家儿童电影节优秀影片奖，影片通过主要人物的活动，演绎出一曲人与自然和谐相处的华彩乐章，对于保护湿地、保护野生动物具有广泛的现实教育意义。音乐剧《白头叶猴》在广西南宁首演，该剧以保护广西珍稀动物白头叶猴为题材，以广西独有的自然风光和神秘的花山岩画为背景，讲述了一个发生在人与人、人与猴、猴与猴之间的矛盾纠葛故事，反映了人与自然和谐相处的主题，具有视听震撼效果。历时两年多时间、耗资近千万元的生态动漫剧《远方的呼唤》制作完成，动画片采用拟人化的描述，向观众展示了可可西里生物链的相互关系，反思了人类乱砍滥伐森林资源导致高原雪山融化、带来全球气候变暖的严重后果，教育青少年从小树立爱护自然、保护野生动物、珍惜生命的理念，促进人与自然和谐发展。

（三）生态文化传播

1. 社会媒体传播

2009年，《人民日报》、新华社、中央人民广播电台、中央电视台、网络电视台、《北京青年报》、《华西都市报》等中央和地方新闻媒体以中央林业工作会议、哥本哈根气候变化大会等重要会议的召开和世界湿地日、植树节、世界地球日、世界防治荒漠化与干旱日等重要纪念日为契机，以专版、专栏、访谈、社论、通讯等多种形式，深入宣传新时期林业在经济社会发展中的新地位、新使命，深入宣传林业改革取得的新成效、积累的新经验，深入宣传林业发展面临的新机遇、遇到的新挑战，大力传播生态知识，积极弘扬生态文化，为发展现代林业、建设生态文明、推动科学发展营造了良好的舆论氛围。据不完全统计，中央主要报刊和电台刊播林业和生态报道及专题达到13 000篇（条），较2008年增加18.18%。网络媒体通过专栏、专访、博客、播客、微博、网上调查等多种途径加大生态文化传播力度，引导网民关心、支持和参与生态文化建设。新浪网、新华网、腾讯网和中经网等大型网站多次对重大林业和生态会议、论坛和事件进行网络直播，有力地促进了关注林业发展、支持生态建设良好舆论环境的形成。新的生态文化网站建设步伐加快，香榧产业网站开始筹建，中国森林特产网开通，中国林业新闻网、生态中国网站新增“生态文学”专栏，湖北荆楚网首页开辟林业专题，中国生态诗歌博客创立。

2. 林业报刊图书出版

2009年，《中国绿色时报》、《中国林业》、《生态文化》、《森林与人类》、《湖南林业》、《云南林业》等中央和地方林业报纸刊物立足林业，全面报道各地生态文化建设的生动实践，充分反映各地生态文化建设的重大进展，广泛宣传各地生态文化建设的先进典型，为普及生态知识、提高公众生态文明素养、推进生态文化建设发挥了重要作用。《中国绿色时报》开设“人与自然”、“文化”、“阅读”、“务林人”副刊，设置“绿化论道”、“绿色观察”、“名家走林区”栏目，突出生态文明主题，成为弘扬生态文化、建设生态文明的舆论先锋和展示窗口。林业图书出版保持良好发展势头，生态文化图书种类日益丰富，数量持续增长。专著《生态建设与改革发展：2008林业重大问题调查研究报告》、《新疆生物多样性》，科普读物《禽流感防治与野生动物疫病》、《花花草草的七情六欲》、《沙尘暴灾害预防常识》，画册《绿色的壮举》、《生态多伦》，实用教材《中国集体林权制度改革培训教材》、《林业政策问答》等出版发行。

3. 展览展会论坛

展览、展会、论坛成为开展生态教育、传播生态知识的重要手段和形式，被广泛运用到生态文化建设的实践中。2009年，第六届中国国际木材及制品展、中国木（竹）雕展、北京艺菊展、成都市第四十七届金秋菊花展、中国第十二届根石美术精品展等大型展览，综合运用图片、实物、声光电等展示手段，倡导绿色生活方式，宣扬生态文明理念。第三届中国（三亚）国际兰花博览会、第二届中国大理国际兰花茶花博览会、第六届浙江萧山花木节、第十九届中国（温江）兰花博览会、湖南首届生态文化节、中国第二届兰文化博览会、中国（温州）森林旅游节、中国园林茶文化节、首届中国银杏节、第七届中国花卉博览会、三峡宜昌林博会、第五届海峡两岸林业博览会等大型展会，深入挖掘文化内涵，突出自身特色，成为弘扬生态文化的重要渠道。第六届中国城市森林论坛、第二届中国生态文明建设高层论坛、中国杭州西溪第三届国际湿地论坛、中国玫瑰文化产业论坛、中俄林业生态建设学术论坛、第二届中国生态小康论坛等大型论坛、首届绿色山东生态文化论坛、东北亚生态（伊春）论坛、首届森林健康养生发展论坛、第二届中国绿色发展高层论坛等大型论坛，广泛研究、深入探讨生态前沿理论和重大课题，推动生态文化和生态文明建设不断向前发展。

（四）生态文化队伍

1. 理论研究队伍

2009年，生态文化研究力量进一步加强，一批新的生态文化研究组织创立。中国林业科学研究院、北京林业大学等林业院所在稳定自身生态文化研究队伍的同时，积极创新形式，举办各种形式的研讨会、座谈会、交流会，吸引中国社会科学院、中国人民大学、复旦大学等高等院校和科研院所与中国生态文明道德教育促进会、北京大学生态文明研究中心等社团组织的专家学者投身生态文化学术研究，扩大了生态文化研究视角，拓展了生态文化研究范围，增强了生态文化研究能力。中国生态文化协会成立了森林文化分会、花卉文化分会、名山文化分会、湿地文化分会，加强对生态文化分支学科的研究，进一步加大了生态文化研究的深度、提升了研究水平。贵州省黔东南苗族侗族自治州兰花保护协会成立，协会通过弘扬兰花文化，保护和发展兰花产业，有力地促进了当地生态文化建设。

2. 文艺创作和文化管理队伍

2009年，生态文艺创作队伍进一步壮大，许多知名文艺工作者转向生态文艺创作，大量生态文艺创作新锐脱颖而出，生态文艺创作机构增长快速。山东省林业局、山东省森林文化协会授予日照海滨国家森林公园、山东省药乡国家森林公园、滕州滨湖国家湿地公园、原山国家森林公园、鲁山国家森林公园、昆嵛山国家森林公园、寿光机械化林场7家单位“山东省森林文化创作基地”称号，为更多生态文艺爱好者开展创作搭建了重要平台。中国生态文化协会摄影分会成立，为摄影爱好者交流生态摄影经验、进行生态摄影实践开辟了新的场所。同时，各级各地有关部门注重生态文化建设人才培养，切实提高生态文化建设工作者的业务素质和工作能力，为构建繁荣的生态文化体系奠定了坚实的组织基础。

专栏6 第六届中国城市森林论坛

由关注森林活动组委会举办，国家林业局、全国政协人口资源环境委员会、浙江省人民政府、经济日报社联合主办，杭州市人民政府承办的第六届中国城市森林论坛于2009年5月7～8日在杭州举行。关注森林活动组委会各成员单位的主要负责同志，89个城市的市长代表、15个国家的专家代表、国际组织代表、各省林业厅（局）的负责同志以及新闻媒体记者等300多人参加了论坛。论坛以“城市森林与品质生活”为主题，论坛期间，浙江省杭州市、山东省威海市、陕西省宝鸡市、江苏省无锡市被授予“国家森林城市”称号。中共中央政治局委员、全国政协副主席、关注森林活动组委会主任王刚同志亲自出席论坛并作了重要讲话。讲话充分肯定了关注森林活动和举办森林论坛、创建国家森林城市活动取得的积极成效，深刻阐述了林业对建设生态文明、推动科学发展、促进社会和谐的重要作用，明确要求关注森林活动和城市森林论坛要办出特色，常办常新，吸引和带动更多的社会资源投入林业、发展林业。贾治邦局长在论坛上发表了题为《发展城市森林，推进身边增绿，为提高人民生活品质做出新贡献》的重要讲话。讲话科学阐述了发展城市森林、推进身边增绿对提升城市居民生活品质、提高城市生态承载力和生态功能的重大作用，为进一步搞好城市森林建设指明了方向。

F

P67-74

林业投资

- 资金来源
- 资金使用
- 林业固定资产投资
- 资金管理

林业投资

2009年，林业投入再创历史新高，强林惠林的政策实现了重大突破，总体上呈现以下3个特点：一是全年林业投资总量大幅增长，增速也是近年来最快的一年；二是中央林业资金在到位资金中的比重继续下降，到位资金大幅超出年初计划；三是林业基础设施和专项补助投入增加明显，林业重点生态工程依然是主要投入对象。2009年，林业部门积极争取和落实了中央财政对林业的各项支持政策，加快推动林业支持保障机制的建立，取得了新的突破。

（一）资金来源

2009年，林业系统实际到位的各类建设资金1 377.86亿元，与2008年相比增长了36.88%（图18）；年初计划投入资金1 277.02亿元，资金到位率为107.90%，与2008年相比高出了3.86个百分点。其中，中央林业资金838.24亿元，占全年实际到位林业建设资金总额的60.84%，比2008年下降了3.84个百分点。2009年中央林业资金在林业建设资金中所占比重是2000年以来的最低点，并已连续4年呈下降趋势。

图 18　2000～2009 年林业建设资金到位情况图示

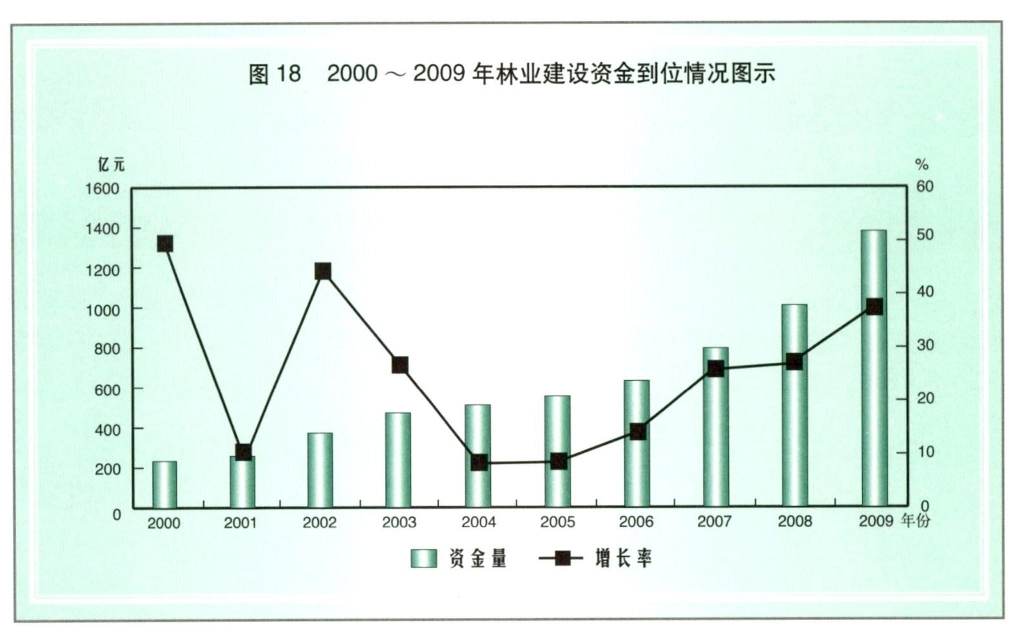

1. 中央林业资金

中央林业资金包括中央本级的财政支出和由中央统筹安排的地方财政支出，主要项目为国家预算内基本建设资金、国债资金、中央财政专项资金和其他国家预算内资金。

2009年，中央林业资金838.24亿元，比2008年增长28.75%。其中国家预算内基本建设资金121.56亿元，同比增长98.58%；国债资金59.96亿元，增长5.11%；中央财政专项资金460.66亿元，同比增长18.66%；其他国家预算内资金196.06亿元，与2008年相比增长35.59%（图19）。

从资金到位情况看，中央林业资金到位率为107.06%，比2008年提高了8.52个百分点。其中，国家预算内基本建设资金到位率为93.16%，国债资金到位率为116.14%，中央财政专项资金到位率110.44%，其他国家预算内资金到位率为106.69%。除国家预算内基本建设资金外，到位中央林业资金均超过了年初计划。

2009年，中央林业资金占全国中央财政总支出（43 819.58亿元）的比重为1.91%，比2008年增长了0.12个百分点（图20）。

图19　2000～2009年中央林业资金量及全部资金的比重图示

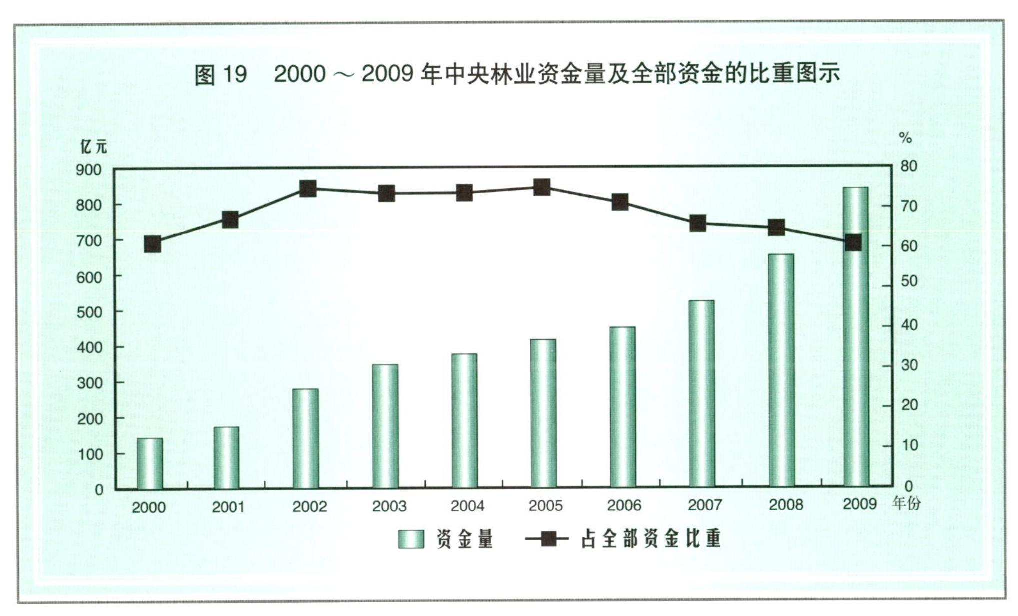

图20　2000～2009年中央林业投入占中央财政支出的比重图示

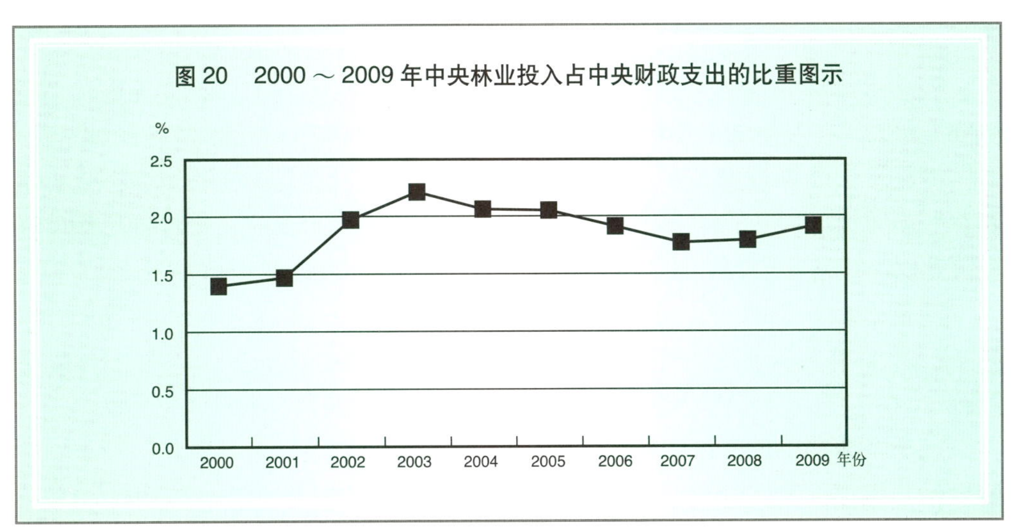

2. 林业贴息贷款

2009年，国家林业局下达林业贴息贷款项目建议计划160亿元，比2008年增加80亿元，增长了1倍；落实中央财政贴息资金6.52亿元，比2008年增加2.40亿元，增长58.25%，是“十五”以来增长幅度最大的一年。2009年，实际落实林业贴息贷款159.90亿元，占同期贷款计划的99.94%，比2008年增长79.54%。其中：工业原料林项目落实贷款62.25亿元，占当年贷款落实总额的38.93%，同比增长123.20%；经济林项目落实贷款34.41亿元，占当年贷款落实总额的21.52%，同比增长117.92%；其他种植业项目落实贷款7.11亿元，占当年贷款落实总额的4.45%，同比增长24.52%；多种经营项目落实贷款56.13亿元，占当年贷款落实总额的35.10%，同比增长41.49%。林业贷款大幅增长的主要原因在于，集体林权制度改革和林业发展金融服务的政策措施、林业贷款中央财政贴息支持力度的加强等。

3. 林业利用外资

2009年，实际利用外资规模达到5.54亿美元，比2008年下降45.04%，占全国利用外资总水平（900.30亿美元）的0.62%。其中国外借款1.17亿美元，外商直接投资4.18亿美元，无偿援助0.19亿美元，分别占林业实际利用外资总规模的21.19%、75.34%和3.47%。

4. 自筹及其他资金

2009年，累计到位自筹资金218.14亿元，与2008年相比增长了82.06%，在全年林业各类建设总投资中的比重为15.83%。林业其他资金233.84亿元，比2008年增长40.09%，占全年林业各类建设资金的16.97%。

（二）资金使用

1. 中央林业资金投向

2009年，中央林业资金仍主要投向退耕还林工程、天然林资源保护工程、重点防护林体系建设工程、京津风沙源治理工程、野生动植物保护及自然保护区建设工程等林业重点生态工程。2009年，林业生态体系工程的投入资金总量达567.21亿元，占全部中央林业资金的67.67%，与2008年相比提高了3.89个百分点。其中：天然林资源保护工程81.02亿元，退耕还林工程349.81亿元，重点防护林体系建设工程37.04亿元，京津风沙源治理工程27.14亿元，野生动植物保护及自然保护区建设工程4.94亿元，林业血防工程抑螺防病林项目1.94亿元。

国债资金　2009年，林业国债资金投入59.96亿元，比2008年增加了2.91亿元，投向国家林业重点生态工程的资金总量达52.91亿元，占全部国债资金的88.24%。其中：天然林资源保护工程6.84亿元，退耕还林工程23.02亿元，京津风沙源治理工程5.28亿元，重点防护林体系建设工程12.41亿元，野生动植物保护及自然保护区建设工程1.45亿元，分别占林业国债资金总额的11.41%、

38.39%、8.80%、20.70%和2.42%。用于种苗工程的国债资金为0.75亿元，占国债资金总额的1.26%；用于森林防火、病虫害防治、湿地保护的国债资金为2.16亿元，占国债资金完成总额的3.60%。

中央财政专项资金 中央财政专项资金主要投向林业重点生态建设工程及各项林业专项补助，是中央财政扶持林业生态建设的重要手段。2009年，中央财政向林业生态体系建设工程投入专项资金388.71亿元，占全部中央财政专项资金完成总额的84.38%；下拨林业专项补助69.29亿元，占全年中央财政专项资金的15.04%。其中：天然林资源保护工程投入58.50亿元，占中央财政专项资金的12.70%，主要用于解决森林管护经费、社会保险补助和政社性支出补助；向退耕还林工程和京津风沙源治理工程分别投入303.88亿元和17.01亿元，占中央财政专项资金完成总额的65.97%和3.69%，主要退耕农户的粮食补助和受工程影响农户的生活费补助。中央财政专项资金还用于生态效益补偿、林业救灾补助、集体林改工作经费和贫困林场扶贫等林业专项补助，2009年分别投入财政专项资金40.26亿元、7.63亿元、5.71亿元和1.99亿元，在当年中央财政专项资金中的比重依次为8.74%、1.66%、1.24%和0.43%。

2. 林业贴息贷款

2009年，项目单位利用林业贴息贷款及其配套资金营造工业原料林49.70万公顷，抚育55.37万公顷次，整地未造林1.22万公顷；新造经济林17.67万公顷，改造经济林9.59万公顷；种植其他经济植物11.48万公顷。建设多种经营项目451个，项目总投资205.78亿元，其中，已投产项目378个，创产值223.39亿元，创利税24.20亿元，安置就业人员13.07万人；未投产项目73个，预计投产后可创产值38.26亿元，可创利税4.75亿元，可安置就业人员4.18万人。

2009年，在林业贴息贷款政策上，进一步完善了中央财政贴息政策，财政部、国家林业局联合出台了《林业贷款中央财政贴息资金管理办法》，进一步扩大了贴息范围，提高了贴息率，加大了对林业小额贴息贷款扶持力度，增加了中央财政对林业贷款的贴息投入力度。在林业贴息贷款项目使用管理上，进一步加大了对林业小额贴息贷款、以油茶为主的木本油料产业和地方林业重点工程产业项目的支持力度。其中，安排33.10亿元林业贴息贷款计划规模进一步扩大林业小额贴息贷款试点工作，实际落实林业小额贴息贷款28.90亿元，中央财政予以贴息8 400多万元。安排木本油料产业建设贷款计划规模12.50亿元，实际落实15.30亿元，中央财政予以贴息4 594万元。安排地方林业重点工程——重庆森林工程产业贷款建议计划19.30亿元，实际落实20.56亿元，中央财政予以贴息6 168万元。

3. 林业利用外资投向

从利用外资方式上看，依然以外商直接投资方式为主；从利用外资的项目类型上看，以商品林造林项目为主，项目个数为315个，实际利用外资金额为

1.05亿美元；从林业利用外资的区域上看，东部地区省份利用外资水平较高，占全部林业利用外资额的55.61%。

（三）林业固定资产投资

1. 投资规模

2009年，全部林业固定资产投资完成额达到1 351.33亿元，比2008年增长36.88%，其中，林业基本建设投资完成1 288.18亿元，同比增长35.27%；更新改造投资完成52.05亿元，同比增长81.89%；森工其他固定资产完成投资11.10亿元，同比增长75.33%。国家投资完成710.48亿元，占全部林业投资完成额的52.58%（图21）。

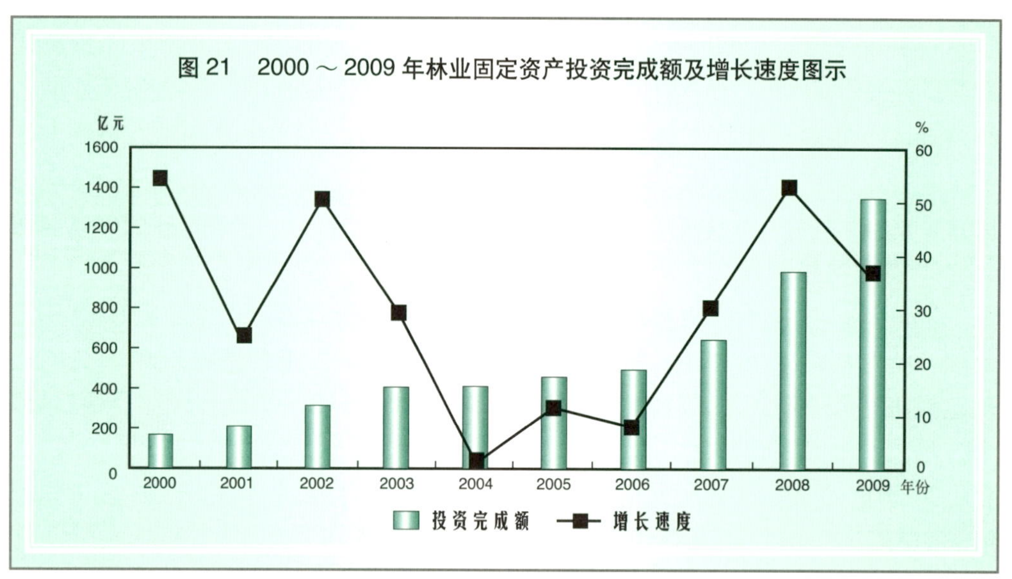

图 21　2000～2009 年林业固定资产投资完成额及增长速度图示

从结构看，营林固定资产基本建设投资完成1 109.52亿元，比2008年增长34.05%；森工固定资产基本建设投资完成178.66亿元，同比增长43.42%；营林与森工基本建设投资比由2008年的7∶1调整为6∶1。营林更新改造固定资产投资完成6.67亿元，与2008年相比下降了25.07%；森工更新改造固定资产投资完成45.39亿元，同比增长130.17%；营林和森工更新改造固定资产投资完成比为1∶7。

2. 投资重点

2009年，林业固定资产投资主要投向基础设施建设及营造林，其中：用于造林、更新、改造、管护、抚育等营造林的资金为597.04亿元，同比增长35.82%，占全部营林基本建设投资的53.81%（图22），相比2008年比重略有上升；用于种苗、防火、病虫鼠害防治、森林公安等林业基础设施的资金为85.31亿元，同比增长33.57%，占全部营林基本建设投资的7.69%；其他投资完成额427.17亿元，同比增长了31.74%，占全部营林基本建设投资的38.50%（图23）。

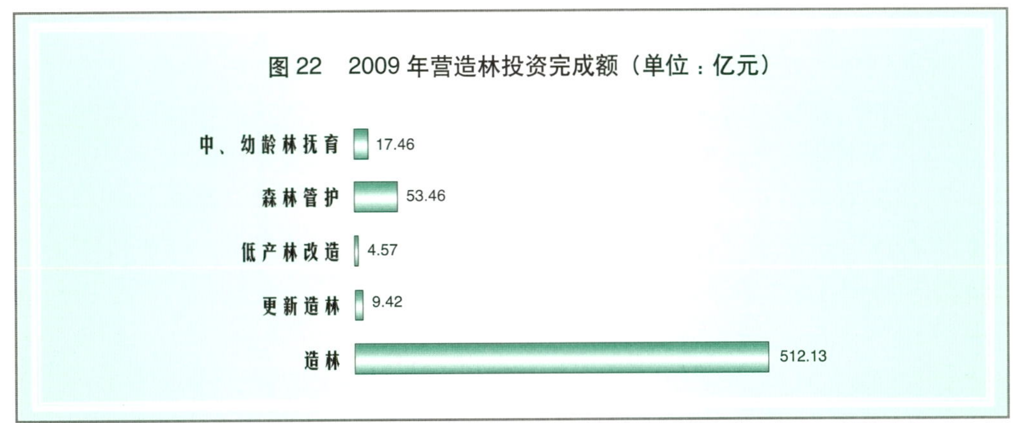

图 22 2009 年营造林投资完成额（单位：亿元）

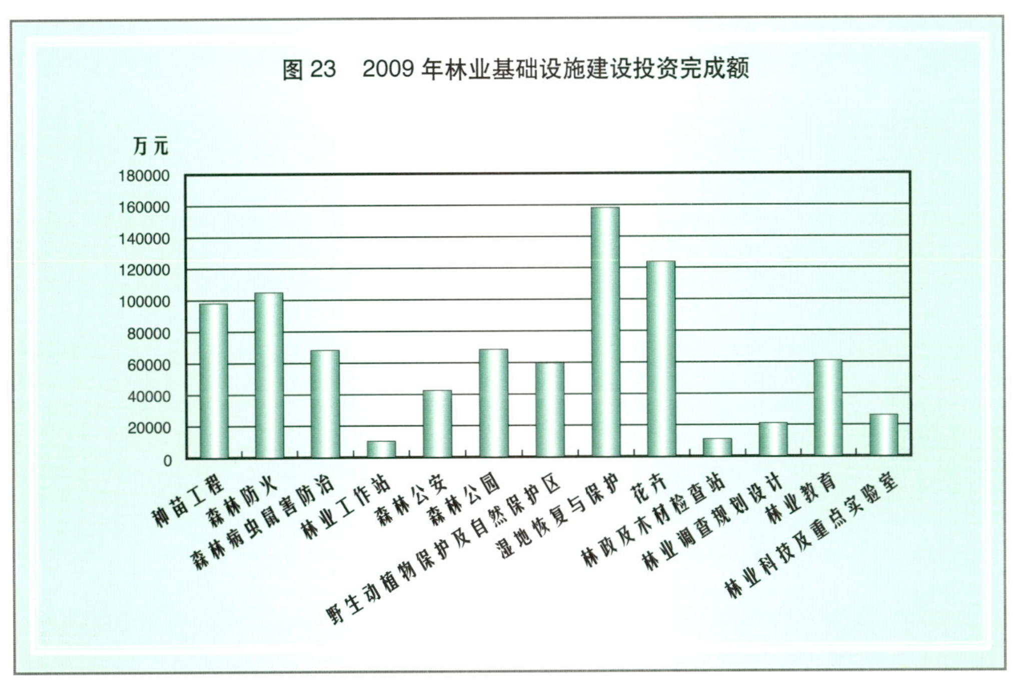

图 23 2009 年林业基础设施建设投资完成额

（四）资金管理

强化项目和资金管理 加强灾后恢复重建和扩大内需资金、项目的检查和监督，积极组织和配合国家有关部门参加监督检查，对近两年扩大内需林业资金使用情况进行了重点检查；下发了《国家林业局关于开展扩大内需林业项目资金专项检查的通知》，全面部署对扩大内需资金使用及项目安排的检查；对卧龙、白水江两个局直属保护区地震灾后恢复重建资金落实和使用情况进行了重点检查。

开展"小金库"专项治理工作 及时召开了国家林业局"小金库"专项治理工作动员部署工作会；成立了国家林业局"小金库"专项治理工作领导小组和办公室；制定了《国家林业局"小金库"专项治理工作实施方案》；配合中央治理"小金库"检查组对国家林业局本级和7个直属单位进行重点检查，针对检查出的问题指导相关单位认真制定整改措施并予以落实。

加强行业计财管理工作 下发了《关于进一步做好新增中央林业投资使用管理工作的通知》，对各地扩大内需林业项目计划执行情况进行安排部署；正式颁布了《森林防火物资储备库建设标准》、《森林防火监测系统建设标准》两个国家标准；印发了《国家农业综合开发部门项目部管理办法林业项目实施细则》，研究起草了《自然保护区能力建设资金管理办法》、《林业科技推广示范资金管理办法》。

专栏7 拓宽筹资渠道，加快林业发展

“十一五”在山西林业发展史上具有里程碑意义。2006～2009年，全省安排造林任务1 890.5万亩（含封山育林），实际完成1 935.3万亩，占任务的102%。支持山西林业快速发展的重要原因是林业建设资金渠道不断拓宽，投入不断增加，机制不断创新。

“十一五”以来，在国家对林业投资持续增长的同时，山西积极争取各级政府投资，鼓励有实力的企业或个人投资造林，为加快造林绿化步伐提供了有力的资金保障。据统计，2006～2009年，全省林业总投资达到了223亿元以上。其中：中央投资67亿元，省级投资40.8亿元，市、县、乡财政及村集体集资87.7亿元；社会各部门筹资27.6亿元。

总结近年来山西林业发展，比较突出的经验和特点有7个方面：

一是各级领导高度重视，二是会议推动成效明显，三是统筹规划科学实施，四是建立多元资金投入机制，五是强化管理注重质量，六是强化科技支撑，七是启动实施碳汇造林项目。

山西在投入机制创新方面，取得了新的突破。为建立煤炭开采对山西环境影响的长期补偿机制，2007年3月，财政部以财综函[2007]3号文对《山西省煤炭可持续发展基金征收使用管理实施办法（试行）》进行了批复，省政府当月以山西省人民政府第203号令印发全省执行。山西煤炭工业可持续发展政策措施试点工作正式启动。文件规定：

1. 征收范围：国务院批准的煤炭可持续发展基金征收范围为全省行政区域内，从事煤炭开采的所有生产企业。

2. 征收标准：按动用（消耗）资源储量、区分不同煤种，确定适用煤种征收标准为：动力煤5～15元/吨；无烟煤10～20元/吨；焦煤15～20元/吨。具体征收标准，由山西省人民政府根据煤炭市场价格变动情况适时调整。

3. 基金管理：煤炭工业可持续发展基金征收主体为省人民政府。省人民政府财政部门负责基金的征收和预算管理，省人民政府发展改革部门负责基金使用的综合平衡和计划管理，省人民政府相关部门负责本行业领域项目的组织和实施。省财政部门委托省地方税务局具体组织基金征收工作，各级基金征收纳入同级财政预算管理。

4. 基金使用：主要用于单个企业难以解决的跨区域生态环境治理、支持资源型城市转型和重点接替产业发展、解决因采煤引起的社会问题。

自政策实施以来，2007～2009年，山西省发改委共安排林业煤炭可持续发展基金18.4亿元，其中：2007年4亿元，2008年6亿元，2009年8.4亿元。

G

P75-88

支撑与保障

- 森林资源管理
- 林业种苗
- 森林防火和森林公安
- 林业有害生物防治
- 野生动物疫源疫病监测防控
- 林业科技
- 林业教育
- 林业工作站
- 国有林场
- 林业信息化建设
- 林业职工队伍

支撑与保障

（一）森林资源管理

完善林地管理制度 2009年，全国共审核审批占用征用林地项目1.45万项，主要为交通、水利水电等基础设施项目，林地面积11.95万公顷。与2008年相比，全国征占用林地面积增幅19.14%。一是强化征占用林地审核审批。简化并规范申报材料、实施审批前的监督检查、维护林权权利人的利益。把生态保护作为审查的重点，引导科学使用林地。对涉及生态脆弱地区、典型和特殊森林生态系统、濒危珍贵野生动植物资源有较大影响以及需要砍伐重点保护野生植物、古树名木的建设项目，向建设单位提出改线、避让、就地保护生态的意见。对东北、内蒙古重点国有林区勘查、开采矿藏征占用林地实行从严审批政策，明确采石、取土不得占用公益林等。二是完善征占用林地审核审批管理制度。将《使用林地审核同意书》由固定格式改为行文格式，使批复内容更具有针对性；建立了全国征占用林地项目审核审批情况月报制度；规范了省级林业主管部门上报征占用林地建设项目申请文件内容，强化了对省级林业主管部门的监管，并探索推广征占用林地网上审批。三是协调解决林地管理中存在的突出问题。与国务院法制办等部委沟通协调，解决石油天然气管线等建设项目用地中出现的法律冲突问题；与南水北调办公室协调，解决淹没区以上林地林木处置问题等。四是编制林地保护利用规划。在2008年工作的基础上，《全国林地保护利用规划纲要（2009～2020年）》征求意见稿正式送国家发展改革委、财政部、国土资源部等11部委征求意见，根据各部委反馈意见，对《规划》征求意见稿进行了修改，形成了《规划》送审稿，并组织专家进行论证并正式上报国务院待批。

推进森林可持续经营 一是规范森林经营方案的编制。2009年，国家林业局制定下发了《县级森林可持续经营规划编制指南》，编写了《森林经营方案编制与实施规范》和《简明森林经营方案编制技术规程》两个行业标准，初步构建了符合中国林业特点的森林经营方案制度体系。在编报的《"十二五"期间年森林采伐限额编制方案》中明确，"对依照有关规定编制森林经营方案的，原则上按照森林经营方案核定森林采伐限额。"在下发的《关于改革和完善集体林采伐管理的意见》中明确，"县级林业主管部门要引导森林经营者编制森林经营方案，特别是林业工作站要指导和帮助林农编制简易森林经营方案。"二是进一步深化森林可持续经营试验示范工作。2009年，在已有试点成效和经验的基础上，福建永安市不同类型的森林经营方案成为向全国推广的范本；辽宁清源县县级森林可持续经营规划也成为指导各县级单位编制规划的成功范例；吉林汪清林业局的"采育林"建设，被吉林省定为国有森工局经营森林资源的模式，探索出东北国有林区森林经营的成功之路；甘肃小陇山林业实验局总结出的8种森林经营模式成为西北地区森林经营的基本模式；浙江《临安市集体林森林经营方案》通过了市政府组织的论证，并以政府的名义下发执行。各试点单位结合实际，针对不同类型的森林、不同的管理体制以及不同的森林经营水平，进行了大量的实践探索，建立了形式多样的经营管理模式，试点工作取得了阶段性成果。三是中幼龄林抚育工作全面推进。财政部和国家林业局从2009年起开展森林抚育补贴试点，系统研究全面开展森林经营工作的政策机制和技术体系。

改革森林采伐管理制度 2009年，按照《中共中央国务院关于全面推进集体林权制度改革的意见》中“改革商品林采伐限额管理，实行林木采伐审批公示制度，简化审批程序，提供便捷服务”的要求，以及中央林业工作会议确定的“建立林木采伐管理制度”的措施，全力推进森林采伐管理改革。一是全面启动森林采伐管理改革试点。根据《关于开展森林采伐管理改革试点的通知》精神，各省分别上报了省级和试点单位改革试点方案，在全面审核的基础上，分5批批复了24个省（自治区、直辖市）的试点方案，确定了193个试点单位，改革试点工作全面展开。二是森林采伐限额执行情况良好。根据国家林业局下发的《关于下达2009年木材生产计划的通知》和《关于下达东北、内蒙古重点国有林区国有森工企业局2009年度木材生产计划的通知》，2009年商品林木材生产计划总量16 357.8万立方米，出材量10 341.38万立方米。其中，人工林采伐限额5 465.77万立方米，出材量3 549.65万立方米。2009年，因自然灾害批复增加采伐限额516.62万立方米，出材量125.39万立方米。因占用征用林地等批复云南、贵州、新疆、四川、湖北、陕西、河南等7省（自治区）占用人工林指标采伐天然林限额为20.36 万立方米，出材量11.47万立方米。批复增加吉林省采育林工程建设采伐限额46.2万立方米，出材量23.1万立方米；批复增加山西大型工程建设采伐限额3.3万立方米，出材量1.88万立方米。

强化森林资源监督管理 一是认真组织开展林地保护管理监督，确保各项林地管理政策严格实施。开展了征占用林地行政许可被许可人监督检查工作，对303个征占用林地项目，被许可人使用林地情况进行了监督检查，发现78个项目存在未批先占、异地占地、违法违规采伐林木等问题；加强了对林地定额管理和重大建设项目征占用林地的监督；开展了扩大内需建设项目征占用林地监督管理工作等。二是着重强化采伐利用管理监督，扎实推进采伐管理改革工作顺利开展。对东北、内蒙古重点国有林区9个林业局林木采伐、木材运输和销售“三总量”进行了检查。三是强化木材运输和经营加工监督，形成监督机构、林业、运输部门三方联手监管机制；严格核发东北、内蒙古重点国有林区林木采伐许可证；组织开展对29个省的300个县的森林采伐管理情况调研。四是认真督查督办各类破坏森林资源案件，依法严格保护森林资源。督办了一批影响重大的案件，对云南景谷非法采伐天然林案、陕西西乡毁林烧炭案、广东潮南毁林建墓案、黑龙江通北林业局非法采伐林木案等一批重大案件进行了查处，下发查办通知36份，各监督机构2009年共督察督办各类案件504起，结案400余起。

开展全国森林采伐限额执行情况检查 2009年，对森林采伐限额执行情况进行了检查。全国共抽查27个省（自治区、直辖市）的40个县（市、区、旗、林业局、林场），涉及315个乡（镇、林场），973个村（林班）。共核对2008年度林木采伐许可证82 545张，检查282个乡的有证采伐伐区1 390个，总面积109 529.3亩。外业调查实测样地面积114 761.2亩。40个县的林木总采伐量428.42万立方米，40个县林木采伐限额总量为989.33万立方米，林木总采伐量为限额的43.3%。40个县林木采伐总量均未超本县年采伐限额。40个县商品材采伐量只占商品材生产计划的48.4%。40个县有证采伐量占发证采伐量的89.8%。40个县发证率平均为83.0%，是近三年来检查中最高的，与2006年度相比上升了12.4%。40个县1 390个有证成片采伐伐区，凭证采伐率平均为89.9%。

（二）林业种苗

2009年，国家扩大内需投资计划下达林木种苗工程建设总投资28 851万元，其中中央预算内资金20 000万元，地方配套资金8 851万元。与2008年相比，总投资、中央预算内投资、地方配套投资依次增长了105.0%、100%、119.0%。在中央预算内投资计划中，林木良种基地投资14 603万元，林木种质资源收集保存库投资3 790万元，林木采种基地投资677万元，其他建设项目930万元，分别占中央预算内投资的73.01%、18.95%、3.39%、4.65%。

2009年，国家共开工建设林木种苗工程项目159个，建设总规模20 968公顷。其中建设林木良种基地项目118个，林木种质资源保存库项目23个，采种基地等项目8个，其他建设项目10个，开工建设规模依次为13 101公顷、2 150公顷、5 454公顷、263公顷，分别占建设总规模的62.5%、10.3%、26.0%、1.2%。2009年计划投资建设完成项目135个，总规模19 383公顷。其中林木良种基地项目100个，林木种质资源库20个，采种基地等项目8个，其他建设项目7个，规模依次为11 709公顷、1 986公顷、5 454公顷、234公顷，分别占计划投资建成规模的60.4%、10.3%、28.1%、1.2%。

2009年，全国共采收林木种子2 419万千克，其中：全国采种基地共采收种子591万千克，占全国林木种子采收量的24.4%；全国生产良种共257万千克，其中：种子园产量79万千克；母树林产量178万千克；采穗圃生产穗条7.7亿条(根)、无性系繁殖圃生产穗条5.5亿条(根)。

2009年，全国共完成育苗面积65.9万公顷，其中新育苗面积22.4万公顷。国有、乡村集体和个体育苗面积分别占育苗总面积的14.7 %、5.5%和79.8%。生产造林合格苗木178亿株，这些苗木32%来自国有单位，7%来自乡村集体，还有61%来自个体。

2009年，林业种苗管理水平和保障能力不断提高，一是在充分调查研究和科学评定基础上，确定了全国第一批131处国家重点林木良种基地；二是为满足我国现代林业建设对林木良种的需要，确定了第一批13处国家林木种质资源库。三是全国共审（认）定通过包括用材林树种、经济林树种及观赏品种在内的林木良种464个；四是林木种苗的社会化、信息化程度不断提高，截至2009年底，通过国家种苗网发布市场供求信息53.8万条，网站注册会员人数达到27.4万人，平均月访问达到8.6万人次，网站政务新闻数目已达2.3万条。

（三）森林防火和森林公安

2009年，全国共发生森林火灾8 859起，比2008年减少37.37%。其中，一般森林火灾4 945起，较大森林火灾3 878起，分别比2008年下降41.5%和31.6%；重大森林火灾35起，比2008年增长169.2%；特大森林火灾由2008年的0起上升为1起。与1988～2008年平均值相比，森林火灾次数上升11.6%，其中一般森林火灾、较大森林火灾和重大森林火灾分别上升9.7%、14.0%和53.5%，特大森林火灾下降71.0%。

2009年，全国森林火灾受害森林面积4.6万公顷，比2008年下降12.15%；因森林火灾伤亡110人，比2008年下降36.78%，其中，轻伤、重伤和死亡人数分别为46人、25人和39人。与1988～2008年平均值相比，受害森林面积下降49.8%，伤亡人数下降43.3%。

2009年，在全国发生的8 859起森林火灾中，因生产性火源引发的森林火灾为4 070起，因非生产性火源引发的森林火灾为3 131起，未查明原因的森林火灾1 449起，因雷击火等自然原因引发的森林火灾次数为53起，分别比2008年下降46.67%、28.52%、20.95%、39.77%。在发生的森林火灾中，人为因素引发的森林火灾仍然占已查明火源的森林火灾总次数的90%以上。

2009年，森林防火能力建设取得重大进展。一是经国务院批准，国家发展改革委、国家林业局印发了《全国森林防火中长期发展规划》。这是我国历史上第一个国家级森林防火专项规划。二是国家全年批复森林防火项目经费9.5亿元，下拨物资储备经费2 000万元，采购森林防火装备1.2万多件，进一步加大了森林防火基础设施建设力度。三是武警森林部队成立直升机支队，国家扶持引进2架M-26TC 和2架M-171大型直升机，江西、河南等省新成立航空护林站，增强了空中灭火作战能力。四是地方森林消防队伍蓬勃发展。江苏省组建了52支森林防火专业应急分队，重庆市组建了森林火灾应急抢险突击队，江西省启动了乡镇半专业扑火队标准化建设。五是国家启动森林保险试点工作，江西、福建、浙江、湖南等省初步建立了森林火灾保险机制。2009年，全国扑救森林火灾共出动134.4万个人工日，出动车辆10.6万辆(台)次，出动飞机1 266架次，投入扑救森林火灾经费10 633.14万元。

2009年，全国森林火灾发生率0.45次/万公顷，森林火灾控制率5.21公顷/次，森林火灾受害率为0.24‰，分别比2008年下降0.36次/万公顷、上升1.5公顷/次、下降0.064‰。

2009年，全国森林公安机关深入贯彻落实科学发展观，大力推进执法规范化、警务信息化、和谐警民关系“三项”建设，继续开展定机构、定编制、定职能“三定”任务，不断巩固抓基层、打基础、苦练基本功“三基”成果，依法打击涉林违法犯罪活动，各项工作取得新进展。截至2009年底，森林公安编制、经费工作基本完成。国家林业局森林公安局先后派出11个督察组，对268个基层单位进行了现场督察，有力推动了各项工作落实，强化了队伍管理。

2009年，国家林业局继续组织实施中西部森林公安派出所房建项目，协调将地、县森林公安业务用房纳入地方公安统筹规划，投资5 000万元开展单警装备标准化建设活动，不断增强警务保障能力。继续推进抓基层、打基础、苦练基本功的“三基”工程建设，全年全国投入“三基”建设资金4亿多元，新建、改建派出所129个，统一规范派出所外观标识与形象204个，新购警车437辆，新配计算机1218台，派出所公安网接入新增409个。

（四）林业有害生物防治

2009年，受极端气候条件等多种因素影响，我国林业生物灾害呈现偏重发生，局部成灾严重。全国主要林业有害生物发生面积达1 157万公顷，其中：虫害发生面积850.30万公顷，鼠害188.55万公顷，病害103.12万公顷。各级森防组织积极应对，有害生物防治成效明显。一是完成防治面积820万公顷，防治率70.85%；实现成灾率控制在6.4‰以下、无公害防治率78.4%以上、测报准确率83%以上、种苗产地检疫率96.8%以上的指标要求。二是松材线虫病发生面积、病死树数量减少，全国松材线虫病发生面积6.31万公顷，较2008年减少0.27万公顷；病死树74.94万株，较2008年减少了31万多株。三是全国200个疫情县中，有40个未出现松材线虫病死树；四川、云南等地未发现松材线虫病，其中四川省已连续3年未发现松材线虫病。在发生面积及病死树数量双下降的基础上，2009年首次实现疫情发生县级单位较上年减少。四是北京、天津、河北、辽宁、山东、河南、陕西等7省顺利完成美国白蛾防治任务，实现了目标任务要求。五是通过各地积极探索、试验观测，桉树枝瘿姬小蜂、苹果蠹蛾、松小蠹虫、明亮金龟子等病虫的防治技术有了新的重要突破。六是积极推进防治机制创新，在开展重大危险性病虫防治工作中，普遍采取承包防治的办法，确定承包防治任务目标，相关要求；七是积极开展应急管理，有效处置突发林业有害生物事件。湖南省发生严重松类蛀干害虫事件，启动了应急预案，对松类蛀干害虫实施有效处置；甘肃、山西等地积极举办了省级处置重大外来和突发性林业有害生物灾害应急预案模拟演练现场会，提升快速反应能力。八是加大资金投入力度，提高灾害整体防控能力。2009年，中央预算防治补助2亿元，基础设施建设资金2.5亿元，各地也均不同程度的增加了应急救灾资金。

（五）野生动物疫源疫病监测防控

2009年，野生动物疫源疫病监测防控工作取得重要进展。全年未发生特别重大、重大及较大的野生动物疫情。各地共上报监测信息10 280份，报告野生动物异常情况51起，死亡野生动物55种2 447只（头），涉及青海、西藏、江西、浙江等14个省（自治区、直辖市）。发生青海更尕海野鸟高致病性禽流感、鼬獾犬瘟热和鸟禽霍乱等7起一般野生动物疫情。

2009年，加强鸟类禽流感等野生动物疫源疫病监测防控工作。一是多次下发通知，布置和细化禽流感等野生动物疫源疫病监测防控措施。二是完善国家级监测站节假日应急值守情况抽查方案和办法，抽查值守情况；同时，派出专门工作组对春季监控工作开展情况进行督导检查。三是通过部门内部自查、多部门联合检查等多个专项活动，防止高致病性禽流感通过市场流通环节传播和扩散，维护人民生命健康安全。四是召开不同层面专家和管理座谈会，对野生动物疫源疫病监测体系建设、监测防控工作开展情况及存在的主要问题进行阶段性总结分析，并研究确定了下一步体系建设、监测防控工作的重点、发展方向及相应的保障措施。五是先期启动野生动物疫源疫病监测信息网络直报系统研发项目，提高了监测信息报告的时效性、安全性，推进了监测防控工作的网络化、规范化。六是初步建立了野生动物疫源疫病监测防控的科技支撑平台，并在野鸟禽流感溯源和疫情预警方面取得了新的重要进展。据不完全统计，各地共采集检测了各类野生动物样品6738份。七是深入开展培训、科普宣传，塑造群防群控氛围。举办了两期国家层面的野生动物疫源疫病监测技术培训班，开展了突发野生动物疫情应急处置演练，对225人进行了专业培训，出版、发行科普读物《禽流感与野生动物疾病》1万多册。

（六）林业科技

2009年，林业科技投资规模和增长幅度再创历史新高。其中，中央财政林业科技推广示范项目正式启动，新增中央财政投入2.4亿元；农业科技成果转化资金项目国拨项目总经费1 090万元，比2008年增加12%；林业公益性行业专项经费14 069万元，比2008年增长16%；新增国家科技支撑计划项目经费5 906万元和国家转基因重大科技专项经费950万元；新争取到“木竹产业技术创新战略联盟”建设经费2 817万元。林业科技经费投入出现结构性调整，国际先进林业科学技术引进、林业科技成果国家级推广项目、林业标准化、林业生态站等领域经费略有下降；林木新品种的创制与推广、应对气候变化研究、林业生物质能源、林业生物产业研发、沿海防护林建设、防火防虫研究、油茶核桃木本粮油等重要领域经费增加。

林业科学技术研究　林业科学技术研究工作顺利推进。一是制定了《国家林业局陆地生态系统定位研究网络中长期发展规划》，启动实施了“林业与气候变化”重大科研专项。二是全面加强林业科技发展规划布局，组织开展编制林业科技发展“十二五”规划的战略研究。三是继续深化科技体制改革，批准建立“木材产业技术创新服务平台”，新建24个野外林业生态定位站，4个局级林产品质量监督检验检测中心和1个油茶工程研究技术中心。四是“库姆塔格沙漠综合科学考察”、“林产化工标准样品研制与体系构建”等科技基础性工作专项继续深入开展。“油茶产业升级关键技术研究与示范”和“高效防灾减灾沿海防护林体系构建优化技术与示范”2个国家科技支撑项目、“胡杨耐盐基因和调控元件的克隆及其功能验证”等3个转基因重大专项课题和65项林业公益性行业科研专项获准立项。

林业科技成果　2009年，林业科技硕果累累。一是对92项科研项目、174项推广项目进行验收，对71项在研项目进行中期评估。二是取得各科研成果270多项，其中应用技术成果240多项，基础理论成果近30项；原始创新成果170多项，国外引进消化吸收创新30多项；有近180项科技成果已成功应用。“真菌杀虫剂产业化及森林害虫持续控制技术”、“活性炭微结构及其表面基团定向制备应用技术”等8项林业科技成果获得2009年国家科技进步二等奖；“环境友好型人造板胶粘剂制造及应用关键技术”获得2009年国家技术发明二等奖。

林业科学技术推广　2009年，林业科技推广示范工作显著加强，一是印发了《中央财政林业科技推广示范资金管理暂行办法》，规范了资金的管理和使用，国家层面组织了良种栽培及低产林改造、石漠化治理、病虫害防治等68个跨区域推广示范项目，同时组织了167项地方性推广示范项目。二是重点围绕生态及用材林良种及栽培、名特优经济林（竹）木繁育等组织实施了32项推广项目；组织实施了16项农业科技成果转化资金项目。三是进一步加强基层林业科技推广机构能力建设，为全国31个省（自治区、直辖市）187个基层重点林业技术推广站安排投资1 818万元，更新、改善仪器设备和基础设施。

林业标准化建设　一是组织召开了新组建的13个全国林业专业标准化技术委员会成立大会，开始筹建全国森林消防标准化技术委员会和全国林业有害生物防治标准化技术委员会，申报了全国经济林标准化技术委员会和全国林产化学产品标准化技术委员会；二是新颁布林业标准58项，组织开展171项林业行业标准、18项国家标准、5项国际标准的制修订工作；三是积极参与国际林业标准化工作，承担5项木材和人造板方面的国际标准制修订工作；四是开展了60个全国林业标准化示范区建设；五是强化林业产品质量检验检测机构管理，出台《监督检查办法》、《专家评审规范》和《专家评审细则》，完成《林产品质量安全管理办法》起草工作，办理4项行政许可事项。

植物新品种保护及知识产权保护　2009年，共受理国内外品种权申请67件。其中来自国外的申请5件，国外申请量继续稳步上升，总量达到177件。

2009年品种权申请中观赏植物35件，占年申请总量的52.2%。全年对61个新品种权申请进行了初步审查，对43个申请品种进行了特异性、一致性、稳定性专家现场审查。授予植物新品种权55件，授权总数达到294件。

2009年，林业知识产权保护工作深入推进。一是制订了《2009年实施国家知识产权战略行动计划》，大力普及了知识产权保护知识，评选出包括植物新品种保护、林业专利、林业地理标志和林业知识产权维权执法方面50个典型，并进行广泛宣传。二是新建和完善了林业专利、林业授权植物新品种、林业地理标志数据库，启动了林业知识产权预警机制建设。

林业转基因生物安全管理　2009年，林业转基因生物安全工作进一步加强。一是受理转基因林木的中间试验或环境释放的申请28项，通过形式审查、实地查看和专家评审，共完成了28项许可。二是为了加强实时跟踪管理和确保转基因林木试验安全，安排了5个转基因林木监测项目，继续扩大对转基因林木试验安全性监测范围。

森林认证　2009年，森林认证工作快速推进。一是组织起草发布政策性文件和管理规范，发布实施《森林认证实施规则》；二是成立森林认证机构，使森林认证审核工作进入了实质性操作阶段；三是在全国22个省区分别不同类型林区和经营单位建立24个森林经营认证试点，积极探索森林认证与采伐管理有机结合的新的有效管理机制；四是开展能力建设，通过多层次、大范围培训，加快森林认证人才培养和队伍建设；五是提出加快森林认证步伐、尽快与国际体系互认方案，提高了我国林业应对和有效破解类似美国“雷斯法案修正案”等国际贸易壁垒封锁的能力。

（七）林业教育

招生　2009年，全国普通高等林业院校招收研究生和其他高等学校、科研单位招收林科研究生共6 177人，比2008年增长11.98%；林科专业博士、硕士研究生招生4 080人，比2008年增长9.27%。全国普通高等林业院校招收本专科生和其他高等学校林科招收本专科生共60 983人，比2008年增长7.63%；林科专业本科、专科招生38 942人，比2008年增长8.93%。中等林业(园林)学校招生和其他中等职业学校林科共招收学生48 956人，比2008年增长49.47%。

毕业生　2009年，博、硕士毕业生小幅增长，中专毕业生大幅增长。全国普通高等林业院校和其他高等学校、科研单位林科专业毕业博士、硕士生4 734人，比2008年增长4.85%；其中林科类专业博士、硕士毕业生3 472人，比2008年增长1.97%；本、专科毕业生52 184人，比2008年增长3.51%；其中，林科专业本、专科毕业毕业生30 630人，比2008年下降1.22%。全国中等林业(园林)学校和其他中等职业学校林科专业毕业生共28 447人，比2008年增长16.74%。

教育和教学改革　2009年，林业学科建设取得新的进展。一是林业院校

（系）24名教师分别被国务院学位委员会聘为第六届学科评议组生物学、林业工程、林学、农林经济管理4个学科评议组成员。二是林业院校在继续保持传统学科领域优势的同时，积极向环境科学与工程、应用经济学等相关学科领域拓展。三是6个林业类项目获第六届高等教育国家级教学成果奖二等奖，5个林科类教学团队被评为国家级教学团队，8个林科类专业点被评为高等学校特色专业建设点，8门林科类课程被评为国家精品课程，1名林业院校教师被评为高等学校教学名师，2个实验教学中心被评为国家级教学示范中心，1个项目被纳入人才培养创新实验区建设计划。

行业培训与人才开发 2009年，行业培训及人才开发成果丰富。一是地方林业领导干部能力建设和林业专业技术人才知识更新工程稳步推进。组织2期林业建设专题研究班，培训82名县委副书记、副县长；举办专业技术人才高级研修班5期、其他培训班90余期，培训8 000余人次。二是干部教育培训信息化工作开局良好。开播远程教育《林业生态与产业发展》栏目，成立教育培训信息中心，加强中国林业教育培训网信息平台建设。三是为开展集体林权制度改革工作培训森林资源资产评估人才。举办7期森林资源资产评估咨询人员培训班，共培训森林资源资产评估咨询人员1 587人。四是林业教育培训对外合作不断加强。中日两国政府就实施《中国西部地区林业人才培养项目》签署协议，该项目将于2010～2014年实施。开展了为期2个月的干部集中教育管理活动，组织了以《中华人民共和国公务员法》等9部法律、法规为主要内容的培训和考试。五是林业职业技能鉴定规模继续扩大，技能人才结构得到优化。2009年，33 430人次通过林业行业职业技能鉴定考核，比2008年增长17.57%。其中18 807人次获得高级及其以上《职业资格证书》，比2008年增长3.32%。

（八）林业工作站

2009年，全国完成林业工作站基本建设投资46 379.43万元，比2008年增长2.53%，其中国家投资7 516.75万元，地方配套38 862.68万元。全国新建乡镇林业工作站1 283个，501个林业工作站新建了办公用房，831个站配备了通讯设备，857个站配备了机动交通工具。2009年，在全国选择了220个县（市、区）实施林业重点工程区林业工作站建设项目，为2 697个乡镇林业工作站配备了必要的设施设备，有效提高了林业工作站建设整体水平。

截至2009年底，全国有地级林业工作站300个，管理人员2 639人，有县级林业工作站2 295个，管理人员27 365人，与2008年相比，地级林业工作站增加48个，管理人员减少671人，县级林业工作站增加60个，管理人员增加1 463人。全国建立乡镇林业工作站28 806个，其中为县级林业主管部门派出机构的站10 081个，占35.00%，县、乡双重管理的站8 567个，占29.74%，乡镇管理的站10 158个，占35.26%。与2008年相比，全国乡镇林业工作站数量增加了1 567

个，派出机构的比例下降了2.48%，双重管理的体制比例增长4.28%，乡镇管理的比例下降了1.80%。全国乡镇林业工作站核定编制122 073人，现有在岗职工141 786人，其中长期职工134 495人，与2008年相比，核定编制数增加9 078人，在岗职工人数减少了75人，长期职工减少2 591人。在岗职工中，经费渠道为财政全额的93 666人、财政差额的12 980人、林业经费的19 246人、自收自支的11 800人，分别占在岗职工总人数的66.06%、9.15%、13.57%和8.32%。在林业站长期职工中，大专以上学历60 267人，占44.81%，在比例上比2008年提高了7.76%；中专、高中学历63 705人，占47.37%，初中以下文化程度11 351人，占8.44%，在比例上分别比2008年下降1.69%和5.44%。2009年，全国完成林业工作站站长培训12 646人，站员培训45 999人。林业工作站职工参加林业大中专班、农广校中专班、专业证书班毕业生人数为2 381人，在校生人数为4 200人，新入学人数为1 711人。

2009年，全国乡镇林业工作站切实履行各项职责，共指导组织完成造林面积401.83万公顷，封山育林面积116.02万公顷，"四旁"植树19.93亿株，育苗面积15.53万公顷，抚育作业面积591.34万公顷。截至2009年底，全国共有14 395个林业工作站受上级林业主管部门的委托行使林业行政执法权，占总站数50%，10 550个林业工作站加挂了野生动植物保护管理站的牌子，占总站数的37%，1 419个林业工作站加挂了林业仲裁委员会牌子。全年受理林政案件9.26万件，参与调处林权纠纷18.24万件，受理林业承包合同纠纷2.79万件。森林病虫鼠害防治面积达479.28万公顷，采伐设计面积179.13万公顷。同时，加强了对全国3.24万个集体林场、1.18万个联办林场和2.16万个户办林场的业务指导和管理。截至2009年底，全国林业工作站共建立科技示范基地172.78万公顷，推广面积902.71万公顷，建立站办林场1 193个。

（九）国有林场

2009年，国有林场全年营造林总面积46.1万公顷，比2008年下降50.70%，其中营造速生丰产林9.2万公顷，比2008年增长6.98%，营造生态公益林21.4万公顷，比2008年下降43.39%。

2009年，国有林场扶贫资金总额2.5亿元，共改造危旧房面积14.8万平方米，维修、接通断头路1 428千米，解决饮水安全项目125个，解决用电项目57个，解决通讯项目2个，扶持生产发展项目90个，科技推广及培训项目3个。

截至2009年底，全国国有林场总数为4 507个，经营总面积6 200万公顷。国有林场林业用地5 466万公顷，占全国林业用地面积18%，森林面积4 466万公顷，占全国森林面积的23%，森林蓄积量23.4亿立方米，占全国森林蓄积量的17%。国有林场现有国家级公益林面积2 666万公顷，占全国国家级公益林面积的26%。全国国有林场资产总额319亿元（不含林木资产），其中：流动资产150.9亿元、固定资产133.6亿元；负债总额233.1亿元，其中流动负债182.7亿元、长期负债50.3亿元。2009年，全国国有林场利润总额3.4亿元，比2008年减少5.7亿元。2009年，全国国有林场在岗职工47万人，离退休职工19万人，职工家属90万人，代管农村人口115万人。

（十）林业信息化建设

编制印发了《纲要》和《指南》 国家林业局印发了《全国林业信息化建设纲要（2008～2020年）》和《全国林业信息化建设技术指南（2008～2020年）》，确立了"加快林业信息化，带动林业现代化"的全国林业信息化总体思路。

召开了首届全国林业信息化工作会议 首届全国林业信息化工作会议于2009年3月24～25日在北京召开。会议全程网络、视频发布，开创了林业会议先河。举办了首届全国林业信息化高峰论坛、林业信息化成果展览，征集评选了林业信息化标识，表彰了先进单位、先进个人、优秀网站和优秀栏目。同时，组织开展了林业信息化战略研究，举办了全国林业信息化建设管理培训班，策划编撰《中国林业信息化发展年度报告》，创办了《林业信息化》简报等。

开展林业信息基础设施建设 国家林业局启动实施并完成了中心机房改造扩建工程、内外网物理隔离建设工程、林业专网扩建工程等基础设施建设工程。北京、江西、湖南、内蒙古等省（自治区）完善了林业政务内网体系。

推进数据库和应用系统建设 自然资源与地理空间基础信息库建设项目对97个专题数据库进行整合改造，项目将实现国家和副省级以上决策层面的专业数据集中管理和统一基础平台上的跨部门数据共享。森林资源管理数据库、林业产业基础数据库建设已初步建成。各地各单位不同程度地实施了改造升级和整合完善工程。

推进标准规范建设 经国家标准化管理委员会批复，2009年成立了全国林业信息数据标准化技术委员会，专门负责林业信息化标准建设的组织、计划、制度修订等工作。自然资源和地理空间基础信息库项目、森林资源管理数据库项目编制形成了30多个项目标准，林业产业数据库建设项目等也编制了各自的项目标准。

推动示范省建设 2009年，国家林业局制定了《林业信息化示范省（自治区、直辖市）主要指标》，内容包括比较健全的组织机构、科学的总体规划、突出的建设业绩、稳定的投资渠道、完善的科技支撑、齐全的管理制度6个方面，确定辽宁、湖南、福建、吉林森工等4个单位为首批全国林业信息化示范省（点）。

（十一）林业职工队伍

2009年，全国林业系统有各类经济单位45 986个，与2008年基本持平，其中，国有经济单位45 483个，集体单位213个，其他各种经济单位290个，分别占林业系统全部经济单位的98.91%、0.46%和0.63%。在国有经济单位中，企业2 296个，事业39 579个，机关3 608个，分别占国有经济单位总数的5.05%、87.02%和7.93%。国有经济单位中，有39 186个经济单位从事农林牧副渔业，占国有经济单位总数的86.16%；从事采矿业的经济单位最少，只有8个。

2009年，林业系统在册职工总数164.54万人，比2008年减少2.72%。其中，在岗职工131.56万人，下岗待安置职工10.51万人，离开本单位仍保留劳动关系人员22.46万人，分别占在册职工人数的79.96%、6.39%和13.65%；与2008年相比，在岗职工比例增加0.88%，下岗待安置职工比例增长3.03%，离开本单位仍保留劳动关系人员比例下降3.91%。在所有在岗职工中，女性职工36万人，占在岗职工总数的27.36%。2009年，林业系统其他从业人员4.27万人，比2008年下降0.97%；年末实有离退休人员94.63万人，比2008年增长1.79%。

2009年，在岗职工年平均工资17 837元，比2008年增长13.60%。国有单位在岗职工年平均工资17 985元，集体单位在岗职工年均工资8 633元，其他各种经济单位在岗职工年均工资14 091元，分别比2008年增长13.33%、15.88%和7.63%。在所有行业在岗职工中，从事规划设计管理工作职工年均工资最高，达到39 485元；非木质林产品加工业职工人均工资仍然较低，只有10 360元。

专栏8　2010年FAO全球评估主要结果

2010年3月25日，联合国粮农组织(FAO)正式发布了2010年全球森林资源评估主要结果：目前世界森林面积达40亿公顷，约占土地面积（不含内陆水域面积）的31%，人均森林面积0.6公顷。全球人工林面积2.64亿公顷，约占世界森林面积的7%。从森林功能看，全球商品林面积接近12亿公顷，生物多样性保护林面积超过4.6亿公顷，防护林面积3.3亿公顷，分别占世界森林面积的30%、12%和8%。从森林权属看，公有林面积占世界森林面积的80%。

FAO在报告中先后4次提及和列举中国，是提及次数最多的国家：一是在阐述世界森林资源分布时，指出“全球超过50%的森林资源集中分布在5个国家，中国是其中之一，列俄罗斯、巴西、加拿大和美国之后，位居第五”。二是在评价世界森林资源变化时，特别指出“进入新世纪以来，亚洲地区森林面积在上世纪90年代减少的情况下，出现了净增长，主要归功于中国大规模植树造林，抵消了南亚及东南亚地区森林资源的持续大幅减少”。三是在评估世界人工林资源发展状况时，特别指出“2005～2010年世界人工林面积每年增加约500万公顷，主要原因是中国近年来在无林地上实施了大面积造林”。四是在分析世界防护林资源变化原因时，特别指出“1990～2010年世界防护林面积增加了5 900万公顷，主要归结于20世纪90年代以来，中国大面积营造防风固沙林、水土保持林、水源涵养林和其他防护林”。

专栏 9 森林资源监督 20 年

1988 年，为遏制东北、内蒙古重点国有林区森林资源过量消耗的局面，林业部提出了“林业部对重点省（自治区）和重点森工企业派驻森林资源监察专员”的设想并得到国务院批准。1989 年，林业部下发了《林业部关于尽快落实林业部派驻东北、内蒙古国有林区重点森工企业森林资源监督人员的通知》（林人字 [1989]121 号）和《林业部关于派驻森林资源监督机构有关问题的通知》（林资字 [1989]150 号），向吉林省林业厅、黑龙江省森工总局、内蒙古大兴安岭林业管理局和大兴安岭林业公司派驻森林资源监督机构。同年，各森工集团向所属林业局、林业局向下属林场（所）逐级派驻了森林资源监督机构，从而形成了东北、内蒙古重点国有林区三级管理的森林资源监督体系。

1991 年 5 月，中央机构编制委员会下发《关于森林资源监督员有关问题的通知》（机编中函 [1991]30 号），同意林业部在吉林省、黑龙江省、内蒙古自治区和大兴安岭林业公司以及四川省、云南省、福建省进行派驻森林资源监督员的试点，明确了监督员的职责。1994 年 9 月，中央机构编制委员会办公室下发了《关于森林资源监督机构有关问题的批复》（中编办 [1994]178 号）核定了派驻森林资源监督员试点单位的事业编制，并明确了监督机构的职责。2002 年 10 月，中编办以《关于国家林业局向重点林区增派及调整森林资源监督机构的批复》（中央编办复字 [2002]151 号）批准国家林业局成立驻兰州、西安、武汉、贵阳、海口、合肥、乌鲁木齐 7 个森林资源监督机构，同时调整了吉林、四川、福建 3 个专员办的监督范围。

2003 年 11 月，中编办以《关于国家林业局森林资源监督管理办公室机构编制的批复》（中央编办复字 [2003]152 号）同意成立国家林业局森林资源监督管理办公室，负责全国森林资源监督工作的管理，并直接承担京、津、沪、冀、鲁、苏 6 省（直辖市）的森林资源监督工作。至此，国家林业局直属森林资源监督机构共 15 个，核定事业编制 205 名，监督范围实现了除港、澳、台地区外的全覆盖。

森林资源监督工作开展 20 年来，全国森林资源监督工作者围绕国家林业建设中心任务，以保护和发展森林资源为己任，坚持把林业发展目标与当地经济社会和谐发展相结合，坚持实事求是、依法监督、开拓进取、攻坚克难，认真履行监督职责，坚决打击破坏森林资源的违法行为，坚决控制森林资源的非法流失和过量消耗，有效维护了森林资源管理的正常秩序。

据不完全统计，森林资源监督机构成立 20 年来，对超采林木、非法占用林地，毁林开垦、乱采滥挖等实施了有效的监管，共查办各类破坏森林资源案件 4 828 起，涉案责任人 5 131 人次；纠正地方违规政策出台 237 次，共挽回经济损失 318.26 亿元。林地保护管理力度加强，林地转为非林地面积由第五次清查（1994～1998 年）的年均 216 万公顷，减少到 2008 年第七次清查（2004～2008 年）的年均 166 万公顷，减少了 23%。森林采伐得到有效控制，林木蓄积长消盈余由第五次清查的年均 0.87 亿立方米，增加到第七次清查的年均 1.92 亿立方米，是第五次清查的 2.21 倍。

H

P89-96

区域林业

- 东部地区
- 中部地区
- 西部地区
- 东北地区

区域林业

我国幅员辽阔，自然历史条件差异较大，经济、社会发展不均衡，致使我国的林业发展呈现出明显的区域性特征。其表现为：东部地区林业经济实力最强，产业结构最为完整，林业产出效益最高；中部地区生态建设力度不断加大，林业产业发展逐渐增速；西部地区生态建设和保护任务仍十分艰巨，造林和产业发展持续加速；东北地区森林资源的发展和保护任务艰巨，产业发展质量需进一步提高。

（一）东部地区

东部地区包括北京、天津、河北、上海、江苏、浙江、福建、山东、广东、海南10省（直辖市），森林面积约占全国森林总面积的16.62%。东部地区林业在区域中的作用明显，经济实力雄厚，单位投资成本较高，林业产业较为发达，集体林业占据主要地位，是我国重要的林产品生产基地。

1. 生态建设保护成效显著，非国有经济造林[①]占绝对优势，区域生态良好的局面基本形成

2009年，区内森林覆盖率为35.68%，除天津、上海、江苏、山东4省（直辖市）外，其余6省森林覆盖率均高于全国平均水平，其中浙江、福建、海南和广东省的森林覆盖率接近或超过50%，生态良好为东部地区的经济快速发展奠定了坚实的基础。区内共完成造林面积70.75万公顷，非国有经济造林占全区造林总面积的89.48%，集体林权制度改革使集体经济和其他所有制经济造林积极性得到激活。重点工程造林50.10万公顷，占全区造林总面积的70.81%。2009年，区内共发生森林火灾1 200次，比2008年减少179次，占全国的13.55%；火灾发生率为0.37次/万公顷，比全国平均的火灾发生率低0.08次/万公顷；火灾受害率0.44‰；区内森林病虫鼠害发生率为3.27%，森林病虫鼠害防治率90.23%，与2008年相比，区内病虫鼠害发生情况减少了1.63个百分点，防治效果提升了17.58个百分点，生态建设保护工作成效明显。

2. 林业经济实力约占全国的一半，产业结构日趋合理，经济效益显著

2009年，区内林业产业总产值8 214.99亿元，比2008年增长20.60%，占全国林业产业总产值的46.96%；单位森林面积实现林业产业产值25 285元/公顷，是全国平均水平8 950元/公顷的2.83倍。人造板产量6 299.65万立方米，占全国54.56%，与2008年相比增长11.06%；竹材产量6.76亿根，占全国竹材总产量的49.85%，比2008年增长11.92%；锯材1 103.74万立方米，占全国锯材生产量的

[①]非国有经济造林包括集体经济造林和非公有经济造林，下同。

34.17%；完成木材产量1 901.12万立方米，占全国木材总产量的26.90%。四种主要木材及木材加工产品占全国的比重比这一地区森林面积占全国的16.62%，分别高出37.94、33.23、17.55和10.28个百分点，说明单位森林面积产出能力较强。

全年生产水果和干果分别为4 520.86万吨和235.90万吨，分别占全国的40.43%和35.04%，而这一地区的经济林面积仅占全国经济林总面积的33.13%，经济林产品的产出比较高；区内共有花卉市场1 477个，花卉企业22 193家，花农56.61万户，花卉从业人员175.81万人，从业人员比2008年增长18.52%。

2009年，林业三次产业结构比由2008年的35.9∶59.4∶4.7调整为32.2∶63.1∶4.7，第二产业实力进一步增强。

3. 投资持续提高，地方投资比重大，职工收入水平较高

2009年，区内完成林业固定资产投资额为191.07亿元，比2008年增长18.13%，占全国林业固定资产投资总额的14.14%。单位造林面积投资额为17 046元/公顷，高于全国平均水平（8 178元/公顷）8 868元，位居四大区域之首。区内林业系统在岗职工人数18.34万人，占全国林业系统在岗职工总数的13.94%；年平均工资27 202元，是全国林业系统职工平均水平的1.53倍，比2008年增加3 057元，增幅为12.66%。

（二）中部地区

中部地区包括山西、河南、湖北、湖南、江西、安徽6省。森林面积占全国森林面积的17.49%。该区域是我国主要的集体林区省份，林业产业较为发达，作为东部与西部地区的过渡地带，林业在这一区域表现出较强的发展潜力。

1. 生态建设力度加大，非国有经济造林比重较高，造林成果巩固的任务十分艰巨

2009年，区内森林覆盖率为33.30%，除山西省森林覆盖率低于全国平均水平外，其余5省均接近或高于全国平均水平。全年共完成造林面积131.45万公顷，占全国造林总面积的20.99%，这一比例高于东部地区近10个百分点，比2008年增长13.96%；按所有制分，非国有经济造林面积占这一区域造林总面积的85.93%，仅次于东部地区。区内重点工程造林面积72.06万公顷，同比增长35.22%，占全区造林总面积的54.82%。2009年，共发生森林火灾3 960次，尽管比2008年减少了4 087次，但发生次数却占全国的44.70%，火灾发生率为1.16次/万公顷，是全国平均火灾发生率的2.6倍。预防和控制森林火灾的任务十分艰巨。区内森林病虫鼠害发生率为5.71%，森林病虫鼠害防治率77.58%，与2008年相比，发生率上升了1.28个百分点，防治率上升了9.97个百分点，林业主要灾害在这一地区表现活跃，生态建设成果巩固的任务十分繁重。

2. 产业发展特色较为突出，结构不断优化，实力不断增强

2009年，区内林业产业总产值为3 713.24亿元，比2008年增长22.96%，占全国林业产业总产值的21.23%。单位森林面积实现林业产业产值10 863元，是全国平均水平的1.21倍，但仍比东部地区低14 422元。林业旅游共接待旅游人数1.65亿人次，比2008年增长19.57%；实现旅游收入321.38亿元，比2008年增长45.31%。木材产量1 594.82万立方米，占全国木材总产量的22.56%；竹材产量25 791万根，占全国竹材总产量的19.01%。锯材623.64万立方米，占全国锯材总产量的19.31%；人造板3 148.87万立方米，占全国的27.27%。水果和干果分别为2 302.86万吨和189.97万吨，分别占全国的20.59%和28.22%，水果、干果产量比2008年增长14.80%和31.87%。木本油料种植成为这一区域的一大特色，全年生产油茶籽80.33万吨，占全国总产量的68.70%，仅湖南省的产量就占全国的35.83%。中部地区用占全国17.49%的森林面积产出了占全国20%～30%的各类林产品，林业产出水平整体较强且潜力巨大。截至2009年，共有花卉市场1 680个，比2008年增长34.29%；花卉企业6 243家，企业数量比2008年增加580家，增长10.24%，花农25.98万户，比2008年增长1.60%；花卉从业人员125.06万人。

2009年，区内林业产业三次产业结构比由2008年的48.9 :39.0 :12.1调整为46.1 :40.2 :13.7。区内林业第二、三次产业所占比重进一步提高。

3. 投资规模增长迅速，单位投资水平大幅增长，职工收入水平低且增长缓慢

2009年，区内完成固定资产投资额为214.60亿元，比2008年增长66.55%，占全国固定资产投资总额的15.88%。单位造林面积投资额为9 740元/公顷，比2008年增长47.56%，高于全国平均水平1 562元，位居四大区域第三位，比东部地区低7 306元，说明投入水平与东部地区相比差距较大。区内林业系统在岗职工人数21.52万人，占全国林业系统在岗职工人数的16.36%；在岗职工年平均工资15 750元，是全国林业职工平均水平的88.30%，比2008年增加984元，增幅为6.67%。

（三）西部地区

西部地区包括内蒙古、广西、重庆、四川、贵州、云南、西藏、陕西、甘肃、青海、宁夏、新疆12个省（自治区、直辖市）。西部地区的森林面积为11 681.29万公顷，占全国森林面积的59.77%。森林蓄积量为82.71亿立方米，占全国的60.28%。尽管西部地区森林资源总量大，但由于西部地区地域广阔，国土面积占全国总土地面积的近七成，且生态环境脆弱，林业经济总量较小，产业结构单一，保护与建设的任务十分艰巨。

1. 生态建设与保护任务繁重，工程造林增幅显著，自然保护区作用突出

2009年，区内森林覆盖率仅为17.05%，低于全国平均水平3.31个百分点。西部12个省（自治区、直辖市）中有6个省的森林覆盖率低于全国平均水平。全年共完成造林面积384.03万公顷，占全国造林总面积的61.32%，比2008年增长20.95%；重点工程造林面积297.48万公顷，比2008年增长36.23%；重点工程造林占西部地区造林总面积的77.46%。西部地区一直是我国林业重点生态工程建设的主战场，国有经济造林比重为36.63%，所占比重为四大区域之首。截至2009年，区内共有自然保护区792个，比2008年增加6处，占全国的39.37%；自然保护区面积10 549.36万公顷，比2008年增长0.06%，占全国自然保护区总面积的85.85%，占全国国土面积的10.98%，西部地区独特的生物多样性得到了切实保护；林业系统共有森林公园630处，比2008年增加14处，占全国总数的25.63%；森林公园总面积687.33万公顷，比2008年增长0.39%。区内共发生森林火灾3 338次，火灾发生率为0.29次/万公顷，比全国平均火灾发生率低0.16次/万公顷，比2008年减少917次，下降21.55%；火灾受害率0.12‰。区内森林病虫鼠害发生率为4.80%，森林病虫鼠害防治率62.29%。与2008年相比，2009年区内病虫鼠害发生率下降0.59%，防治率下降2.39%。

2. 产业发展持续加速，产业潜力巨大，产业结构尚待优化

2009年，区内林业产业总产值为3 582.09亿元，比2008年增长21.83%，占全国林业产业总产值的20.48%；单位森林面积实现林业产业产值3 067元，仅为全国平均水平的34.26%，分别比东、中部地区低22 219元和7 796元。区内林业旅游和休闲产业共接待旅游人数为2.31亿人次，比2008年增长16.67%；实现旅游收入281.27亿元，比2008年增长36.43%；直接带动其他产业产值为265.86亿元。区内木材产量2 245.04万立方米，比2008年减少10.06%，占全国总产量的31.76%；竹材产量42 237万根，比2008年增长9.60%，占全国竹材总产量的31.14%；锯材1 093.03万立方米，比2008年增长28.72%，占全国锯材总产量的33.84%；人造板1 589.15万立方米，比2008年增长10.89%，占全国的13.76%；区内生产水果和干果分别为3 576.51万吨和202.47万吨，分别占全国的31.98%和30.08%，比2008年增长15.58%和36.60%。也就是说，西部地区占有全国54%的森林资源和60%的森林蓄积却仅为全社会提供了近30%左右的木材、竹材和锯材，单位森林面积的产出能力显著低于东部和中部地区，这一方面说明西部地区的生态地位重要，同时也说明林业产业发展的基础薄弱，经济实力不强。截至2009年，区内共有花卉市场1 004个，比2008年增长16.88%；花卉企业5 416家，比2008年增加31家，增幅0.58%；花农24.68万户，比2008年减少9.93%；花卉从业人员70.48万人，比2008年略减1.58%。

林业三次产业结构比由2008年的58.6∶29.9∶11.5调整为56.0∶31.8∶12.2，林业产业结构略有优化。区内第二、三次产业产值所占比重略有提高。

3. 全国五成以上的投资放在西部地区，单位投资低于全国水平，职工收入稳步增长

2009年，实际完成固定资产投资额为764.74亿元，比2008年增长34.15%，占全国林业固定资产投资总额的56.59%。单位造林面积投资额为5 746元/公顷，是全国平均水平的70%，远低于其他三个区域的水平。区内林业系统在岗职工数40.91万人，占全国总数的31.10%，比2008年减少0.87万人，减幅为2.08%；在岗职工年平均工资19 514元，比2008年增长2 787元，增幅为16.66%。

（四）东北地区

东北地区包括辽宁、吉林、黑龙江3省，土地面积约为国土面积的一成，但森林资源在全国范围占有举足轻重的作用。国有林区135个森工局有82个分布在东北地区，国有经济所占比重较高。

1. 森林资源丰富，重点工程造林作用突出，发展与保护任务艰巨

2009年，区内森林覆盖率为40.22%，为四区域中最高，森林蓄积约占全国的20%。共完成造林面积37.33万公顷，占全国造林总面积的5.96%，比2008年增长63.51%；全部造林面积中近100%为重点工程造林。非国有经济造林比重为65.65%，所占比重低于中部地区，位居第三位。截至2009年，区内共有自然保护区207个，比2008年增加1处，占全国的10.29%；面积788.9万公顷，占全国自然保护区总面积的6.42%。区内林业系统共有森林公园216处，森林公园总面积471.71万公顷，占全国的28.55%。2009年，区内共发生森林火灾361次，占全国的4.07%，比2008年减少102次，减少22.03%；火灾发生率为0.11次/万公顷，火灾受害率0.08‰。区内森林病虫鼠害发生率为4.27%，比2008年下降0.95个百分点，森林病虫鼠害防治率74.45%，比2008年下降3.82个百分点。

2. 林业产出能力较低，经济结构单一，区域资源优势没有转变为经济优势

2009年，区内林业产业总产值为1 983.42亿元，比2008年增长21.35%，占全国林业产业总产值的11.33%；单位森林面积实现林业产业产值6 246元，为全国平均水平的69.78%。区内木材产量1 327.31万立方米，比2008年减少5.42%，占全国的18.78%；尽管用占全国16.25%的森林面积生产了占全国18.78%的木材，但与天然林资源保护工程实施前的1998年相比，这一比例降低了11个百分点，木材生产能力下降。区内生产锯材409.36万立方米，占全国锯材总量的12.67%，比2008年减少8.82%；人造板508.98万立方米，仅占全国的4.41%，同比增长31.44%。人造板工业尽管增幅明显，但基数小，总量不足全国的5%，不如东部一个省份的产量。林产工业的发展特别是非国有经济的发展缓慢。区内生产水果和干果分别为782.19万吨和44.80万吨，比2008年增长86.43%和31.70%，但仅占全国的6.99%和6.66%。区内共有花卉市场146个，比2008年减少14.12%；花卉企业630家，比2008年增加70家，增幅为12.5%；花农3.06万户，比2008年减少2.69万户，减少46.78%；花卉从业人员15.86万人，比2008年减少21.41%。林业三次产业结构比由2008年的43.7∶44.9∶11.4调整为43.5∶45.7∶10.8。区内林业第一、二、三次产业分别占全国林业各产业产值的11.93%、10.40%和13.88%。

3. 投资增长较快，单位投入增长明显，职工人数占全国的近四成

2009年，区内完成固定资产投资额为176.97亿元，比2008年增长44.02%，占全国固定资产投资实际完成额的13.10%。单位造林面积固定资产投资额为11 472元/公顷，是全国平均水平的1.4倍。区内林业系统在岗职工人数49.99万人，占全国的38.00%，比2008年减少0.44万人，减幅为0.87%，企业负担总体比较沉重。区内在岗职工年平均工资13 273元，为全国林业平均水平的74.41%，比2008年增长1 759元，增幅为15.28%。

表3　各区域林业发展状况

指　标	全　国	东部地区	中部地区	西部地区	东北地区
森林覆盖率（%）	20.36	35.68	33.30	17.05	40.22
人均造林面积（公顷 / 万人）	46.92	14.61	36.92	104.56	34.30
单位森林面积林业产业产值（元 / 公顷）	8 950	25 285	10 863	3 067	6 246
单位造林面积投资额（元 / 公顷）	8 178	17 046	9 740	5 746	11 472
林业系统在岗职工年平均工资（元 / 年）	17 837	27 202	15 750	19 514	13 273

图24　各区域人均造林面积、单位森林面积林业产业产值与林业系统在岗职工年平均工资比较图

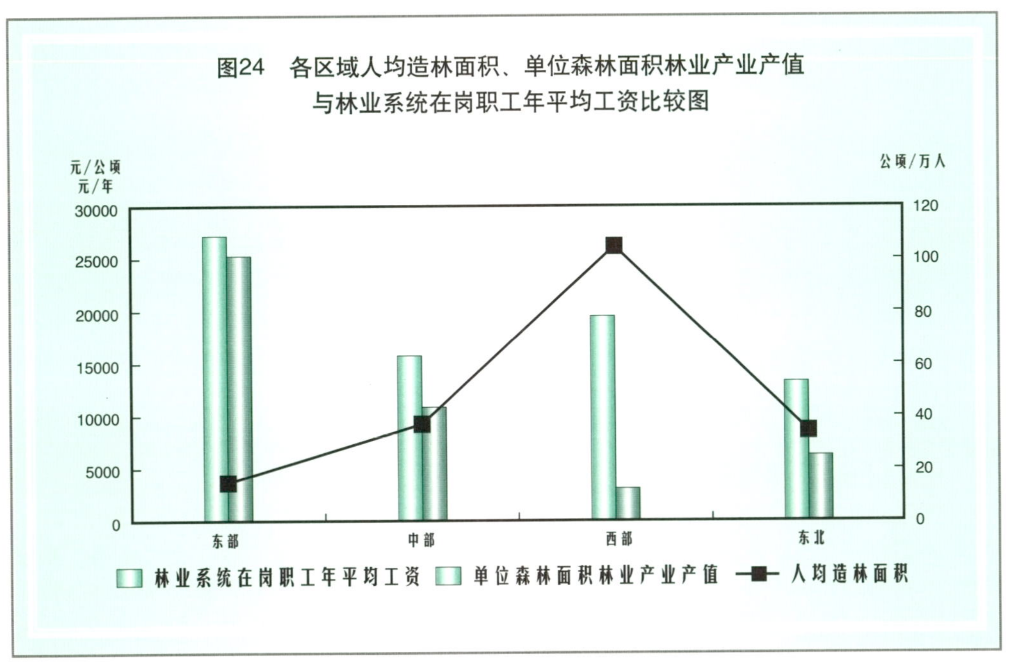

I

P97-104

国际合作与交流

- 经济合作与交流
- 科技合作与交流
- 专项国际合作
- 履行国际公约
- 重要国际会议

国际合作与交流

（一）经济合作与交流

2009年，共争取到德国、英国、澳大利亚、日本、联合国粮农组织、小渊基金、国际热带木材组织、世界自然基金会、美国大自然保护协会无偿援助项目176个，受援资金3 651万美元。

欧洲投资银行贷款生物质能源林示范基地建设项目于2009年11月在江西省正式启动。项目建设任务是5年内在江西省的19个县（市、区、林场）建设生物质能源林示范基地2.94万公顷，其中包括油茶生物质能源林2.27万公顷，光皮树生物质能源林0.67万公顷。

2009年11月，国家林业局与日本国际协力机构签署了中日专项技术合作“四川省地震灾后森林植被恢复项目”和“中国西部地区人才培养项目”的实施协议。实施协议的签署正式确定了两个项目的实施。两个项目的规模超过1 100万美元。

世界银行、亚洲开发银行新贷款项目准备工作进展顺利。总投资2亿美元（其中世界银行贷款1亿美元）的世界银行贷款“林业综合发展项目”经国务院批准，列入中国利用世界银行2010～2012财年贷款规划。项目建设内容分为3个部分，即人工造林、森林修复、机构支持与项目管理监测和评价。2009年8月，世界银行专家组对项目进行了正式评估，项目获得通过。亚洲开发银行贷款“西北三省（自治区）林业生态发展项目”经国务院批准，列入我国利用亚行2009～2011年贷款规划。项目总投资约为1.77亿美元，其中拟利用亚行贷款1亿美元。

（二）科技合作与交流

2009年，林业科技合作与交流进一步拓宽。争取到科技部国际重点科技合作项目4个，共计人民币363万元。先后签署了《中澳关于打击木材非法采伐及相关贸易支持森林可持续经营的谅解备忘录》1个政府间协定，《中阿（根廷）关于森林资源与生态环境保护领域合作的谅解备忘录》、《中伊（拉克）关于湿地合作的协议》、《中朝关于加强野生动物保护合作的协议》等3个双边部门间协定及《中欧森林执法和行政管理双边协调机制》1个区域部门间协议。截至2009年底，对外签署的林业领域政府间协定（备忘录）已达到13个，部门间协议达到49个。2009年，召开了中韩、中希、中日、中蒙、中英、中加、中俄双边工作组及中俄兴凯湖保护协定联合工作组会议8次，确定了荒漠化防治、木材合法性认定、松材线虫病研究、老虎保护合作、森林防火等合作交流项目。

（三）专项国际合作

防治沙漠化国际合作　2009年，防治沙漠化国际合作迈上新台阶。一是2009年2月签署中德财政合作“北方荒漠化防治协调与培训项目合作协议”，以期通过能力建设、专项研究来加强国际合作项目与国家决策之间的联系，促进国际合作项目经验应用和推广。二是稳步推动“全球干旱土地退化评估项目”（LADA）实施，顺利完成当地评估和国家评估报告，参与了全球评估数据校验工作；同时，作为LADA区域培训中心，为蒙古国开展了荒漠化治理技术培训。三是加强智力引进和能力建设，先后选派专家、技术人员两次前往以色列学习荒漠化防治技术与管理经验。四是积极推进中韩和中蒙双边部门协议、中非合作论坛沙姆沙伊赫行动计划、中国—阿拉伯部长级论坛、上海合作组织及大湄公河环境合作协议、中国—阿根廷林业与可持续发展备忘录、中国—埃及战略合作实施纲要等双边和区域合作框架，落实荒漠化合作内容，制定合作计划。

野生动植物保护国际合作　2009年，野生动植物保护国际合作交流渠道进一步拓宽。一是圆满完成了全球环境基金（GEF）支持的“亚洲白鹤及其他水鸟迁徙所需湿地的保护”项目；二是与日方草签了“中日朱鹮保护ODA项目（政府发展援助）协议”，启动了中日合作“人与朱鹮和谐共存的环境建设项目”；三是与国际保护生物学会联合主办了“第23届国际保护生物学大会”；四是继续与美国、印度、俄罗斯、日本、澳大利亚、韩国、德国等多个国家签署加强自然及野生动植物保护合作的协议；五是与新加坡签署大熊猫合作研究协议，建立新的合作关系；六是正式启动中澳大熊猫合作研究项目，大熊猫“网网”和“福妮”顺利抵达澳大利亚阿德莱德。

湿地保护国际合作　2009年，湿地保护国际合作成果丰富。一是与湿地国际、世界自然基金会、美国大自然协会分别签署了合作年度备忘录，与伊拉克政府签订了“中伊湿地合作协议”；二是与澳大利亚政府合作的“中澳湿地保护政策和能力建设项目”通过审核，澳大利亚政府将于2010～2012年向中方援助120多万澳元开展相关活动；三是与德国政府就“中国湿地生物多样性项目” 框架、内容、资金分配等方面达成一致意见，签署了合作协议，德方将于2010～2014年向中方援助300万欧元开展相关活动；四是顺利执行了中美自然保护议定书有关湿地的交流合作项目，成功地组织中国代表团赴美执行“湿地保护政策”访问任务，组织、接待美国来华访问团；五是顺利完成了GEF项目的总结和评估，与湿地国际等单位共同主办“湿地与气候变化”研讨会；六是成功地组织了4期香港湿地保护管理培训班，提高了各级湿地保护管理人员保护管理水平。

世界银行贷款“林业持续发展项目”合作　2009年，世界银行贷款“林业持续发展项目”实施工作进展顺利。人工林营造部分圆满完成项目建设任务，并利用项目余款增加造林面积，扩大了造林规模，超额完成造林任务40.88%。同时，完成了全部造林质量验收和报账支付工作，完成项目贷款总额度99.26%。整个项目税后财务净现值18.95亿元，税后财务内部收益率为24.6%。保护地区管理部分重点围绕三个方面的工作进行：一是竣工总结准备工作；二是项目延期、资金类别调整申请及工作计划调整；三是项目监测与评价。编辑出版了《自然保护区工作人员实用手册》并分发到全国国家级自然保护区和项目省级自然保护区。截至2009年底，项目累计举办320期培训班，培训9 355人次。此外，项目还开展了村管理委员会、农林业实用技术、自然资源可持续利用和保护等方面的培训，累计培训人数达8 951人次。社区农民的保护意识和脱贫致富能力明显提高。

（四）履行国际公约

《濒危野生动植物种国际贸易公约》（CITES） 2009年，CITES履约工作进展顺利。一是组团参加了公约第58届常委会、第24次动物委员会和第18次植物委员会，妥善处理了公约议事规则、非致危性判断、大宗贸易回顾、敏感物种等涉及我国利益的重大议题。二是积极筹备参加第15届公约缔约国大会。针对有关敏感物种和传统医药等提案不利于我国的问题，积极与美国、英国、澳大利亚、世界保护信托基金等国家、组织协调立场，争取了各方理解与支持。三是妥善处理了《公约》秘书处对老虎、犀牛不断提出的履约质询；收集汇总了香港、澳门特别行政区的履约资料，完成了向《公约》秘书处报送2009年度履约报告和2008～2009双年度履约报告。四是加强履约交流合作，接待美国履约代表团来访，参加公约控制濒危物种网络贸易研讨会、公约执法专家组第二次会议等多个会议。五是积极开展履约政策研究，组织编写多个议题的谈判方案；针对公约哈博罗内修正案、波恩修正案在香港、澳门的适用问题，提出相关意见。六是大力推动履约执法工作。回应了国际社会对我国进口犀牛问题的不实指责；组织了公约秘书处对我国进口象牙核查工作，得到了国际社会的认可；要求《公约》秘书处向各国下发了猎隼走私警报，并提请秘书处继续关注藏羚羊偷猎和非法贸易问题；积极推动西部地区各有关部门对虎豹、藏羚羊和猎隼的执法工作，同时密切监测和协调濒危物种网上交易活动。

《联合国防治荒漠化公约》（UNCCD） 2009年，UNCCD履约工作稳步推进。一是派团参加了公约区域协调机制会议和第九次缔约方大会亚洲区域准备会议，强调加强区域协调、关注“十年战略”指标体系简化和适用性问题，引导和协调区域立场，为缔约方大会谈判和促进区域合作奠定基础。二是组团参加联合国可持续发展委员会第17届会议，代表团重点介绍了中国防沙治沙省级考核责任制，集体林权制度改革对荒漠化防治推动作用等情况，提出确保粮食安全、加强适应能力、支持非洲脱贫三点原则性主张，受到广泛关注和积极评价。三是派团参加斯德哥尔摩公约、生物多样性公约遵约机制研讨会，推动协同履约工作。四是派团参加公约第九次缔约方会议。共有来自公约190个缔约方的1 500名代表出席。会议共审议了公约十年战略执行及指标设定、资金机制、履约审查机制、科技委工作以及秘书处改革等多项重要议题。期间，中国代表团作为特邀发言人出席高级别会议，介绍了我国在防治荒漠化方面所做的努力和取得的成就，并针对全球荒漠化发展趋势和公约发展中面临的主要问题阐述了立场和意见。

《联合国气候变化框架公约》(UNFCCC) 2009年，国际国内更加重视林业在应对气候变化中的作用，《联合国气候变化框架公约》（UNFCCC）履约工作取得新进展。一是国家林业局编制发布《应对气候变化林业行动计划》（简称林业行动计划），提出林业应对气候变化的指导思想、5项基本原则、3个阶段性目标，以及22项主要行动。二是组织专业检查队伍，完成中国绿色碳基金支持下7省9个碳汇造林项目的检查验收工作，指导13家计量单位完成此类项目的首次碳汇计量任务；同时下发了关于加强碳汇造林管理工作的通知，规范碳汇项目管理，积极推进自愿市场碳汇项目资质管理工作。三是扎实开展碳汇计量和监测工作，基本完成《全国森林碳汇计量与监测技术指南》的编制，并在辽宁省进行试点；完成我国“森林生态系统碳汇计量与预测”研究并通过专家审定；召开“气候变化论坛”，组织举办了碳汇计量与监测培训班。五是组团参加《联合国气候变化框架公约》（UNFCCC）第15次缔约方会议。来自119个国家的首脑出席了大会最后一天召开的峰会。本届大会是联合国历史上与会国家首脑和与会人员最多的大会。我国派出了由高访团、顾问团和谈判团组成的近200人的大型代表团出席了本届大会。期间，代表团全面阐述了我国林业应对气候变化方面的立场和主张，加强基础四国的交流和对话，维护发展中国家整体利益，在技术层面的谈判取得了积极进展，但未能就资金、“三可”（可报告、可监测、可核实）和目标等问题达成共识。

《湿地公约》(RAMSAR) 一是组团参加了湿地公约常委会第40次会议、韩国东亚湿地中心研讨会议等，积极参与公约各项重大事务的讨论和决策，宣传我国湿地保护成绩和立场，提高我国履约影响力；妥善处理“喜马拉雅湿地动议”、“东亚湿地区域中心”等敏感问题，维护了国家利益。二是完成“林业谈判综合方案”中《湿地公约》对外谈判总体方案，并组建了履约专家智囊小组，建立长效研究机制。三是通过强化国家履约委员会协调机制，及时妥善处理达赉湖等国际重要湿地实施相关工程在国内外引起关注的问题，维护了国家履约形象；对若尔盖湿地生态退化问题等进行调研，并提出相关意见。

《国际植物新品种保护公约》(UPOV) 一是主动参与国际植物新品种保护联盟（UPOV）国际和亚洲事务，积极开展国际合作，履行公约义务。举办了“2009年东亚植物新品种保护论坛第二次会议”和“国际植物新品种保护研讨会”。二是派团参加国际植物新品种保护公约（UPOV）理事会、顾问委员会会议、行政及法律工作组会议、技术工作组会议、UPOV秘书处组织的林木和观赏植物技术工作组（TWO）会议，介绍国家立场，推动履约合作。

《国际森林文书》(NLBI)　《国际森林文书》的全称是《适用于所有类型森林不具法律约束力的国际文书》，是迄今为止国际社会处理森林问题最全面的文件，也是下一步“森林公约”国际谈判的基础。我国是世界林业大国，为了履行义务，2009年重点开展的工作，一是制定了国家履约计划和对外谈判原则立场，明确了各阶段的工作重点，提出了对谈判各议题的立场和原则；二是参加了联合国森林论坛第八次年会。行使了权利，履行了义务，维护了权益；三是在桂林承办了联合国森林论坛国家倡议会议，有利地支持了联合国森林论坛的工作；四是组建了履行《国际森林文书》专家队伍，为今后履约的谈判奠定了基础。

（五）重要国际会议

联合国气候变化峰会　2009年9月23日，中国派团参加联合国气候变化峰会关于减少毁林和森林退化碳排放高级别会议。会议由联合国秘书处、挪威和巴布亚新几内亚联合主办，联合国秘书长潘基文主持，100多个国家和国际组织代表出席会议。中国代表团在发言中指出，中国政府高度重视发挥森林在应对气候变化中的重要作用，近10年来已投资700多亿美元用于防止毁林和森林退化，增加森林资源。中国代表团还就减少毁林和森林退化排放问题提出四点主张。

世界林业大会　2009年10月18日，第十三届世界林业大会在阿根廷举行，会议的主题是林业在可持续发展中的制衡作用。中国派团出席会议并做主题发言。会议由联合国粮农组织主办，来自世界160多个国家和国际组织、科研机构、企业代表近5 300人出席了开幕式。中国代表在发言中介绍了中国林业所取得的成就，林业发展目标和工作重点，并就改变林业发展模式，积极推进森林可持续经营提出五点建议。

大森林论坛第四次会议　2009年10月5日，大森林论坛第四次会议在加拿大举行，来自中国、美国、俄罗斯等国家林业部门高级官员及相关国际机构代表近30人出席会议。此次会议议题包括林业产权改革、林业在应对气候变化中的作用和林业生物质能源开发、利用等。中国组团参会并做了题为“中国集体林权改革的进程及其展望”的专题发言。

联合国森林论坛国家倡议会议　2009年11月17日至20日，联合国森林论坛国家倡议会议在广西桂林举行。会议由中国国家林业局、奥地利农林环境与水资源管理部、芬兰农业部、德国农业部、联合国粮农组织及亚太森林恢复与可持续管理网络联合主办。会议的主题是“森林与人”，主要就国家林业发展规划和各国在实施《不具法律约束力的国际森林文书》方面的经验和教训进行了广泛的交流和深入的探讨。来自40多个国家、20多个国际组织和区域组织的150多位代表出席本次会议。与会代表在促进《国际森林文书的活动与方法》实施的政策法规和组织框架、森林产品及服务的可持续生产、调动资金的国家措施，以及能力建设等方面提出了建议。

中欧森林执法与行政管理（FLEG）双边协调机制第一次会议 2009年11月12日，FLEG双边协调机制第一次会议在北京召开。来自中国和欧盟多个成员国的代表出席了会议。中欧双方通报了各自在森林执法与行政管理方面的工作进展，重点讨论了由中欧双方专家起草的联合工作计划、实施的重点领域，并确定了下一步的工作方案。本次会议根据2009年1月中欧签署的《中欧森林执法与行政管理双边协调机制》协议书而召开，旨在推动中欧在森林执法与行政管理等方面的相关合作。根据协议书内容，双边协调机制会议今后将轮流在中国和欧盟召开。

联合国森林论坛第八次会议 2009年4月20日，联合国森林论坛第八次会议在美国纽约举行。来自190多个联合国成员国及主要国际组织等近600名代表出席会议。我国组织代表团参加了会议。会议主题为“变化环境中的森林”，议题包括森林与气候变化、森林与生物多样性保护、减少毁林和森林退化、推动森林可持续经营国际资金机制安排、《国际森林文书》的执行等。会议最后形成了“变化环境中的森林”决议，并决定在下届论坛会上就该决议的执行方式展开谈判。

2009年，我国还参加了中希、中俄、中英、中日、中加等国际林业会议，就相关林业问题及双边合作进行了广泛的磋商。

专栏10 “全球十亿棵树运动”特别仪式

2009年9月21日，联合国环境规划署（UNEP）在美国纽约举行了“全球十亿棵树运动”特别仪式，并宣布该运动已实现在全球植树70亿株的目标，其中中国植树26亿株，对该目标的实现发挥了决定性作用。国家林业局局长贾治邦应邀出席了特别仪式并在仪式上发表了题为“植树造林，造福人类”的演讲。贾治邦局长指出，中国仍然是一个生态脆弱的国家。为了实现人与自然和谐发展，中国政府做出了建设生态文明的战略决策，力争到2020年使中国成为生态环境良好的国家。中国政府和中国人民对全球生态安全和气候安全高度负责，愿意与世界各国一道积极投身“全球十亿棵树运动”，为维护全球生态安全、应对全球气候变化做出新的贡献。

特别仪式由联合国副秘书长兼UNEP执行主任施泰纳先生主持。运动发起人诺贝尔和平奖获得者、肯尼亚履带运动创始人马阿萨伊教授，埃塞俄比亚常驻联合国代表，洛杉矶市长等高级别官员出席了特别仪式。

专栏 11　世界银行贷款林业项目债务减免

2008 年初，特大雨雪冰冻灾害对中国世界银行贷款林业项目造成重大损失。为减轻灾区债务负担，支持灾后重建，促进集体林权制度改革，在国家林业局、财政部、国家审计署以及各有关省区林业和财政部门对受损项目林债务认真清查核实的基础上，2009 年 3 月，经国务院批准，中央财政对"国家造林项目"等 5 个世界银行贷款林业项目"重度"损毁项目林合计减免约 12.89 亿元世行贷款债务。受灾最严重的湖南、湖北、贵州、江西 4 省分别减免债务 2 亿元、2 亿元、1.8 亿元和 1.78 亿元。本次债务减免涉及 360 多个县的 23 万多个项目林场和农户，是中央财政继 2000 年降低世行贷款利率以及 2004 年和 2008 年分别对国家天然林资源保护工程区、国家重点公益林区内世行贷款林业项目债务免除或挂账之后给予林业世行贷款项目的又一次大规模债务减免。

专栏 12　中德财政合作林业项目进入新的发展阶段

2009 年 2 月 16 日，中国财政部、国家林业局与德国复兴信贷银行在北京签署了中德财政合作"中国南方森林可持续经营框架项目培训与支持措施"与"中国北方荒漠化防治框架项目培训与支持措施"财政协议与分立协议。框架项目整合现有的中德财政合作林业项目，分别成立南方和北方框架协调小组，开展培训班、研讨会、专家咨询、合作研究等项目活动，加强国家层面对项目实施的指导与协调，探索在中国实施森林可持续经营与荒漠化防治的成功经验与模式。

中德林业财政合作始于 1993 年，至今共实施了 24 个生态造林项目、1 个宣传项目。项目区涉及长江、黄河两大流域 17 个省（自治区、直辖市）110 多个经济贫困、生态严重恶化的县（区、市）。德方无偿援助约 1.58 亿欧元，优惠贷款总金额达 507 万欧元，加上项目省、地、县配套资金和农民投工，项目的总投入 23.43 亿人民币。项目计划完成营造林面积 86.9 万公顷，到 2009 年底，已完成营造林 67.7 万公顷。

J

P105-126

改革、政策与法制

- 林业改革
- 林业政策
- 林业法制

改革、政策与法制

（一）林业改革

2009年，在中央林业工作会议精神的鼓舞下，各地区各部门积极行动起来，认真贯彻落实中央决策部署，集体林权制度改革（以下简称林改）进展顺利，取得明显成效。

1. 集体林权制度改革各项工作有序展开

全国已完成确权林地面积17.7亿亩，占全国集体林地面积27.37亿亩的64.7%，与2008年相比增加了18.2个百分点，发证面积14亿亩，占集体林地面积的51.2%。全国已发放林权证5 954万本，有5 542万农户拿到了林权证。农民真正成了集体林地经营的主体，现代林业产权制度正在逐步形成。

2. 强林惠林政策措施不断完善

中央财政共安排林改工作经费补助25.48亿元。各级地方政府累计投入林改资金84.6亿元，其中林改工作经费47.2亿元，财政转移支付33.9亿元。

公共财政支持政策取得新的突破　启动了一系列林业补贴政策。2009年开展森林抚育补贴试点工作；中央和地方不断完善森林生态效益补偿制度。各级政府提高了公益林的补偿标准。有28个省实施了地方森林生态效益补偿制度，累计安排补偿资金逾132亿元；调整和规范了育林基金的征收和使用。修订颁发了《育林基金征收使用管理办法》，降低了育林基金征收比例，由20%降低为不超过10%，减轻了林业生产经营者的负担；规范了育林基金的使用和管理。

金融支持林业改革发展政策有新的突破　一是小额林权抵押贷款进一步建制度扩规模。林农小额贷款期限可延长到10年，速生林、油茶、竹林、能源林基地建设等及后续产业发展可达15～20年。全国已有25个省（自治区、直辖市）面向农户开展了林权抵押贷款，抵押面积2 450万亩，贷款金额221.4亿元，余额73亿元，与2008年同期相比，增长了1.5倍，贷款农户100万户，同比增长了0.45倍。二是逐步推行森林保险政策。财政部、国家林业局、保监会在江西、湖南、福建三省启动了中央财政森林保险保费补贴试点工作。在省级财政至少补贴25%保费的基础上，中央财政对公益林保险保费再补贴30%，全国共有15个省开展了森林保险工作，保险面积2.7亿亩，保额1 141.7亿元，保费1.8亿元，其中政策性补贴占2/3。三是扩大林业贷款财政贴息范围。出台了《林业贷款中央财政贴息资金管理办法》，扩大了贴息范围和贴息对象。

林业产权保护和森林流转制度建设有了新的突破　全国已有1/4的林改县成立了林权保护管理和交易服务管理机构。有1/3的省份出台了林权流转管理办法。

是林木采伐管理机制改革有了新的突破　在全国24个省193个县（单位）开展了森林采伐管理改革试点。在建立新型采伐指标分配机制、简化审批手续、修改完善森林经营方案等方面取得了实质性的突破。

林业社会化服务体系建设有新的突破 全国已有25个省（自治区、直辖市）成立各类林业合作经济组织4.35万个，经营林地面积1.5亿亩，增长15%。其中，农民林业专业合作社1.4万个，入社农户502万户，合作经营林地4 670万亩。

3. 集体林权制度改革成效不断显现

农民经营林业的积极性空前高涨 林地承包到户后，农民真正成为山林的主人，山林成为农民的宝贵资产，原来的集体林由“我们的”变成了“我的”，一下子就使蕴藏在农民群众中的巨大能量和积极性像火山爆发一样得到集中释放，农民就像解放区参加土改和20世纪80年代实行农田大包干一样，展现出家家户户齐动员、热火朝天干林业的景象。

森林资源得到了有效的保护 林改后并没有出现过去担心的乱砍滥伐，反而出现了全家护林、合作护林、精心护林的可喜局面。2009年，全国森林火灾发生起数和受灾面积比2008年分别下降了37.37%和12.0%。

农民的就业收入明显增加 林改后，林业产业发展步伐大大加快，2009年全国林业产值达到1.75万亿元，在2008年高位增长的基础上又增长21.43%，带动了农民就业增收。2009年全国27个省（自治区、直辖市）1 818个林改县，农民人均收入4 961元，其中来自林业的收入643元。浙江山区林改县农民来自林业的收入达到3 584元，占总收入的55%。

农村基层政权得到巩固 在推进林改进程中，各地把林改作为基层干部密切联系农民群众的重要纽带，广大基层干部与农民群众一起参与林改、投身林改，为群众办实事、解难事，不但掌握了民情，与群众加深了感情，还增强了法制意识、民主意识、服务意识和执政为民的意识，赢得了群众信任，改善了干群关系，提高了服务水平，增强了执政能力，进一步巩固了基层政权。

林权纠纷调处效果明显 林改后，许多地方的林权纠纷得到了化解。据统计，林改过程中，累计调处林权纠纷67.6万起，调处率为85%，调处争议面积3 944万亩，调处率为81%，解决了大量历史遗留问题，消除了不稳定因素。

（二）林业政策

1. 集体林权制度改革政策

中央林业工作会议明确的政策 2009年6月22～23日，中央召开首次林业工作会议，谋划加快林业改革发展大计，全面推进集体林权制度改革。会议明确提出了支持林业改革发展的政策措施。一是建立健全林业支持保护制度，为现代林业和生态文明建设提供有力保障。各级政府要将林业部门行政事业经费纳入财政预算，将森林防火、病虫害防治以及林业行政执法体系等方面的基础设施建设纳入各级政府基本建设规划，将林区道路、供水、供电、通信等基础设施建设纳入相关行业的发展规划，继续加大对重点生态工程建设的投入。要尽快建立健全森林生态效益补偿基金制度，从2010年起对属集体林的国家级公益林，中央财政补偿标准由每年每亩5元提高到10元，并随着财力的增长逐步提高补偿标准，地方财政也要根据实际加大补偿力度。建立造林、抚育、保护、管理投入补贴制度，从2009年起开展造林苗木、森林抚育补贴试点，中央财政对造林优质苗木、中幼林和低产林抚育给予补贴，并逐步扩大试点范围。从2009年7月1日起，将育林基金征收标准由林木产品销售收入的20%降至10%以下。育林基金减少后，林业部门行政事业经费，由同级财政通过部门预算予以核拨。继续对以林区“三剩物”、次小薪材为原料生产加工的综合利用产品实行增值税即征即退政策。二是建立健全林业金融支撑制度，全面增强金融对林业发展的服务能力。按照新的政策规定，林业贷款期限最长可为10年；林权抵押贷款利率低于信用贷款利率；小额林农贷款，借款人实际承担利率不超过基准利率的1.3倍。适当延长林业贷款贴息期限，提高林业贷款贴息率。从2009年开始，中央财政已在福建、江西、湖南3省开展森林保险保费补贴试点工作，在省级财政至少补贴25%保费的基础上，中央财政再补贴30%的保费。三是建立健全林木采伐管理制度，赋予森林经营者更充分的林木处置权。简化采伐审批程序，做到简便易行、公开透明，推行采伐限额公示制度。实行林木采伐分类管理，非林业用地林木不纳入采伐限额管理，由经营者自主采伐；商品林采伐指标，5年内可结转使用。四是建立健全集体林权流转制度，规范林地承包经营权、林木所有权流转。在不改变林地集体所有性质、不改变林地用途、不损害农民林地承包权益的前提下，林农可依法自愿有偿流转林地承包经营权和林木所有权，可以转包、出租、转让，可以互换、入股、抵押，也可以作为出资、合作条件。加快建立健全林权流转市场，依法规范林权流转登记管理工作，搞好林权纠纷调处和合同仲裁。尽快建立森林资源资产评估师制度和评估制度。五是建立健全林业社会化服务体系，为林业发展提供优质高效服务。加快构建公益性服务和经营性服务相结合、专业服务和综合服务相协调的新型林业社会化服务体系。大力发展农民林业专业合作社、家庭合作林场、股份制林场等林业合作组织。国家支持农民林业专业合作社承担林业和山区经济发展建设项目。林业专业合作社同等享受农民专业合作社的有关扶持政策。鼓励发展各类林业专业协会，引导和规范各类林业中介组织健康发展。

集体林改和林业发展金融服务的政策 2009年5月，中国人民银行、财政部、银监会、保监会、林业局五部门联合发布了《关于做好集体林权制度改革与林业发展金融服务工作的指导意见》（以下简称《意见》），对加大林业信贷投放、开发林业信贷产品、拓宽林业融资渠道、完善财政贴息政策、健全林权抵押贷款制度、建立政策性森林保险制度做出了明确规定。

在银行信贷方面，《意见》要求，在已实行集体林权制度改革的地区，各银行业金融机构要积极开办各项林业贷款业务。合理确定贷款期限，林业贷款期限最长可为10年。对小额信用贷款、农户联保贷款等小额林农贷款业务，借款人实际承担的利率负担原则上不超过基准利率的1.3倍。要促进林区形成多种金融机构参与的贷款市场体系。

在林业产业融资方面，《意见》明确，引导多元化资金支持集体林权制度改革和林业发展。鼓励林业企业通过债券市场发行各类债券类融资工具，鼓励林区外的各类经济组织和投资基金等投资林业项目，鼓励各类担保机构开办林业融资担保业务。

在发展森林保险方面，《意见》提出，要把森林保险纳入农业保险统筹安排，通过保费补贴等必要的政策手段引导保险公司、林业企业、林业专业合作组织、林农积极参与森林保险，扩大森林投保面积。保险公司要不断完善森林保险险种，逐步提升森林保险的服务质量。

在信息建设方面，《意见》明确，要加强信息共享机制和内控机制建设，建立林业部门与金融部门的信息共享机制，推进人民银行征信体系建设，银行业金融机构要正确处理加大对林业发展信贷支持和防范风险的关系。

在营造政策环境方面，《意见》提出，加大人民银行对林区中小金融机构再贷款、再贴现的支持力度；鼓励和支持各级地方财政安排专项资金，增加林业贷款贴息和森林保险补贴资金；各级林业主管部门要充分履行职能，为金融机构支持林业发展提供有效的制度和机制保障；林业贷款的考核、呆账核销等政策与涉农贷款保持一致。

集体林权流转管理的政策　2009年10月，国家林业局下发了《关于切实加强集体林权流转管理工作的意见》（以下简称《意见》）。《意见》从5个方面规范集体林权流转行为。一是稳定林地家庭承包经营关系。为保护农民平等享有的集体林地承包经营权，维护农民的合法权益，对适宜家庭承包经营的集体林地应当实行家庭承包经营。要引导农民在获得林地承包经营权后一定期限内自主经营，引导农民依法通过转包、出租、互换、入股等形式流转，防止炒买炒卖林权，防止农民失山失地，确保农民长期拥有可持续就业和增收的生产资料。二是建立规范有序的集体林权流转机制。依法采取转让方式流转林地承包经营权的，应当经原发包的集体经济组织成员同意；采取转包、出租、互换、入股、抵押或者其他方式流转的，应当报原发包的集体经济组织备案。集体统一经营的山林和宜林荒山荒地，在明晰产权、承包到户前，原则上不得流转；确需流转的，应当进行森林资源资产评估，流转方案须在本集体经济组织内提前公示，经村民会议2/3以上成员同意或2/3以上村民代表同意后，报乡（镇）人民政府批准，并采取招标、拍卖或公开协商等方式流转。在同等条件下，本集体经济组织成员在林权流转时享有优先权。流转共有林权的，应征得林权共有权利人同意。国有单位或乡（镇）林场经营的集体林地，其林权转让应当征得集体经济组织村民会议和该单位主管部门的同意。三是加强集体林权流转的引导。林地承包经营权和林木所有权流转，当事人双方应当签订书面合同，需要变更林权的，当事人应及时依法到林权登记机关申请办理林权变更登记。要引导发展农民林业专业合作社、家庭合作林场和股份制林场等林业合作组织，联合经营林地；鼓励广大农民和林业经营者与企业合作造林；鼓励短期限流转、部分林权流转、林木采伐权流转和本集体经济组织内部成员间的流转；鼓励到林业产权交易管理服务机构进行流转。对不宜实行家庭承包经营的，可以将林地承包经营权折股分给本集体经济组织成员后，再实行承包经营或股份合作经营。四是切实维护集体林权流转秩序。区划界定为公益林的林地、林木暂不进行转让；但在不改变公益林性质的前提下，允许以转包、出租、入股等方式流转，用于发展林下种养业或森林旅游业。对未明晰产权、未勘界发证、权属不清或者存在争议的林权不得流转；集体林权不得流转给没有林业经营能力的单位和个人；流转后不得改变林地用途；流转期限不得超过原承包经营剩余期限。五是禁止强迫或妨碍农民流转林权。已经承包到户的山林，农民依法享有经营自主权和处置权，禁止任何组织或个人采取强迫、欺诈等不正当手段迫使农民流转林权，更不得迫使农民低价流转山林。已经承包到户的山林需要流转的，其流转方式、条件、期限等由流转双方依法协商确定，任何一方不得将自己的意志强加给另一方。

为妥善处理集体林权流转的历史遗留问题，《意见》提出，各地要全面核查集体林权流转的历史遗留问题，本着尊重历史、兼顾现实、注重协商、利益调整的原则，对群众反映强烈的流转活动，要依法对其合法性、有效性进行核查。对林改前因林权流转造成无山无林可分的地方，要认真对待。对于集体林权制度改革前的流转行为，符合有关法律规定、流转合同规范的，要予以维护；流转合同不规范的，要予以完善；不符合有关法律规定的，要依法予以纠正。对流转面积过大、价格过低、期限过长、群众反映强烈的，要采取协商的方式，通过让利、缩短流转期、折资入股等办法依法进行调整；也可以因地制宜地采取“预期均山”的办法予以解决。

集体林采伐管理的政策　2009年7月，国家林业局下发了《关于改革和完善集体林采伐管理的意见》（以下简称《意见》）。征信体系提出用5年左右时间，基本完成改革和完善集体林采伐管理机制的任务。主要任务包括：改革采伐管理服务方式，简化审批程序，推行采伐限额公示制，建立健全简便易行、公开透明的管理服务新模式；创新采伐管理方式，逐步建立森林分类管理新机制；完善采伐限额管理制度，逐步实现由限额指标管理向采伐备案管理的转变，建立以森林经营方案为基础的森林可持续经营的新体制。改革范围包括通过集体林权制度改革，产权明晰给林农的森林和仍由集体经营的森林以及其他非国有林。

《意见》从9个方面，改革和完善了集体林采伐管理。一是明确了非林业用地上的林木不纳入采伐限额管理，由经营者自主经营、自主采伐。二是明确了依据森林经营方案核定年森林采伐限额。三是明确了商品林采伐类型简化为主伐、抚育采伐和其他采伐，公益林可以依法进行抚育采伐、更新采伐和其他采伐。四是简化了森林采伐管理环节。《意见》明确，森林经营者需要采伐林木时，可由就近的林业工作站协助经营者办理林木采伐许可证，县级林业主管部门要提供林权审核、伐区设计和审批发证“一站式”服务。五是改变了森林采伐管理方式。《意见》提出，实行伐区简易设计，林业主管部门由“伐前拨交、伐中检查、伐后验收”的全过程管理，改为森林经营者伐前、伐中和伐后自主管理，林业主管部门负责指导服务和监督管理。六是推行了森林采伐公示制度。《意见》要求各级林业主管部门要公布采伐限额（含追加和结转的限额）以及森林采伐管理政策。七是对森林采伐实行由蓄积量和出材量双项控制改为由蓄积量单向控制。皆伐作业的按照面积控制。八是商品林采伐各项指标可向以后各年度结转使用，公益林采伐指标不可结转使用。九是年度木材生产计划实行备案制。

农民林业专业合作社发展的扶持政策 2009年8月，国家林业局下发了《关于促进农民林业专业合作社发展的指导意见》（以下简称《意见》）。《意见》从7个方面加强对农民林业专业合作社的政策扶持。一是积极支持农民林业专业合作社承担林业工程建设项目。天然林保护、公益林管护、速生丰产林基地建设、木本粮油基地建设、生物质能源林建设、碳汇造林等林业工程建设项目，林业基本建设投资、技术转让、技术改造等项目，应当优先安排农民林业专业合作社承担。二是大力扶持农民林业专业合作社基础设施建设。各地应将农民林业专业合作社的森林防火、林业有害生物防治、林区道路建设等基础设施建设纳入林业专项规划，优先享受国家各项扶持政策。三是鼓励有条件的农民林业专业合作社承担科技推广项目。支持农民林业专业合作社承担林木优良品种（系）选育及林木高效丰产栽培技术、森林植被恢复和生态系统构建技术、野生动物驯养繁育技术、森林资源综合利用技术等林业新品种、新技术推广项目。四是鼓励农民林业专业合作社创建知名品牌。积极鼓励和支持农民林业专业合作社开展林产品商标注册、品牌创建、产品质量标准与认证、森林可持续经营认证活动。五是支持农民林业专业合作社开展森林可持续经营活动。县级林业主管部门和基层林业工作站要指导和帮助农民林业专业合作社自主编制森林经营方案。经林业主管部门认定后，农民林业专业合作社或其成员依法采伐自有林木，可按森林经营方案执行。六是支持农民林业专业合作社开展多渠道融资和森林保险。各级林业主管部门要按照《中国人民银行 财政部 银监会 保监会 林业局关于做好集体林权制度改革与林业发展金融服务工作的指导意见》的要求，支持农民林业专业合作社开展多渠道融资和森林保险，支持农民林业专业合作社开展成员之间的信用合作。七是依法对农民林业专业合作社实行财政和税收优惠政策。国家依法支持农民林业专业合作社开展信息、培训、产品质量标准与认证、基础设施建设、市场营销和技术推广等服务的资金，应当安排农民林业专业合作社使用。农民林业专业合作社成员采伐自有林木的，应当降低或免征育林基金。

2. 林业生态建设支持政策

育林基金的管理政策　2009年5月，财政部、国家林业局联合出台了新修订的《育林基金征收使用管理办法》。新办法在育林基金征收使用管理方面做出重大调整，主要体现在：一是降低了征收比例。新办法规定育林基金按照不超过林木产品销售收入的10%计征，具备条件的地区可以将征收标准确定为零。二是缩小了征收范围。新办法规定育林基金征收对象仅限木材和竹材，不再对林副产品、经济林产品以及其他林产品征收；农村居民采伐自留地和房前屋后个人所有的零星林木，免征育林基金；对进口林木单位和个人不得征收育林基金。三是减少了征收环节。新办法规定，育林基金在林木产品的销售环节征收，林业主管部门不得在多次销售林木产品时重复征收育林基金。自产自用或直接用于加工的林木产品，在移送使用环节征收。四是明确了林木产品销售收入确定原则。采伐林木单位和个人会计核算健全，能准确提供销售资料的，按照林木产品实际销售收入确定；会计核算不健全，不能准确提供销售资料的，按照林业主管部门会同有关部门核定的当地同类林木产品平均销售价格和实际林木产品销售数量确定林木产品销售收入；自产自用林木产品或将林木产品直接用于加工的，按照林业主管部门会同有关部门核定的当地同类林木产品平均销售价格和实际耗用林木产品数量确定林木产品销售收入。

新办法规定，林业部门行政事业经费由同级财政部门通过部门预算予以核拨，不得从育林基金中列支。同时，规范了育林基金的使用和管理。新办法自2009年7月1日起执行。

公益林区划界定和森林生态效益补偿政策　2009年9月，国家林业局、财政部联合发布新修订的《国家级公益林区划界定办法》。《办法》将国家重点公益林更名为国家级公益林，明确国家级公益林的八大类区划范围和三个保护等级。国家级公益林稳定在全国林地总面积的30%～40%。符合本办法区划标准，并具备下列条件之一的，可以补充申报国家级公益林：新批准森林和陆生野生动物类型国家级自然保护区；新建重要水库；国家退耕还林工程中退耕土地还林为防护林和特种用途林。在不影响整体生态功能、保持集中连片的前提下，符合下列条件之一的可以调出国家级公益林：集体林权制度改革过程中，已确权到户的国家级公益林，其林权权利人在与地方政府签订管护协议时，要求调出的；苗圃地；平原地区农田防护林、护路林。

2009年11月，财政部和国家林业局联合发布新修订《中央财政森林生态效益补偿基金管理办法》，明确自2010年1月1日起，中央财政补偿基金依据国家级公益林权属实行不同的补偿标准。国有的国家级公益林平均补偿标准为每年每亩5元，其中管护补助支出4.75元，公共管护支出0.25元；集体和个人所有的国家级公益林补偿标准为每年每亩10元，其中管护补助支出9.75元，公共管护支出0.25元。2009年中央财政将区划界定的非天然林资源保护工程区重点公益林和天然林资源保护工程区新增造林全部纳入了补偿范围，增加补偿面积3.5亿亩，新增补偿基金17.5亿元，2009年补偿基金规模达52.47亿元。

中央财政森林保险保费和森林抚育补贴试点政策 2009年，财政部下发了《关于中央财政森林保险保费补贴试点工作有关事项的通知》和《中央财政森林保险保费补贴试点方案》，明确江西、福建、湖南作为2009年度中央财政森林保险保费补贴试点省份，要求在省级财政至少补贴25%保费的基础上，中央财政再补贴30%的保费。

2009年12月，财政部、国家林业局、保监会联合下发了《关于做好森林保险试点工作有关事项的通知》，对于具备保险基础、森林覆盖率高、地方政府主动提供保费补贴、先行开展森林保险试点工作的地区，中央财政将提供一定比例的配套保费补贴；对于暂不具备保险条件、地方财政难以提供保费补贴支持的地区，中央财政不作硬性要求。试点地区要科学合理地制定森林保险方案。保险标的为生长和管理正常的商品林和公益林；保险责任范围以人力无法抗拒的自然灾害为主，包括火灾、暴雨、暴风、洪水、泥石流、冰雹、霜冻、台风、暴雪、雨淞、虫灾等；保险金额原则上为林木损失后的再植成本，包括郁闭前的整地、苗木、栽植、施肥、管护、抚育等费用，具体由地方政府和保险公司按市场原则协商确定。

2009年，财政部、国家林业局联合下发了《关于开展2009年森林抚育补贴试点工作的意见》，明确国家从2009年底起开展森林抚育补贴试点工作，中央财政按照每亩100元的标准对试点森林抚育工作进行补贴。补贴资金用于中幼林抚育有关费用支出，包括间伐、修枝、除草、割灌、采伐剩余物清理运输、简易作业道路修建等生产作业的劳务用工和机械燃油等直接费用，以及作业设计、检查验收、档案管理、成效监测等间接费用。国有林抚育间接费用不得超过补贴资金的10%，集体林抚育间接费用不得超过补贴资金的20%。中央财政森林抚育补贴试点工作的启动，是我国继建立生态补偿基金制度后，林业政策的又一重大突破，标志着我国森林经营补贴机制正式建立。

退耕还林工程的政策 2009年6月，国家发展改革委、国家林业局联合下发了《关于退耕还林工程配套荒山荒地造林2009年第四批扩大内需中央预算内投资计划的通知》（以下简称《通知》）。《通知》明确，为进一步加快生态建设步伐，国家决定从2009年第四批扩大内需中央预算内投资中安排16亿元，用于2009年退耕还林工程配套荒山荒地造林。退耕还林配套荒山荒地人工造林中央补助标准为乔木林200元/亩，灌木林为120元/亩，封山育林中央补助标准为70元/亩。退耕还林工程种苗造林国家补助标准的提高，一定程度地解决了各地种苗造林经费不足的问题。

三北防护林体系建设的政策 2009年8月，国务院办公厅印发了《关于进一步推进三北防护林体系建设的意见》（以下简称《意见》）。《意见》明确了三北防护林体系建设的目标任务，力争到2020年，使三北地区森林覆盖率达到12%，沙化土地扩展趋势得到基本遏制，水土流失得到有效控制，建成一批区域性防护林体系。到2050年，森林覆盖率达到并稳定在15%左右，努力实现三北地区生态状况的根本好转。

《意见》明确，要加大政策扶持力度。一是完善投入机制。加大工程建设投资规模，完善投资标准和投资结构，建立政府投入、社会参与的多元化长效投入机制。逐步加大中央投入力度，重点保证并优先安排重点治理项目建设。二是创新建设机制。建立宏观调控和市场配置相结合的建设机制，充分发挥国家在政策法规、组织管理、协调服务、规划设计、督导检查等方面的主导作用，充分发挥农民群众在造林、经营、管护等工程建设的主体作用，充分发挥社会的推动作用，采取入股、合作、承包等形式，鼓励、吸引不同经济成分参加防护林建设。三是建立金融扶持机制。加大政策性金融对沙产业开发、山区综合开发、林业资源开发等经营活动的中长期信贷支持，林业贷款期限最长可为10年。探索开发适合林业特点的信贷产品和服务方式，拓宽林业信贷担保物范围。金融机构要在防范风险的前提下，加大对林农小额信贷和联保贷款的扶持力度，林权抵押贷款利率一般应低于信用贷款利率；小额林农贷款，借款人实际承担利率原则上不超过人民银行规定的同期限贷款基准利率的1.3倍。四是落实生态补偿机制。按照森林分类经营的原则，工程建设区营造的生态公益林，符合条件的，分别纳入中央和地方森林生态效益补偿范围。严格治理责任，在工程建设区从事矿产资源开发和利用活动的经济主体，要负责进行生态的修复和建设。

3. 林业产业发展支持政策

林业贴息贷款的政策 2009年9月，财政部、国家林业局联合出台了新修订的《林业贷款中央财政贴息资金管理办法》（以下简称《办法》）。新《办法》在继续保留过去已有的各项优惠政策外，在贴息范围、贴息率、贴息期限等方面有了新突破。一是扩大了贴息范围。在鼓励金融机构发放贷款方面，新《办法》规定，除继续对各类银行和农村信用社发放的林业贷款予以贴息以外，将小额贷款公司发放的林业贷款纳入贴息范围；在贷款贴息对象方面，新《办法》规定，除继续对林业龙头企业和林农个人种植业、养殖业和林产品加工贷款以及林场苗圃、森工企业多种经营贷款贴息以外，将各类经济实体营造的木本油料经济林和有利于改善沙区、石漠化地区生态环境的种植业贷款也纳入贴息范围；新《办法》还将自然保护区和森林公园开展的森林生态旅游项目也纳入了贴息范围。二是提高了贴息率。新《办法》将地方单位林业贷款贴息率由2%提高到了3%。新《办法》规定，中央财政年贴息率为3%；对大兴安岭林业集团公司和中国林业集团公司符合条件的林业贷款，中央财政年贴息率为5%。三是延长了贴息期限。新《办法》除继续对造林等种植业林业贷款给予最长贴息3年以外，对林业龙头企业加工、养殖项目和林场苗圃、森工企业多种经营项目贷款的贴息期限由原来规定最长2年提高到了3年。对农户和林业职工个人营造林小额贷款期限最长延长到了5年。四是进一步改革林业贴息贷款审核管理方式。本着从实际出发和责权统一的原则，将地方林业贷款项目和财政贴息资金的审核权下放到省级林业和财政部门，进一步简化了林业小额贴息贷款项目申报管理程序。五是明确要求地方财政建立相应的贴息政策，纳入当地财政预算，为各地争取配套贴息资金创造了有利条件。

林业产业振兴油茶产业扶持政策 2009年10月，国家林业局、国家发展改革委、财政部、商务部、国家税务总局联合印发《林业产业振兴规划（2010～2012年）》，明确了林业产业振兴的扶持政策。一是中央财政对造林所需优质种苗给予补贴、对油茶林基地建设给予扶持；对林业龙头企业的种植业、养殖业以及林产品加工业和各类经济实体营造的工业原料林、木本油料经济林以及种植业贷款项目、国有和集体林场（苗圃）和国有森工企业的多种经营贷款项目、自然保护区和森林公园的森林生态旅游项目、农户和林业职工从事林业产业的贷款项目按照有关规定给予贴息；将育林基金征收标准由林木产品销售收入的20%降至10%以下。二是银行业金融机构要积极开办林权抵押贷款、林农及中小企业小额信用贷款和林农联保贷款等业务，合理确定林业贷款的期限，给予利率优惠；鼓励符合条件的林业产业龙头企业发行各类债券类金融工具，林区从事林业种植、林产品加工且经营业绩好、资信优良、符合条件的中小企业按市场原则，发行中小企业集合债券；鼓励林区外的各类经济组织以多种形式投资基础性林业项目，鼓励和支持各类投资基金投资林业种植等产业。支持组建林业产业投资基金；鼓励各类担保机构开办林业融资担保业务等。三是各地要把森林保险纳入农业保险统筹安排，通过保费补贴等必要的政策手段引导保险公司、林业企业、林业专业合作组织、林农积极参与森林保险，扩大森林投保面积。四是建立和完善扶持林业产业发展的服务体系。主要包括加大科技推广示范支持，建立健全集体林权流转制度和林业社会化服务体系等。

2009年7月，国家发展改革委、国家林业局联合下发了《关于做好2009年油茶产业发展等有关工作的通知》，国家决定安排专项投资启动油茶产业发展项目，对发展油茶产业予以补助，其中，油茶良种采穗圃新建按7 000元/亩，改扩建按3 000元/亩测算，西部地区国家补助80%，中部地区国家补助60%，东部地区国家补助40%；油茶种质资源库建设，西部地区国家补助80%，中部地区国家补助60%，东部地区国家补助40%；油茶林示范基地建设，每亩油茶林营造国家补助200元。

2009年11月，国家发改委、财政部、国家林业局联合印发了《全国油茶产业发展规划（2009～2020年）》，明确了国家对油茶产业的资金支持、信贷支持等相关扶持政策。一是国家基本建设投资主要用于油茶新造林补助、良种苗木繁育基地基础设施建设、国家级油茶开发推广中心、省级油茶研究开发推广技术服务中心、种质资源库建设等方面。油茶新造林主要结合现有林业重点工程建设，将列入国家造林计划的任务按照不低于现行公益林造林补助标准给予补助。中央财政投资主要用于优质高产新品种推广示范、现有低产油茶林的改造（包括更新改造、嫁接改造和抚育改造）和开展技术培训。中央财政结合现代农业生产发展专项资金、巩固退耕还林成果专项资金、农业综合开发资金、林业科技推广示范资金等加大对油茶产业的支持力度。二是各金融机构对纳入国家良种补贴的油茶林，要积极提供信贷支持。稳步推进油茶农户信用评价和林权抵押相结合的免评估、可循环小额信用贷款，扩大林农贷款的覆盖面。合理确定林业贷款的期限和各类林业贷款利率，林业贷款期限最长可为10年。对于符合贷款条件的林权抵押贷款，其利率一般应低于信用贷款利率；对小额信用贷款、农户联保贷款等小额林农贷款业务，借款人实际负担的利率原则上不超过中国人民银行规定的同期限贷款基准利率的1.3倍。各级财政要积极加大贴息力度，充分发挥财政资金的杠杆作用。

林业生物产业发展的政策 2009年6月，国务院办公厅印发了《关于促进生物产业加快发展的若干政策的通知》（以下简称《通知》）。《通知》明确生物产业发展的重点领域有生物医药、生物农业、生物能源、生物制造、生物环保5个领域。其中，生物农业领域，重点发展优质、高产、高效、多抗的农业、林业新品种和野生动植物繁育种源；生物能源领域，加快培育速生、高含油、高热值、高产专用能源植物品种，合理利用荒山荒地，推进规模化、基地化种植，积极开展以小桐子、黄连木、光皮树、文冠果以及植物纤维等非粮食作物为原料的液体燃料生产试点，推动生物能源的发展；生物制造领域，支持农产品精深加工和食品生物制造技术、装备、工艺流程的研发及规模化生产，加快生物制造技术推广应用，降低物耗、能耗和污染；生物环保领域，重点发展杀菌剂及生物填料等生物技术产品，鼓励生态修复生物技术产品的研究和产业化。支持荒漠化防治、盐碱地治理、水域生态修复等新产品的生产和使用。

《通知》明确要加大财税政策支持力度。一是加大对生物技术研发与产业化的投入。各级政府根据财力增长情况，加大对生物技术研发及其产业化的投入，特别要加大对重要生物技术产品研发、产业化示范项目的支持。二是建立财政性资金优先采购自主创新生物产品制度。各级国家机关、事业单位和团体组织使用财政性资金采购生物产品的，应优先购买列入政府采购自主创新产品目录中的生物产品。三是实施税收优惠政策。生物企业为开发新技术、新工艺、新产品发生的研发费用，未形成无形资产计入当期损益的，在按照规定据实扣除的基础上，再按照研发费用的50%加计扣除；形成无形资产的，按照无形资产成本的150%摊销。对被认定为高新技术企业的生物企业，按照税法规定减按15%的税率征收企业所得税。对国家需要重点扶持和鼓励发展的生产企业，进一步完善相关税收政策。

木材运输管理政策 2009年11月，国家林业局下发了《关于进一步加强木材运输管理工作的通知》（以下简称《通知》）。《通知》要求，要切实加强木材运输管理。一是建立固定检查为主、流动检查为辅的新机制。各地要在全国木材检查站建设规划指导下，结合本地区的实际，按照科学规划、统筹安排、合理布局、优化结构的原则，采取迁址、更名、新建和撤并等方式对现有固定木材检查站布局进行调整，特别要协调有关部门，加快在高速公路、国道省道上设立木材检查站；要改革检查方式，实行动态与静态检查相结合的管理模式，尽快建立起以固定检查为主、流动检查为辅的木材运输检查新机制，有效消除木材运输检查的盲区，堵塞森林资源流失的漏洞。二是统一木材检查装识，强化木材运输执法监督。从2010年7月1日起，全国木材检查人员必须统一着装持证上岗；木材检查站交通工具要统一喷印“林政执法”字样；木材检查站站房要统一颜色；站牌和公示牌要统一式样。三是统一木材运输证，进一步加强木材运输规范化管理。从2010年1月1日起，取消省（自治区、直辖市）内、出省木材运输证分类，全国实行统一式样的木材运输证，原省内、出省木材运输证，2010年7月1日起停止使用。四是理顺木材检查管理体制，切实解决木材检查人员编制和经费问题。木材检查站人员编制和经费要纳入地方财政管理。各地木材检查站应由县级以上林业主管部门进行管理，不得下放管理权限。要将木材检查站列为全额拨款的事业单位，有条件的地方要将其参照公务员法管理。东北、内蒙古重点国有林区各森工企业局要列支专项资金。各级林业主管部门要对现有木材检查站进行清理，对于没有固定检查站所、没有专职人员编制、没有财政经费投入，依赖罚没款生存的木材检查站，要依法予以撤销。五是加强队伍建设，切实提高执法服务水平。各级林业主管部门要开展政治、法律、业务和作风培训，提高木材运输管理队伍的整体素质，提高执法服务水平，力争在2015年底前完成对现有木材检查人员的轮训。六是加大资金投入力度，提升木材检查能力。各地要结合实际需求，争取财政专项资金，加大对木材运输检查的基础设施建设投入，力争用3年左右的时间，完成木材检查站危旧站房的改造工作，配齐交通工具。

林业行业油价补贴政策 2009年1月，财政部、发展改革委、监察部、交通运输部、农业部、审计署、国家林业局联合下发了《关于成品油价格和税费改革后进一步完善种粮农民、部分困难群体和公益性行业补贴机制的通知》（以下简称《通知》）。《通知》明确，自2009年1月1日起，中央财政将继续对林业行业给予油价补贴，林业行业补贴对象包括国有林业企业、林场和苗圃。

《通知》明确了油价补贴机制。一是当国家确定的成品油出厂价高于2006年成品油价格形成机制改革实施补贴前的水平，即汽油高于4 400元/吨、柴油高于3 870元/吨时，国家启动油价补贴机制；当国家确定的成品油出厂价低于上述价格水平时，国家停止油价补贴。二是国家启动油价补贴机制后，油价补贴随成品油价格的浮动而调整。当成品油价格上涨时，增加补贴；当成品油价格下跌时，减少补贴。三是中央财政负担的油价补贴按年据实结算。

《通知》明确了油价补贴标准、补贴用油量和油价补贴的负担比例。以国家确定的成品油出厂价与2006年成品油价格机制改革前油价之间的差价为基础，全年加权平均测算确定油价补贴的标准。2009年补贴用油量以2008年补贴用油量为基础，考虑增、减变化因素计算确定，以后年度依此类推。中央财政负担比例维持现行政策不变，国有林业企业和林场苗圃的油价补贴中央财政全额负担。

2009年12月，财政部、国家林业局联合印发了《林业成品油价格补助专项资金管理暂行办法》，进一步强化了林业行业成品油价格补贴资金的管理。2009年中央财政预拨林业行业石油价格改革补贴资金6.52亿元。

4. 林业国际贸易政策

规范了中国企业境外森林资源经营利用行为 2009年3月，国家林业局、商务部联合印发了《中国企业境外森林可持续经营利用指南》（以下简称《指南》），引导和规范中国企业在境外从事森林资源采伐和木材加工利用等行为，这是继《中国企业境外可持续森林培育指南》之后，又一个针对中国企业境外从事林业活动的管理和技术规范。《指南》要求，中国企业在境外从事森林经营利用活动时，应该自觉遵守国际公约，尤其是中国政府和森林资源所在国签署的相关协议、协定和相关国际公约，贯彻执行中国针对企业境外投资活动的一系列方针、政策，严格遵守所在国的有关法律、法规。中国企业在境外开展森林经营利用活动中，要切实从所在国国情出发，遵循森林资源经营利用基本要求，合法、合理经营利用森林资源，注重生态环境保护，促进社区发展。

林产品的出口退税率政策 2009年，国家先后两次提高了林产品出口退税率，对减缓林产品出口下滑发挥了积极作用。3月，财政部、国家税务总局联合下发《关于提高轻纺、电子信息等商品出口退税率的通知》，国家决定自2009年4月1日起，将4种木制品的出口退税率提高到11%，将32种纸制品出口退税率提高到13%；6月，财政部、国家税务总局联合下发《关于进一步提高部分商品出口退税率的通知》，国家决定自2009年6月1日起，将15种木制家具出口退税率提高到15%，2种松香制品、12种木制品的出口退税率提高到13%。

2009年12月，财政部、国家税务总局联合下发了《关于以农林剩余物为原料的综合利用产品增值税政策的通知》，国家决定自2009年1月1日起至2010年12月31日，对纳税人销售的以三剩物、次小薪材、农作物秸秆、蔗渣等4类农林剩余物为原料自产的综合利用产品由税务机关实行增值税即征即退办法，具体退税比例2009年为100%，2010年为80%。涉及林业的有8类综合利用产品，即：木（竹）纤维板、木（竹）刨花板、细木工板、活性炭、栲胶、水解酒精、炭棒和以沙柳为原料生产的箱纸板。

专栏 13　退耕还林政策十年回顾

退耕还林工程 1999 年开始试点，2002 年全面启动。党中央、国务院高度重视退耕还林工作，国务院 2002 年颁发了《退耕还林条例》，并先后下发了 5 个文件，明确并不断完善退耕还林政策措施。

主要政策　一是国家无偿向退耕农户提供粮食、生活费补助。粮食和生活费补助标准为：长江流域及南方地区每公顷退耕地每年补助粮食（原粮）2 250 千克；黄河流域及北方地区每公顷退耕地每年补助粮食（原粮）1 500 千克。每公顷退耕地每年补助生活费 300 元。粮食和现金补助年限，还草 1999～2001 年按 5 年计算，2002 年以后按 2 年计算；还经济林补助按 5 年计算；还生态林补助暂按 8 年计算。补助粮食（原粮）的价款和现金由中央财政承担。尚未承包到户和休耕的坡耕地退耕还林的，以及纳入退耕还林规划的宜林荒山荒地造林，只享受种苗造林补助费。退耕还林者在享受资金和粮食补助期间，应当按照作业设计和合同的要求在宜林荒山荒地造林。二是国家向退耕农户提供种苗造林补助。种苗造林补助费标准按退耕地和宜林荒山荒地造林每公顷 750 元计算。三是退耕还林要以营造生态林为主，营造的生态林比例以县为核算单位，不得低于退耕地还林面积的 80%。对超过规定比例多种的经济林，只给种苗造林补助费，不补助粮食和生活费。四是退耕还林后，退耕农户享有在退耕土地和荒山荒地上种植的林木的所有权，并依法履行土地用途变更手续，由县级以上人民政府发放权属证书。五是退耕还林后的承包经营权期限可以延长到 70 年。到期后，土地承包经营权人可按有关法律和法规的规定继续承包。退耕还林地和荒山荒地造林后的承包经营权可以依法继承、转让。六是资金和粮食补助期满后，在不破坏整体生态功能的前提下，经有关主管部门批准，退耕还林者可以依法对其所有的林木进行采伐。

随着退耕还林工程的深入实施，针对出现的新情况、新问题，国家又陆续出台了相应政策，确保退耕还林工程的顺利实施。2004 年，根据全国粮食生产和供应形势的变化，国务院办公厅下发了《关于完善退耕还林粮食补助办法的通知》，明确从 2004 年起，原则上将向退耕户补助的粮食改为现金补助。中央按每千克粮食（原粮）1.40 元计算，包干给各省（自治区、直辖市）。具体补助标准和兑现办法，由省级人民政府根据当地实际情况确定。2005年，针对退耕还林工作中存在的一些地区退耕农户的长远生计缺乏保障，后续产业没有形成，农村替代能源没有同步建设等情况，国务院办公厅下发了《关于切实搞好“五个结合”进一步巩固退耕还林成果的通知》，明确要求，退耕还林工作要以实现生态改善、生产发展、生活富裕为目标，把退耕还林工作与保障粮食安全、调整农业结构、增加农民收入有机结合起来，促进经济、社会和生态的协调发展。要坚持科学规划、完善政策、加强协调、突出重点、巩固成果、稳步推进的基本思路。要在继续推进重点区域退耕还林的同时，把退耕还林工程与加强基本农田建设、农村能源建设、生态移民、培育后续产业、封山禁牧舍饲结合起来，解决好农民吃饭、烧柴、增收等当前生计和长远发展问题上来。2007年，随着退耕还林政策补助陆续到期，退耕农户长远生计问题的长效机制尚未建立，部分退耕农户生计将出现困难，国务院下发了《关于完善退耕还林政策的通知》，提出了巩固和发展退耕还林成果的主要政策措施。一是现行退耕还林粮食和生活费补助期满后，中央财政安排资金，继续对退耕农户给予适当的现金补助，解决退耕农户当前生活困难。补助标准为：长江流域及南方地区每公顷退耕地每年补助现金1 575元；黄河流域及北方地区每公顷退耕地每年补助现金1 050元。原每公顷退耕地每年300元生活补助费，继续直接补助给退耕农户，并与管护任务挂钩。补助期不变。各地可结合本地实际，在国家规定的补助标准基础上，再适当提高补助标准。二是中央财政建立巩固退耕还林成果专项资金，解决影响退耕农户长远生计的问题。专项资金主要用于西部地区、京津风沙源治理区和享受西部地区政策的中部地区退耕农户的基本口粮田建设、农村能源建设、生态移民以及补植补造，并向特殊困难地区倾斜。中央财政按照退耕地还林面积核定各省（自治区、直辖市）巩固退耕还林成果专项资金总量，并从2008年起按8年集中安排，逐年下达，包干到省。三是调整退耕还林工程规划，继续安排荒山荒地造林计划，并视情况适当提高种苗造林费补助标准。

主要成效 自1999年工程试点以来已累计完成退耕地造林906.26万公顷，配套荒山荒地造林1 413.72万公顷，新封山育林193.32万公顷。累计粮食补助资金总计1 610.46亿元，累计生活费兑现金额总计195.32亿元。工程涉及25个省（自治区、直辖市）和新疆生产建设兵团的2 279个县（含县级单位）、3 200万农户、1.24亿农民。退耕还林工程建设取得了生态改善、农民增收、农业增效和农村发展的显著效益，受到广大农民的拥护和支持。一是水土流失和风沙危害强度减轻，占国土面积82%的工程区森林覆盖率平均提高3个百分点以上，水土流失和风沙危害明显减轻。据长江水文局监测，年均进入洞庭湖的泥沙量由2003年以前的1.67亿吨减少到现在的

0.38亿吨，减少77%。长江水利委员会的专家认为，长江输沙量减少，退耕还林工程功不可没。我国沙化土地由20世纪末每年扩展3 436平方千米转变为每年减少1 283平方千米，这是新中国成立以来首次实现沙化逆转，退耕还林工程发挥了重要作用。二是增加了农民收入，退耕农户生活得到改善。截至2009年底，退耕还林工程已使3 200万农户、1.24亿农民从国家补助粮款中直接受益，退耕农户户均获得补助5 000多元，退耕还林成为迄今为止我国最大的惠农项目。据调查统计，退耕后发展的经济林、用材林、竹林以及林下种植、养殖业，已经陆续取得较好的经济效益，成为农民增收的重要途径。三是保障和提高了农业综合生产能力。据国家统计局统计，在全国耕地面积逐年减少、2008年全国粮食作物播种面积比1998年下降6.3%的情况下，2008年全国粮食总产量比1998年增产1 642万吨，其中25个退耕还林省（自治区）增产3 652万吨。四是促进了农村产业结构的调整。生产方式由小农经济向市场经济转变；生产结构由以粮为主向多种经营转变；粮食生产由广种薄收向精耕细作转变；畜牧业生产由自由放牧向舍饲圈养转变。五是促进了农民思想观念的转变和生态意识的提高。随着生态环境的逐步改善，工程区广大干部群众看到了改变现状的希望和契机，使其生存、生活和发展的观念发生了根本性的变化，生态保护意识明显增强。六是对全球生态环境贡献巨大，提升了中国政府的形象。按我国人工林平均每亩蓄积量3.1立方米测算，退耕还林工程造林成林后，林分蓄积量将达13亿立方米，能固定二氧化碳近10亿吨，将为应对全球气候变化、解决全球生态问题做出巨大贡献。

（三）林业法制

1. 林业立法

法律的修订 加快《森林法》修订工作。2009年，国家林业局制定了《森林法》修订实施方案，成立修订工作领导小组和起草小组；广泛征求各地的修改意见；汇总、整理和分析各方面修改意见和建议，归纳出《森林法》需要修改的17个方面的主要问题，再次征求国家林业局有关司局、直属单位的意见并整理、研究，提出了存在的主要问题，在此基础上提出了今后进一步推动《森林法》修改的意见。

行政法规的制定 加大了湿地保护条例的立法进度。2009年，国家林业局及时向国务院法制办公室沟通立法过程中存在的主要矛盾和困难，有针对性地开展立法起草与协调工作，修改形成了《湿地保护条例》（草案稿）。此外，积极指导和推进省级湿地立法工作，通过多种方式督促和帮助有关省（自治区、直辖市）抓紧制定出台湿地保护方面地方性法规，从地方立法角度促进湿地保护工作。全国完成地方湿地立法的省（自治区）已达8个，管辖范围超过了国土面积的30%。

部门规章的制定与颁布 加快部门规章制定与审查步伐。2009年，完成了部门规章《森林公园管理办法》、《林产品质量管理监督办法》、《陆生野生动物疫源疫病监测管理办法》、《野生动植物进出口管理办法》等4件草案的起草与审查。此外，在联合制定规章方面，国家林业局与农业部共同起草制定了《农村土地承包经营纠纷仲裁规则》和《农村土地承包仲裁委员会示范章程》2件规章，分别由中华人民共和国农业部、国家林业局令2010年第1号、第2号联合公布，自2010年1月1日起施行。

涉林立法与协调 2009年，在涉林立法方面，国家林业局积极配合全国人大环境资源委员会做好《自然保护区法》立法工作，配合全国人大常委会法制工作委员会、国务院法制办公室做好《中华人民共和国农村土地承包经营纠纷调解仲裁法》立法有关工作。在立法协调方面，国家林业局做好涉林法律、行政法规和部门规章征求意见工作。2009年，共办理全国人大、国务院法制办公室以及国务院有关部门征求意见56件，其中，全国人大的法律征求意见12件，包括自然遗产保护法、海岛保护法、农村土地承包经营纠纷调解仲裁法等；国务院法制办公室的法律、行政法规征求意见32件，包括土地管理法、水土保持法、农业机械安全监督管理条例、土地复垦条例等；国务院有关部门的法律、行政法规和部门规章征求意见12件，包括农民承担费用和劳务监督管理条例、环境监测管理条例等。

2. 林业执法和执法监督

全国林业行政案件发生总量下降 2009年，全国共发生林业行政案件29.75万起，查处林业行政案件29.38万起，查处率为98.76%。其中，盗伐林木案2.41万起，占8.10%；滥伐林木案3.42万起，占11.50%；毁坏林木、苗木案0.70万起，占2.35%；违法征占用林地案1.36万起，占4.57%；违法运输木材案16.17万起，占54.35%；非法收购、经营、加工木材案2.32万起，占7.80%；其他案件3.37万起，占11.33%。通过查处林政案件，全国共收缴木材58.17万立方米、苗木487.11万株、种子38 985千克；挽回经济损失共计70 785.88万元，行政处罚人数30.62万人次。与2008年相比，2009年全国林业行政案件发生总量减少5.62万起，下降15.89%。

进一步加大督查督办破坏森林资源案件 2009年，国家林业局督办了一批影响重大的案件，对云南景谷非法采伐天然林案、陕西西乡毁林烧炭案、广东潮南毁林建墓案、黑龙江通北林业局非法采伐林木案等一批重大案件进行了查处，下发查办通知36份；商请部分省区人民政府，督促有关部门依法严肃查处一批久拖不决的案件；建立了联合办案制度，提高了办案效率。2009年，国家林业局各派出监督机构共督察督办各类案件235起，结案213起。

森林公安执法成效显著 2009年，全国森林公安机关共办理森林和野生动物刑事、行政案件18.06万起，比2008年下降10.95%；查处案件17.38万起，比2008年下降11.6%。打击处理违法犯罪人员23万人次，收缴林木59.26万立方米、野生动物62.68万头（只），涉案金额72亿元。其中，共立森林和野生动物刑事案件16 780起，破获刑事案件13 726起；受理森林和野生动物行政案件16.38万起，查处行政案件16万起，比2008年减少11.7%。

进一步加强林木种苗执法检查 一是督促各地进一步落实林木种子生产经营许可制度。2009年，全国共发放林木种子生产经营许可证229 170份。其中，国家林业局核发经营许可证20个，按期续延经营许可证的企业11家，变更经营事项的企业3家。同时对未按期续延经营许可证的12家企业以公告形式依法予以取缔，并通知当地林业行政主管部门加强监管，防止无证经营。二是开展全国林木种苗质量抽查。委托国家林业局南、北方等4个林木种子检验（检测）中心、对北京、湖南、新疆等29个省（自治区、直辖市）的林木种子、苗木进行了质量抽查。抽查重点是用于油茶产业发展、灾后重建和拉动内需重点工程造林使用的林木种子和苗木。抽查结果显示，林木种子样品合格率为96.7%，苗木苗批合格率为96.2%。

全国占用征用林地情况检查 2009年，国家林业局对全国34个省（含自治区、直辖市、新疆兵团、集团公司）2008年以来占用征用林地情况进行检查，共检查了197个县（市、区、旗、局、师）。本次共检查占用征用林地项目2 219项，占用征用林地面积13 707.7公顷。其中，经过林业主管部门审核（批）的项目1 910项，面积12 915.1公顷，项目审核率86.1%，面积审核率94.2%。按标准应缴纳森林植被恢复费的项目1 921项，金额78 703.0万元；实际缴纳的项目1 776项，收费76 380.5万元，项目收缴率92.5%，费用收缴率97.1%。共抽查402项已经到期的临时占地项目，其中已停止占用的286项，占71.2%；未重新办理占地审批手续继续占用的39项，占9.7%。共查出各类违法项目1 231项，面积6 531.6公顷。项目违法率55.5%，面积违法率47.6%。检查发现，重点工程违法占地情况依然存在，采矿、采石等蚕食林地现象没有得到有效遏制，个别地方性法规文件与林业有关法规相悖。

东北、内蒙古重点国有林区“三总量”情况检查 2009年3～7月，国家林业局组织对东北、内蒙古重点国有林区2008年度林木采伐总量、木材销售和运输总量计划执行情况进行了检查。共检查了9个林业局，其中，对8个林业局采用常规方法进行检查，对1个林业局采用遥感方法进行检查。外业检查了92个林场（经营所）的207个采伐小班，检查总面积2 071.2公顷。内业检查了9个林业局的各管理部门、基层生产单位和木材承运单位以及木材加工厂点的统计、财务报表、账薄、台账16 215册，记账凭证、原始凭证、各类野账、产品验收单等约416 416份，重点录入主要林木产品木材销售发票、铁路运输货票、木材运输证、木材销售合同、调令等108 375份。检查发现，有5个林业局超木材生产计划生产商品材；9个林业局均存在超林木采伐许可证批准的采伐量采伐，超采小班共32个，个别小班超采情况严重；个别林业局存在无证零星采伐伐区和造林整地小班无证采伐现象；各林业局均不同程度存在个别小班采大留小、串树种采伐、局部超强度采伐、半截号、越界采伐、伐区验收流于形式等问题；商品材管理不到位，剩余物中混有符合缴库标准的商品材；运输证签证管理不规范，木材运输证换证时间超过规定换证时限，铁路木材运输证办证率较低，存在无证照加工、无台账管理、超范围经营出售原木等问题。

依法办理行政复议案件，有效化解行政争议 2009年，国家林业局共收办行政复议申请17起，比2008年收办案件多了6起。同时，加强了对地方林业主管部门行政复议工作的指导，组织召开了全国林业行政复议案例研讨会，汇编下发了各地的林业行政复议典型案例。

贯彻实施行政许可法，推进林业依法行政 为进一步落实行政许可“便民、高效”原则，规范行政许可文书送达行为，国家林业局决定，自2009年1月1日起，由国家林业局许可办公室负责统一送达准予或不予行政许可决定书（含证书），并将许可决定文书直接寄送行政许可申请人和相应的省级林业主管部门，进一步规范行政许可统一送达制度。2009年，共实施林业行政许可事项145 674件，其中，准予许可136 146件，不准予许可9 528件。其中，国家林业局机关实施许可4 081件，植物检疫机构实施许可32件，濒危物种进出口管理系统实施许可45 117件，国家林业局驻内蒙古森林资源监督专员办事处实施许可24 861件，国家林业局驻长春森林资源监督专员办事处实施许可16 089件，国家林业局驻黑龙江省森林资源监督专员办事处实施许可41 078件，国家林业局驻大兴安岭林业集团森林资源监督办事处实施许可14 416件。

3. 林业普法

加强普法工作领导 2009年5月，召开了国家林业局普法领导小组会议，研究部署了2009年普法工作。根据《全国普法办公室关于印发<二〇〇九年全国普法依法治理工作要点>的通知》精神，结合林业系统“五五”普法规划的总体部署和年度重点工作安排，制定印发了《2009年林业系统法制宣传教育工作要点》。

普法培训与考试 一是举办林业普法骨干培训班。按照“五五”普法规划中“开展法制宣传教育工作者学习培训活动，提高专职法制宣传教育工作者的业务能力”的要求，2009年7月，国家林业局在内蒙古自治区满洲里市举办了“全国林业普法骨干培训班”，国家林业局机关各司局和直属单位以及各省级林业主管部门110余名普法骨干参加了培训，深入学习了《森林防火条例》、《中华人民共和国农村土地承包经营纠纷调解仲裁法》、《中华人民共和国行政许可法》、《中华人民共和国行政复议法》等法律法规。二是参照公务员法管理的国家林业局直属事业单位普法考试。为了考察干部学法懂法情况，国家林业局组织了经国家批准的参照公务员法管理的直属事业单位有关人员以《中华人民共和国公务员法》等9部法律、法规为主要内容的培训和考试。三是年度普法考试。结合林业行业特点，将“12.4”法制宣传日活动与林业系统普法考试结合起来，国家林业局组织局机关和直属单位的1 200余名干部职工参加了普法考试。各地、各单位也积极组织2009年度普法考试，并将考试成绩计入了普法培训证书。

林业法制宣传 2009年，一是开展公务员学法用法征文活动。按照全国普法办的统一部署，全国31个省（自治区、直辖市）、新疆生产建设兵团和中央国家机关100多个部门共报送征文作品1万余篇，共评出获奖征文400篇，获奖率约为4%。国家林业局按照全国普法办的总体部署，组织了林业系统“公务员学法用法征文活动”，并向全国普法办推荐9篇优秀征文，共有5篇征文获奖，获奖率为56%。二是拍摄普法远程教育短片。按照全国农村党员干部现代远程教育工作领导协调小组印发的《农村党员干部现代远程教育专题教材制播工作实施意见》要求，国家林业局组织拍摄了五集林业法律知识普及现代远程教育专题短片。三是编撰出版林业法制图书。2009年，编撰出版了《林业行政执法案例评析》、《<中华人民共和国种子法>重点法条实用指南（林业部分）》和《森林防火条例》解读，免费将《<中华人民共和国种子法>重点法条实用指南（林业部分）》发放给各省林木种苗管理机构，制作发放了3万套森林防火宣传挂图。

专栏 14 绿盾三号行动

为维护林区治安稳定，确保林业改革和发展顺利进行，2009 年 6 月 5 日至 8 月 31 日，国家林业局、公安部在全国范围内联合开展了打击破坏森林资源违法犯罪活动的“绿盾三号行动”专项行动。行动重点打击对象为森林资源流转不规范引发的盗伐、滥伐林木，非法移植大树，非法收购、运输木材，毁林开垦、开矿、采石、挖沙等违法占用林地行为。清理整顿的重点为伐区及其他木材采伐点，木材运输通道及转运场所，木材加工厂、木材交易市场等木材经营加工场所，以及采石、采矿、挖沙场点及毁林开垦地块。行动期间，全国共出动执法人员 68.4 万人次、车辆 20.8 万台次，清查木材经营加工场所 45 848 处、征占用林地场点 12 897 处，查处案件 51 968 起，打击处理违法犯罪人员 62 811 人，打掉犯罪团伙 255 个，收缴木材 11.5 万立方米，收回林地 1.1 万公顷，涉案价值 1.53 亿元。行动结束后，国家林业局、公安部通报表彰了 8 个优秀组织单位和 134 个先进集体。

K

P127-152

林产品市场

- 木材产品市场供给与消费
- 主要林产品价格
- 主要林产品进出口

林产品市场

(一) 木材产品市场供给与消费

1. 木材供给

木材产品市场供给由国内供给和进口两部分构成。国内供给包括商品材、农民自用材和农民烧柴、木质纤维板和刨花板；进口包括进口原木、锯材、单板、人造板、家具、木浆、木片、纸和纸制品、废纸及其他木质林产品。2009年木材产品市场总供给为42 234.49万立方米，比2008年增长13.74%。

商品材 2009年，全国商品材产量为7 068.29万立方米，比2008年减少12.83%；其中，原木产量6 476.27万立方米，薪材（不符合原木标准的木材）592.02万立方米，分别比2008年减少11.98%和21.17%。

农民自用材和烧柴 根据测算①，农民自用材和烧柴折合木材供给量为4 604.17万立方米，其中农民自用材为1 560.38万立方米，农民烧柴为3 043.79万立方米。

木质纤维板和刨花板 2009年，木质纤维板产量为3 430.43万立方米，刨花板（普通刨花板和定向刨花板）产量为1 426.3万立方米，分别比2008年增长18.23%和25.31%；木质纤维板和刨花板折合木材供给8 314.22万立方米，扣除与薪材产量的重复计算部分，木质纤维板和刨花板相当于净增加木材供给8 225.42万立方米。

进口 2009年，我国木质林产品进口折合木材18 436.62万立方米，其中原木2 805.93万立方米，锯材（含特形材）1 293.33万立方米，单板和人造板211.39万立方米，纸浆及纸类（木浆、纸和纸板、废纸和废纸浆、印刷品）13 492.83万立方米，木片497.88万立方米，家具、木制品及木炭135.26万立方米。

其他 2009年，超限额采伐、上年库存等形式形成的木材供给约为3 800万立方米。

2. 木材消费

木材产品市场消费由国内消费和出口两部分构成。国内消费包括工业与建筑用材消费、农民自用材和烧柴消费；出口包括出口原木、锯材、单板、人造板、家具、木浆、木片、纸和纸制品、废纸及其他木质林产品。2009年木材产品市场总消费为42 189.48万立方米，比2008年增长13.58%。

工业与建筑用材消费 据国家统计局和有关部门统计，按相关产品木材消耗系数推算，2009年我国建筑业与工业用材折合木材消耗量为32 516.47万立方米，比2008年增长17.64%。其中：建筑业用材（包括装修与装饰）11 664.15万立方米，比2008年增长40.74%；家具用材（指家具的国内消费部分，出口家具耗材包括在出口项目中）5 009.42万立方米，比2008年增长11.87%；造纸业用材13 884.55万立方米，比2008年增长6.68%；煤炭业用材945.24万立方米，比2008年减少9.30%；车

① 根据“十一五”采伐限额推算。

船制造、铁路、化纤等其他部门用材1 013.11万立方米，比2008年增长23.88%。

农民自用材和烧柴　根据产量测算，农民自用材消耗量为1 560.38万立方米，农民烧柴消耗量为3 043.79万立方米。由于农民自用材消耗中有很大一部分用于农民建房，约合1 404.34万立方米，扣除这部分与建筑用材消耗的重复计算后，农民自用材和烧柴消耗量为3 199.83万立方米。

出口　2009年，我国木质林产品出口折合木材6 473.18万立方米，其中原木1.27万立方米，锯材128.29万立方米，单板和人造板1 821.63万立方米，纸浆及纸类（木浆、纸和纸板、废纸和废纸浆、印刷品）1 570.06万立方米，家具2 722.17万立方米，木片、木制品和木炭229.76万立方米。

3. 木材产品市场供需的特点

2009年，我国木材产品市场供需的主要特点表现为：供给方面，国内实际供给、进口总量增加，木材产品供给总规模扩大；需求方面，国内需求回升，但区域分化明显，出口小幅回落，木材产品总需求扩大；价格方面，木材产品总体价格水平年内波动中回升，但总体价格水平比2008年小幅下降。

国内实际供给与需求扩大　从国内供给看，虽然2009年我国的商品材产量比2008年有较大幅度减少，但若考虑超限额采伐、库存调整等因素，国内木材产品实际供给仍然有较大幅度的增加；同时，尽管原木进口量减少，但锯材等木材加工产品进口量增加，木材产品进口总量增加，木材产品市场供给总规模扩大。从国内需求看，虽然受国际金融危机的影响，我国宏观经济增长趋缓，但仍然保持较高的经济增长率；同时，为应对国际金融危机，国家实施积极的财政政策和适度宽松的货币政策，增加固定资产投资，刺激内需市场扩大。宏观经济增长与固定资产投资的豁达，有效拉动了基本建设用材和生产用材的国内市场需求；同时，由于国家采取了包括提高家具等木材产品的出口退税率在内的一系列出口促进措施，2009年木材产品出口在外需萎缩的环境下只有小幅度的下降。从总体上看，木材产品的总需求仍有较大幅度的回升。

区域市场差异明显　从各区域木材市场看，东北市场由于国产木材的减少，而且木材产品结构中针叶材多、阔叶材少，一般材多、优质材少，小径材多、大径材少，加上俄罗斯进口木材的价格和径级优势，国产木材市场受到进口材较大冲击。西北市场由于本地木材资源供给相对短缺，加上西部大开发战略实施，木材销售市场表现活跃。在西南地区，边贸木材市场一度相当活跃，但由于木材价格下降，库存积压等原因，市场总体表现较为平淡。东部及沿海地区是国内木材消费的主要市场，木材销售形势较好，特别是福建、广东等地区大径级松木、杉木的市场表现活跃。

木材产品总体价格水平年内波动中回升，但全年价格水平仍然小幅下降　2009年木材产品市场价格在波动中小幅下降，但总体价格水平仍然低于2008年水平。主要原因：一是由于美元币值反弹和国际石油价格的大幅回落，木材产品进口成本和运费下降，导致木材产品进口价格的大幅下降，进而拉低了国内木材产品市场的总体价格水平；二是随着国内经济的复苏，对木材产品需求的扩大，木材产品价格从第三季度开始回升，但由于第一、二季度价格降幅较大，全年的平均价格水平仍然小幅回落。

（二）主要林产品价格

国家统计局的统计资料显示，2009年我国木材产品价格指数为95.58%，其中：一季度为95.84%，二季度为93.77%，三季度为94.53%，四季度为98.18%；林产品价格指数为94.05%，其中：一季度为88.81%，二季度为86.73%，三季度为96.52%，四季度为104.14%（图25）。

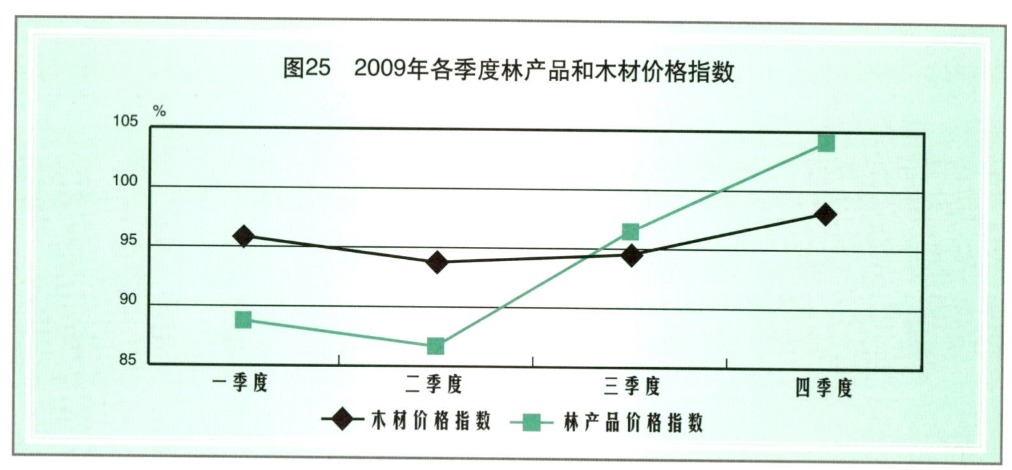

图25 2009年各季度林产品和木材价格指数

原木 根据国家统计局调查的月度数据，2009年除云南松和红松外，各种原木的购进价格基本平稳（图26）。红松原木的购进价格从年初的1 104.6元/立方米小幅攀升至4月的1 267.9元/立方米，然后开始缓慢回落，降至8月份的1 121.1元/立方米后开始上扬，9月份达到1 230.7元/立方米，之后缓慢回落到年末的1 200.9元/立方米；落叶松原木的价格相对稳定，1～5月份稳定900.3～910.3元/立方米之间，6～11月份在924.1～939.34元/立方米之间波动，12月份回落至905.9元/立方米；马尾松原木的价格水平保持稳定，一直在600～610元/立方米范围，直到10月份开始小幅上涨，到12月份达到了632.9元/立方米；杉木原木的价格小幅波动，从年初的774.4元/立方米，其间小幅波动，12月份达到了776.3元/立方米；云南松原木的价格波动起伏较大，在1月份的价格为1 026.6元/立方米，到4月达到1 367.8元/立方米的高位，然后迅速下降到1 182.3元/立方米的水平，8月份价格上扬到另一个高位1 377元/立方米，然后又迅速回落到9月份的1 150.5元/立方米，之后价格开始攀升，11月份的价格为1 364.4元/立方米，年末价格回落到1 350.9元/立方米。

锯材 2009年，普通锯材的全年平均购进价格为2 228.2元/立方米，比2008

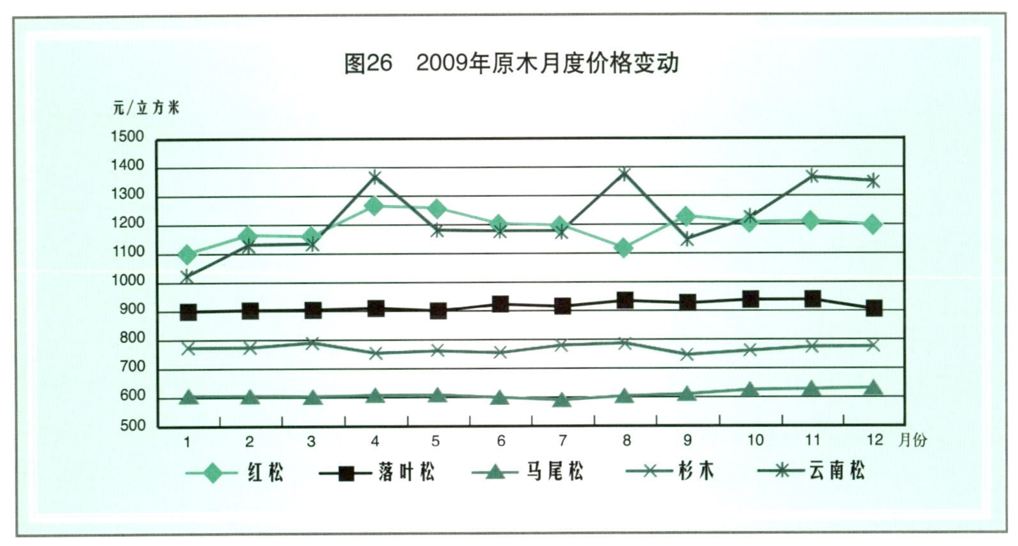

年下降了6.54%[①]。其中，落叶松厚板波动较大，从1月份的1 133.2元/立方米上升到2月份的1 178.6元/立方米，然后开始回落，一直下降到7月份的最低点1 061.8元/立方米，8月份开始回升，一直上涨到年末的1 257.3元/立方米的水平；杉木厚板价格起伏波动也比较大，从年初1 055.1元/立方米的水平开始波动，4月份达到了价格最低点991.3元/立方米，6月份迅速上扬到1 099元/立方米，然后开始缓慢回落，12月份下降到1 042.1元/立方米；马尾松厚板的价格总体趋势攀升，1月份是全年价格的最低点，为1 128.4元/立方米，之后价格开始上升，4月份价格增幅最大，上升到1 349.1元/立方米，5月份上升到最高点1 364.4元/立方米，之后价格开始小幅回落，7月份到达一个低位1 241.5元/立方米，然后开始攀升到11月份的最高点1 388.6元/立方米，但12月份下降到1 293.6元/立方米(图27)。

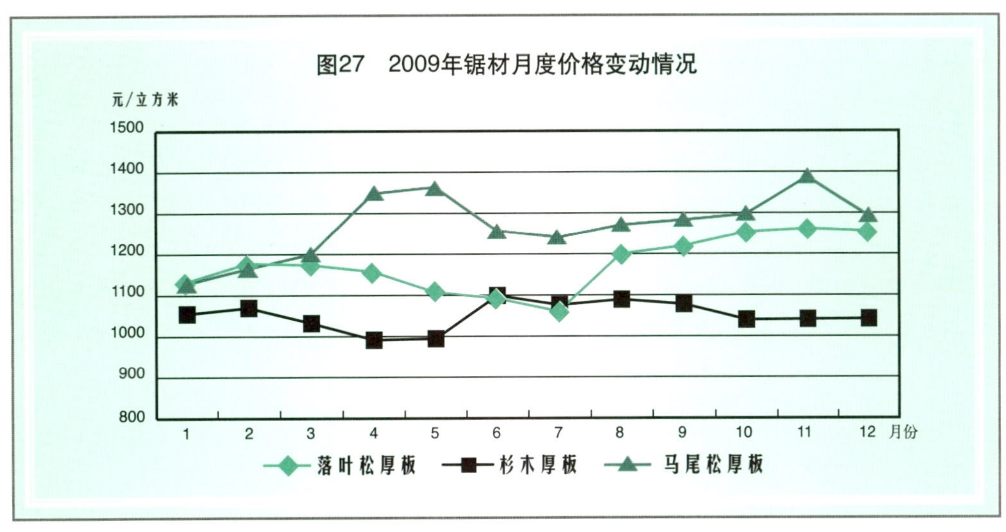

[①]根据国家统计局社会经济调查大队公布的价格指数测算得到。

人造板 2009年，胶合板和刨花板的平均出厂价格分别为1 222元/立方米和723.5元/立方米，比2008年分别降低了3.49%和4.54%；纤维板的平均出厂价格为826元/立方米，比2008年上涨了1.43%。从各月出厂价格走势看（图28），胶合板价格基本平稳，从年初的1 180.2元/立方米，小幅上升后基本维持1200元/立方米的水平，6月份价格上扬到1 353.1元/立方米，7月份回落到1 241.8元/立方米，然后基本保持平稳，年末价格为 1 229.9元/立方米；纤维板价格持续小幅上升，从年初的800.6元/立方米，增长到年末的897.2元/立方米；刨花板在前半年价格波动较大，1月份是全年价格的最低点632.2元/立方米，2月份上升到802.6元/立方米，之后小幅波动，到5月份达到了最高点814.2元/立方米，6月份回落到678.3元/立方米，之后价格微幅上涨，年末达到688.7元/立方米。

木浆 2009年，机械木浆和化学木浆的平均出厂价格分别为3 357.4元/吨和3 885元/吨，比2008年分别下降20.43%和11.96%。从各月的出厂价格走势看（图29），木浆价格都呈现缓慢的上升趋势。机械木浆的价格上升幅度较小，从年初的3 285.1元/吨开始缓慢下降，到4月份达到最低点3 217.8元/吨，6月份价格上扬到3 336.6元/吨，7月份回落到3 317.9元/吨，然后逐步上升到年末的3 597.8元/吨的水平；而化学木浆上升幅度较大，年初在3 700元/吨的水平，小幅下滑后，5月份上升到4 020元/吨左右，6月份价格下降到3 806.5元/立方米的低点，之后价格稳步攀升，12月份价格达到4 311.6元/吨的高位。从购进价格来看，机械木浆和化学木浆的年均价格分别为4 313.6元/吨和4 201.6元/吨。机械木浆和化学木浆的购进价格都是先下降后上升，机械木浆从年初的4 465.8元/吨持续下降到5月份的4 170.5元/吨，然后开始稳步上升，年末达到了4 537.6元/吨。化学木浆从1月份的4 308元/吨，下降到5月份的最低点3 922.6元/吨，然后开始回升，到12月份上涨至4 616.9元/吨（图30）。

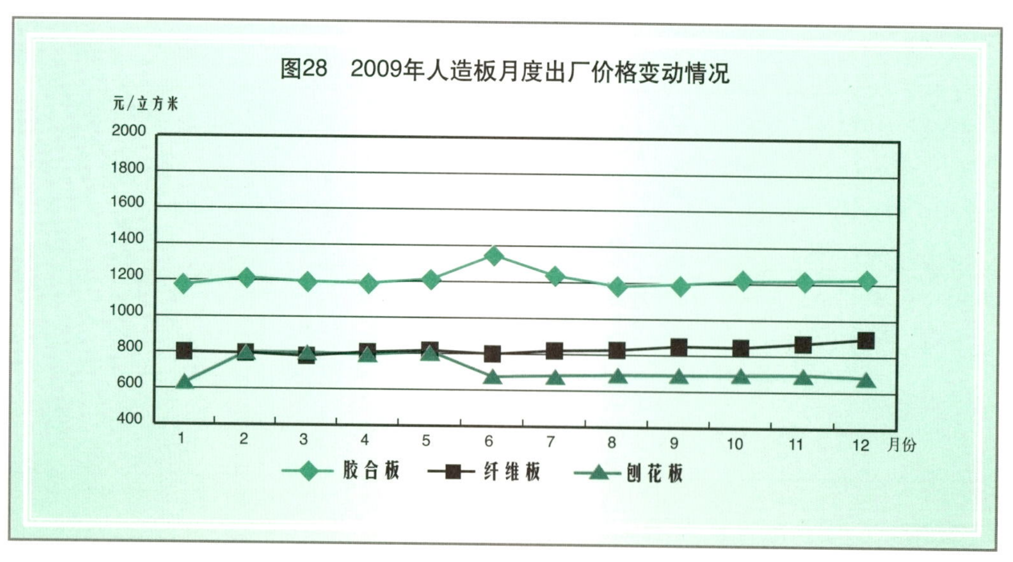

图28 2009年人造板月度出厂价格变动情况

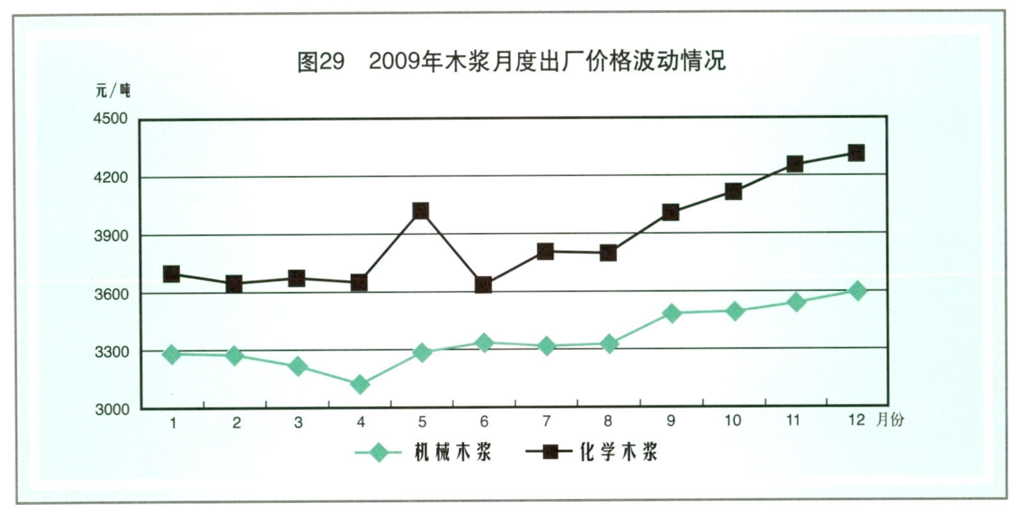

图29 2009年木浆月度出厂价格波动情况

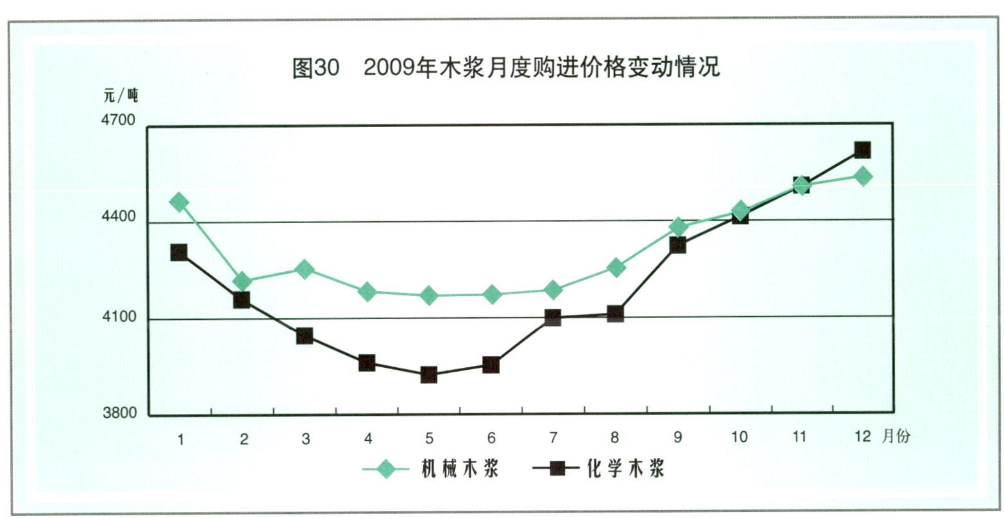

图30 2009年木浆月度购进价格变动情况

其他林产品 2009年，橡胶、椰子油、柑橘和苹果的平均购进价格分别为7 181.3元/吨、8 960.8元/吨、867.7元/吨和958.5元/吨，与2008年相比分别下降了33.60%、13.65%、37.95%和11.15%。

从各月价格变化看，橡胶价格波动较大，从1月份的6 273.9元/吨，开始缓慢上升，4月份增幅最大，达到7 784.4元/吨，之后价格开始小幅上涨后回落，6月份下降到了6 916.1元/吨，之后波动，10月份达到最低点5 925.2元/吨，11月份强劲上扬，到年末达到10 249.4元/吨的最高点；椰子油价格基本呈现下降态势，在年初的价格为11 525.3元/吨，其他月份价格小幅波动，12月份价格达到了最低点7 226.4元/吨（图31）。苹果价格从年初的997.6元/吨的水平开始小幅波动下降，6月份下降到918.9元/吨，然后出现小幅的稳定攀升，12月份达到986.3元/吨的水平。柑橘的月度价格基本保持增长的态势，从1月份的786.4元/吨，一直持续上涨，到12月份达到最高点986.3元/吨（图32）。

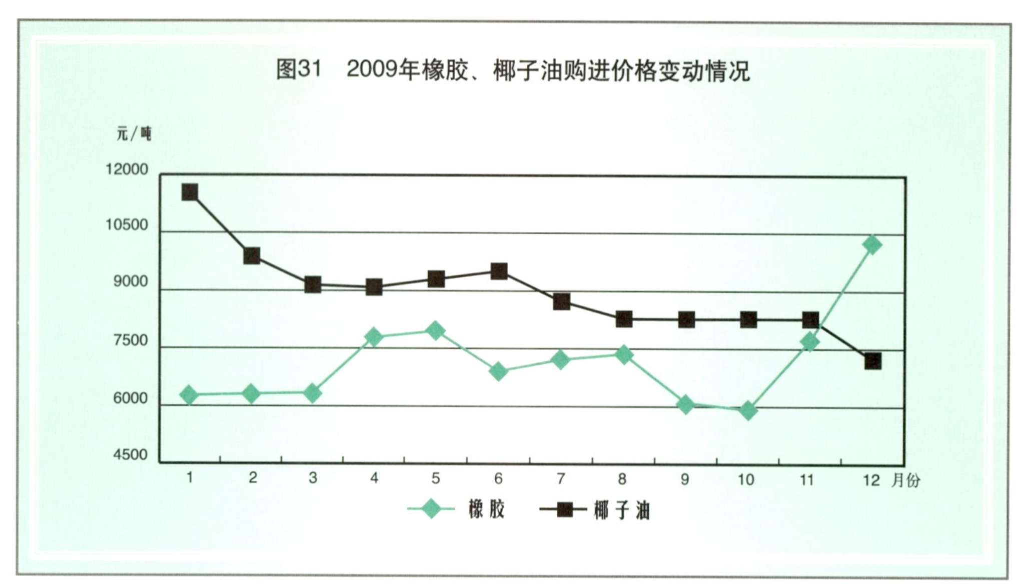

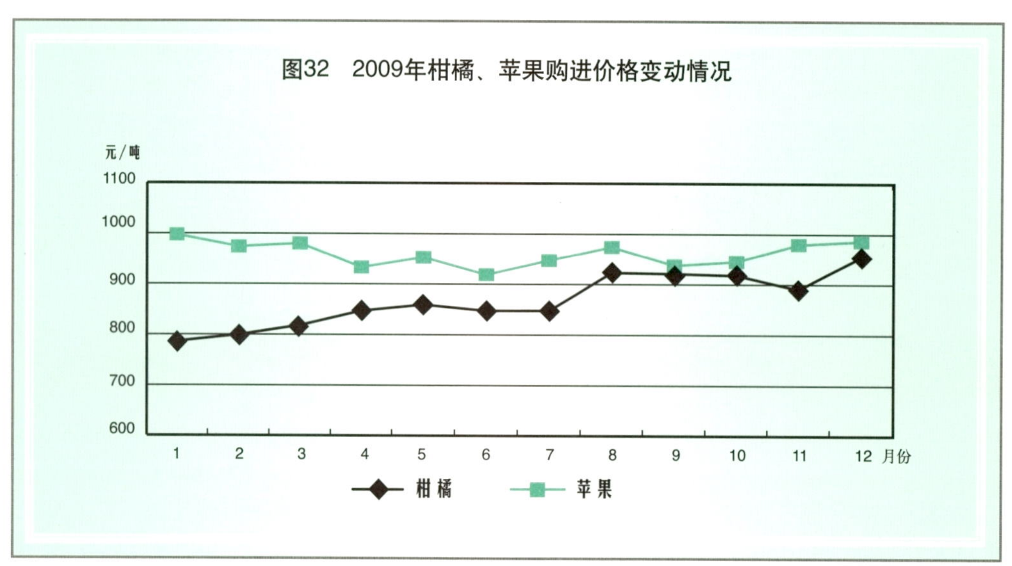

(三) 主要林产品进出口

1. 基本态势

林产品进出口贸易大幅减少，但出口减幅小于进口减幅，出现了贸易顺差；在全国商品进出口贸易中，林产品出口所占比重提高，进口所占比重略有下降 2009年，林产品进出口贸易总额为702.18亿美元，与2008年同口径比减少8.16%；其中，林产品出口363.16亿美元，与2008年同口径比下降4.47%，但低于全国商品出口15.87%的下降速度，占全国商品出口额的3.02%，与2008年同口径比提高了0.36个百分点；林产品进口339.02亿美元，比2008年减少11.80%，略高于全国商品进口11.20%的下降速度，占全国商品进口额的3.37%，比2008年降低了0.02个百分点（图33）。2009年林产品贸易顺差为24.14亿美元。

林产品进出口贸易以木质林产品为主，且木质林产品的份额略有提高 2009年，林产品进出口贸易总额中，木质林产品和非木质林产品分别占69.74%和30.26%，与2008年同口径比，木质林产品的份额提高了1.41个百分点；在林产品出口额中，木质林产品占73.94%，与2008年同口径比提高了2.38个百分点；在林产品进口额中，木质林产品占65.24%，与2008年比提高了0.12个百分点（图34）。

林产品出口主要集中于美、日市场，进口则以美、俄和东南亚市场为主，进出口的市场集中度有所下降 2009年，林产品出口总额中各洲所占份额分别为：亚洲42.17%、北美洲27.51%、欧洲21.50%、非洲3.58%、大洋洲3.20%、

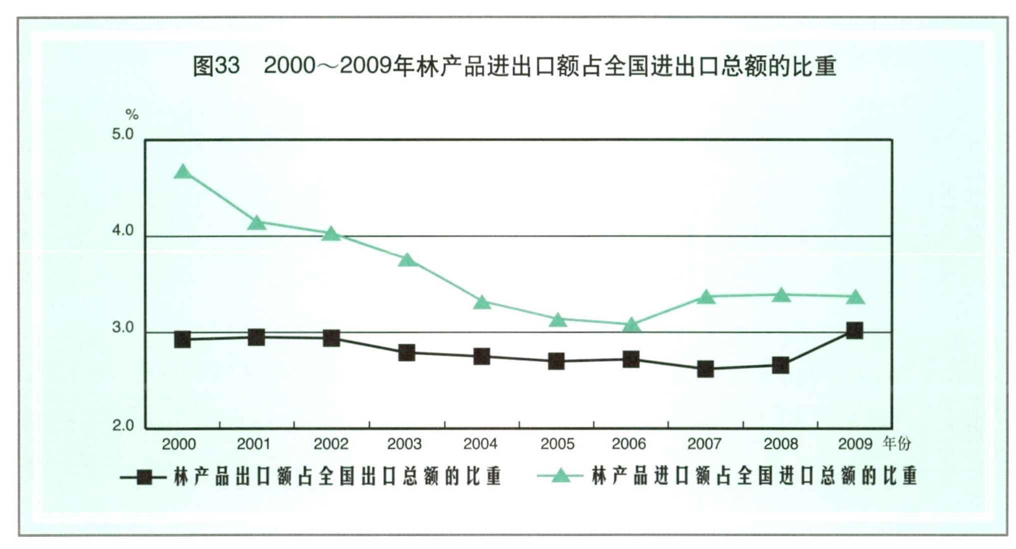

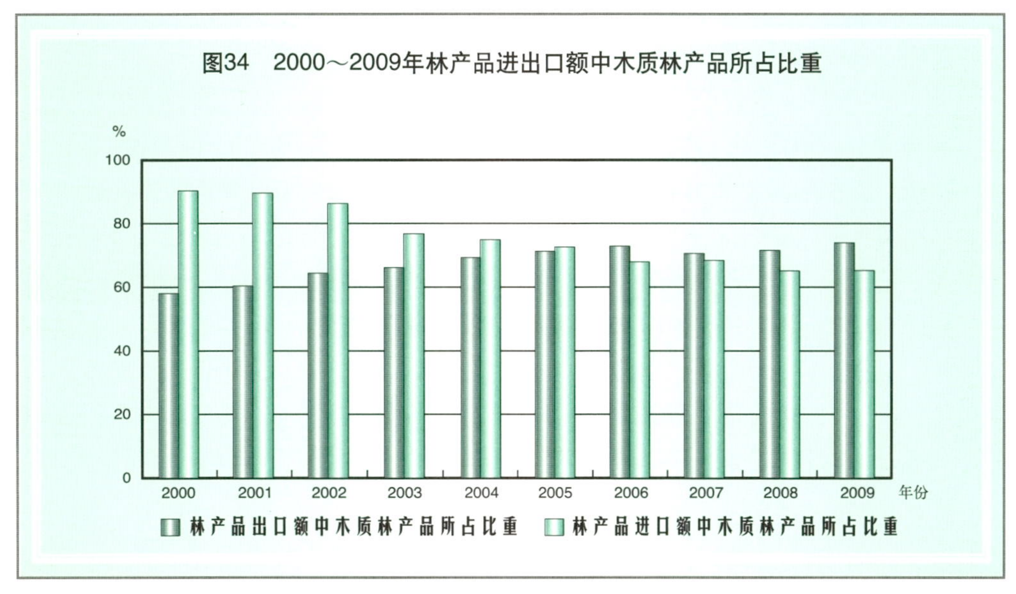

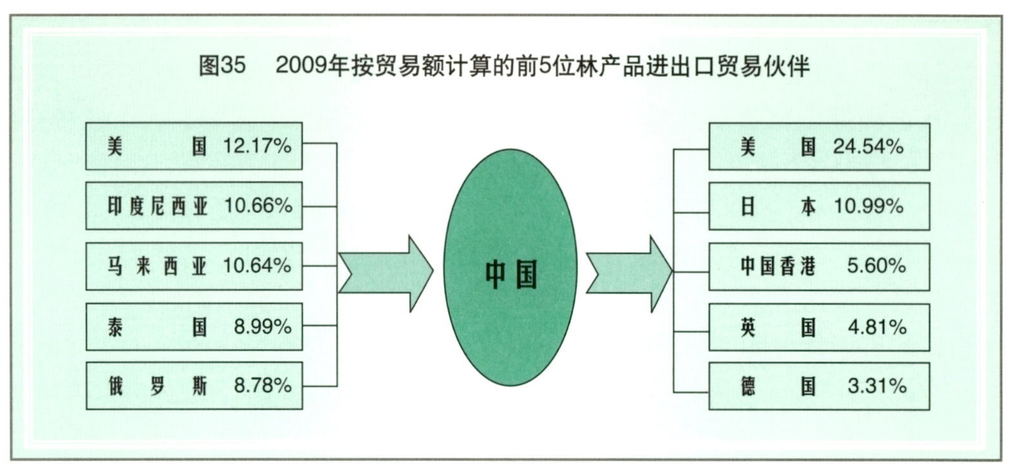

图35 2009年按贸易额计算的前5位林产品进出口贸易伙伴

拉丁美洲2.06%，与2008年相比，亚洲提高了5.84个百分点，北美洲和欧洲分别下降了2.80、3.51个百分点；林产品进口总额中各洲所占份额分别为：亚洲43.63%、欧洲20.84%、北美洲18.09%、拉丁美洲9.47%、大洋洲5.00%、非洲2.97%，与2008年相比，亚洲、欧洲和非洲分别下降了2.06、1.15和0.18个百分点，拉丁美洲和大洋洲分别提高了2.58和0.66个百分点。

从主要贸易伙伴看（图35），前5位出口贸易伙伴依次是美国、日本、中国香港、英国和德国。前5位出口贸易伙伴集中了49.25%的林产品出口市场份额，比2008年减少0.97个百分点，其中美国减少了2.47个百分点，中国香港增加了1.45个百分点；前5位进口贸易伙伴分别为美国、印度尼西亚、马来西亚、泰国和俄罗斯。前5位进口贸易伙伴集中了51.24%的林产品进口市场份额，比2008年下降了4.57个百分点，其中马来西亚、俄罗斯和印度尼西亚分别下降了2.57、1.30和0.82个百分点，泰国提高了0.74个百分点。

2. 木质林产品进出口

木质林产品进出口全面回落，但出口降幅小于进口降幅；贸易顺差扩大。2009年木质林产品进出口贸易总额为489.69亿美元[①]，与2008年同口径比，下降了6.25%；其中出口268.51亿美元，进口221.18亿美元，与2008年同口径比分别减少了1.30%和11.64%。木质林产品贸易顺差为47.33亿美元。

从产品结构看，2009年木质林产品出口家具、纸及纸浆、人造板（含单板）、木制品为主，其中家具、纸及纸浆所占份额超过70%（图36），家具的份额进一步提高，人造板（含单板）的份额下降；进口以纸及纸浆、原木、锯材为主，其中纸及纸浆、原木所占份额接近85%（图37），但原木所占份额进一步下降，锯材的份额有所提高。与2008年同口径相比，木质林产品出口额

[①]2009年以前以当年造纸工业纸浆消耗量（值）中原生木浆的量（值）比例将纸和纸板、废纸出口量（值）折算为木质林产品出口量（值），2009年以木纤维浆（原生木浆和废纸中的木浆）的量（值）比例折算。

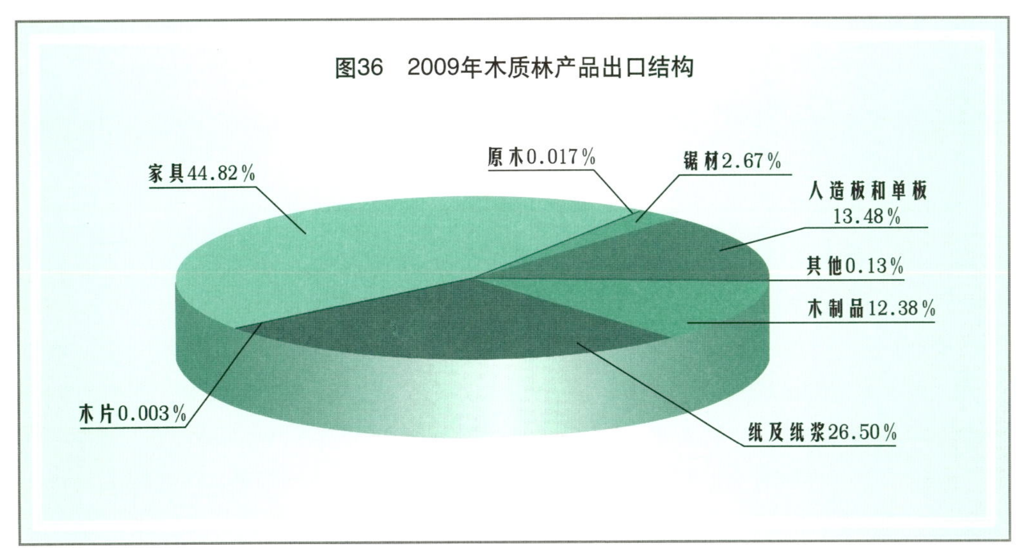

图36　2009年木质林产品出口结构

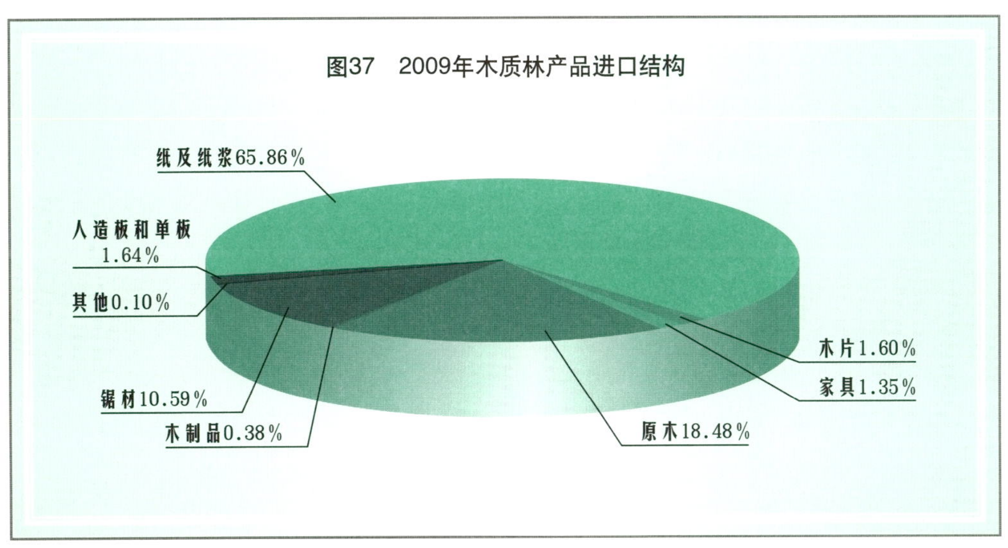

图37　2009年木质林产品进口结构

中，家具的份额增加了4.32个百分点，人造板（含单板）减少了4.14个百分点；木质林产品进口额中，锯材的份额增加了2.36个百分点，原木的份额减少了2.23个百分点。

从市场结构看，木质林产品进出口中，美国、日本、英国和中国香港集中了近50%的出口市场份额；约40%的进口市场份额集中于美国、俄罗斯、加拿大；出口和进口的市场集中度进一步下降。按贸易额排序，前5位出口贸易伙伴依次为：美国28.09%、日本9.71%、英国5.85%、中国香港5.85%、澳大利亚3.34%，与2008年相比，前5位出口贸易伙伴的市场份额减少了2.15个百分点，其中，美国的份额减少了3.47个百分点，中国香港的份额增加了1.87个百分点；

前5位进口贸易伙伴依次为：美国16.41%、俄罗斯13.30%、加拿大9.01%、巴西6.32%、日本5.95%，与2008年相比，前5位进口贸易伙伴的市场份额减少了1.93个百分点，其中，美国、俄罗斯所占份额分别下降了1.84和2.12个百分点，加拿大和巴西的份额分别提高了1.17和2.00个百分点。

原木 2009年，原木出口量值增加，进口量值进一步减少，但针叶材进口数量增加；出口平均价格全面上涨，进口平均价格大幅下降；原木进口量中阔叶材的比重持续下降。

2009年出口原木1.27万立方米，出口额4 580.36千美元，分别比2008年增加了349.56%和364.62%，其中针叶材出口0.08万立方米，合274.20千美元，阔叶材出口1.19万立方米，合4 306.16千美元。进口原木2 805.93万立方米，进口额40.86亿美元，分别比2008年下降5.11%和21.17%；其中针叶材进口2 030.26万立方米，比2008年增加9.29%，占原木进口量的72.36%，比2008年提高了9.54个百分点，进口额22.34亿美元，比2008年减少7.46%；阔叶材进口775.67万立方米，进口额18.52亿元，分别比2008年减少29.44%和33.12%。从价格看，原木平均出口价格为360.66美元/立方米，比2008年上涨了3.35%，其中针叶材和阔叶材原木平均出口价格分别为342.75美元/立方米和361.86美元/立方米，分别比2008年上涨了62.48%和2.21%；原木平均进口价格145.62美元/立方米，比2008年下降了16.93%，其中针叶材和阔叶材原木平均进口价格分别为110.04美元/立方米和238.76美元/立方米，分别比2008年下降了15.33%和5.22%。

2009年原木进口市场结构的主要特征是俄罗斯依然保持绝对优势，但其份额进一步大幅减少，而新西兰的份额大幅增加。按进口量计算，前5位贸易伙伴的份额依次是：俄罗斯52.79%、新西兰15.73%、巴布亚新几内亚5.91%、所罗门群岛4.01%、加蓬3.93%，与2008年相比，俄罗斯的份额下降了10.33个百分点，

图38 2000～2009年原木进口量变化趋势

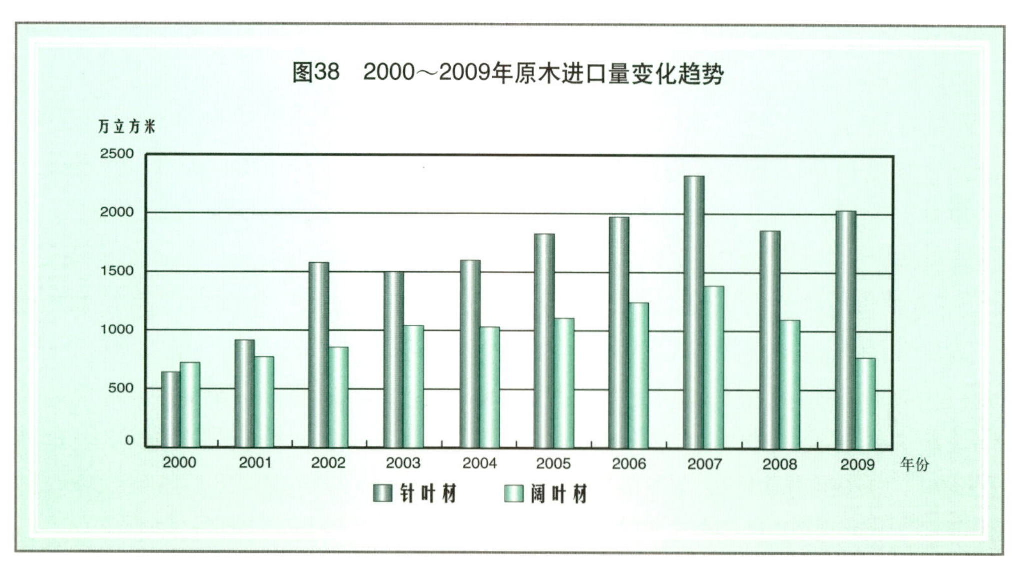

新西兰的份额提高了9.28个百分点。针叶材进口量中，主要贸易伙伴的份额为：俄罗斯68.04%、新西兰21.69%、澳大利亚3.56%、美国3.13%、加拿大1.82%，与2008年相比，俄罗斯的份额下降了16.59个百分点，新西兰、澳大利亚和美国的份额分别提高了11.45、1.47和1.96个百分点。阔叶材进口量中，前5位贸易伙伴的份额依次为：巴布亚新几内亚21.39%、所罗门群岛14.50%、加蓬14.22%、俄罗斯12.86%、马来西亚9.30%，与2008年相比，俄罗斯的份额减少了13.91个百分点，巴布亚新几内亚、所罗门群岛、加蓬和马来西亚的份额分别增加了1.11、3.96、4.42和1.91百分点。

2009年原木进口数量、结构和价格变化的主要原因：一是受国际金融危机的影响，国际市场对木材加工产品的需求萎缩，我国木材加工企业产品出口下降，导致对进口原木，特别是阔叶材原木需求的大幅减少；二是随着对热带森林保护意识的增强以及木材加工技术的进步，木制产品加工原料中对珍贵阔叶材的替代率不断提高，也在一定程度上拉低了阔叶材原木的进口量；三是为应对国际金融危机，国家实施积极的财政政策和适度宽松的货币政策，固定资产投资的增加以及内需的扩大，增加了对针叶材的需求，进而拉高了针叶材原木进口量；四是由于俄罗斯对原木出口实施高关税政策，导致从俄罗斯进口原木数量的减少，从新西兰进口针叶材原木数量的大幅增加；五是由于美元币值的反弹以及国际石油价格经过2008年高涨后的回落，木材进口成本和运费大幅下降，导致进口木材的到岸价格大幅回落；另外由于新西兰辐射松原木价格相对较低，从新西兰进口原木数量大幅增加，权重影响也是针叶材原木进口平均价格下降的重要原因。

锯材 2009年，锯材出口大幅减少，进口快速增加；进口量中针叶锯材所占比重进一步提高；出口价格较快上涨，进口价格大幅回落。

2009年锯材（不包括特形材）出口56.11万立方米，合3.46亿美元，分别比2008年减少21.80%和16.02%；其中，针叶锯材和阔叶锯材出口量分别为20.31万立方米和35.80万立方米，分别比2008年减少18.27%和23.67%。锯材进口量为993.52万立方米，进口额为23.27亿美元，比2008年分别增长38.34%和14.12%；其中，针叶锯材和阔叶锯材进口量分别为639.44万立方米和354.08万立方米，分别比2008年增长71.16%和2.75%（图39）。从产品构成看，锯材进口总量中，针叶锯材占64.36%，比2008年提高了12.34个百分点。从价格看，锯材的平均出口价格为616.65美元/立方米，比2008年上涨了7.32%，其中针叶锯材和阔叶锯材的平均出口价格分别为561.30美元/立方米和648.04美元/立方米，比2008年分别上涨了19.12%和2.96%；锯材的平均进口价格为234.22美元/立方米，比2008年下降了17.52%，其中针叶锯材和阔叶锯材的平均进口价格分别为173.12美元/立方米和344.55美元/立方米，比2008年分别下降了12.29%和8.82%。

从市场结构看，锯材进出口的市场集中度在进一步提高，特别是进口市

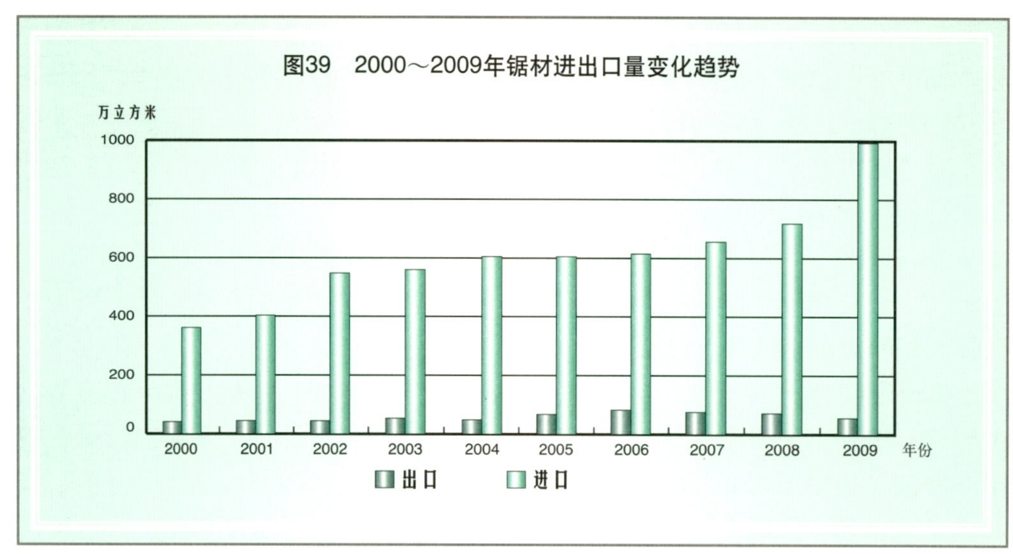

图39 2000～2009年锯材进出口量变化趋势

场中加拿大的份额进一步快速提高。按进出口数量计，锯材出口的前5位贸易伙伴集中了近85%的出口市场份额，依次为：日本53.78%、韩国12.51%、美国9.07%、越南4.72%、德国3.96%，与2008年相比，前5位贸易伙伴的份额提高了5.21个百分点，其中，日本的份额提高了6.92个百分点，美国的份额下降了2.53个百分点；前5位进口贸易伙伴集中了80%以上的进口市场份额，依次为：俄罗斯31.88%、加拿大24.54%、泰国10.31%、美国9.35%、新西兰4.21%，与2008年相比，前5位进口贸易伙伴的份额提高了6.84个百分点，其中，俄罗斯和加拿大的份额分别增加了3.32和8.69个百分点，美国的份额减少了5.16个百分点。针叶锯材进口量中，前5位贸易伙伴集中了近95%的市场份额，依次为俄罗斯44.97%、加拿大37.69%、新西兰6.52%、智利3.09%和美国2.41%，与2008年比，加拿大的份额提高了8.32个百分点，俄罗斯和智利的份额分别下降了5.48和1.05个百分点；阔叶锯材进口量中，前5位贸易伙伴集中了近75%的份额，依次为泰国28.93%、美国21.89%、菲律宾8.27%、俄罗斯8.26%、印度尼西亚5.99%，与2008年比，泰国、菲律宾和俄罗斯的份额分别提高了5.98、3.01和3.43个百分点，美国的份额下降了5.83个百分点。

2009年特形材进出口量值进一步全面下降。出口38.22万吨，合5.96亿美元，比2008年分别减少21.39%和23.39%；进口0.80万吨，合0.15亿美元，比2008年分别减少35.48%和25.00%。特形材进出口中，地板条（包括竹地板条）出口36.25万吨，合5.71亿美元，分别比2008年下降21.91%和23.87%；进口0.48万吨，合0.10亿美元，比2008年分别减少43.53%和33.33%。

按出口额计，特形材出口前5位贸易伙伴的市场份额依次为：美国32.41%、加拿大12.60%、英国11.89%、日本11.84%、法国3.98%，与2008年比，美国的份额减少了3.17个百分点，日本和法国的份额分别增加了2.95和1.42个百分点。

锯材进口数量大幅增加、产品结构与市场结构变化以及价格下降的主要原因：一是由于俄罗斯等越来越多的国家实行原木出口限制政策，导致木材进口中锯材对原木的替代率不断提高，在国内木材供给难以满足需求的情况下，进口锯材的增加是木材贸易发展的必然趋势；二是为应对国际金融危机，国家实施了一系列旨在刺激经济增长的宏观调控政策，投资的增加和内需的扩大使国内对针叶材的需求增加，进而引起针叶锯材进口的快速增长；三是由于受美国次贷危机的影响，美国住宅建设开工量大幅下滑，使原本供应美国市场的加拿大产锯材转而大量出口至中国市场；四是由于美元币值的反弹以及石油价格的下降，锯材进口成本与运费大幅下降，锯材进口价格也随之大幅回落。

单板 2009年，单板进出口量值快速减少、价格大幅下降。单板出口11.43万立方米，出口额1.72亿美元，比2008年分别下降21.87%和29.51%，其中，针叶单板出口1.55万立方米，阔叶单板出口9.88万立方米；单板进口7.23万立方米，合0.64亿美元，比2008年分别减少21.33%和35.35%，其中针叶单板进口0.16万立方米，阔叶单板进口7.07万立方米。单板出口平均价格为1 504.81美元/立方米，进口平均价格为885.20美元/立方米，分别比2008年下降9.76%和17.42%。

按贸易额，单板出口的前5位贸易伙伴的市场份额为：韩国17.85%、日本11.14%、马来西亚7.12%、墨西哥6.06%、美国5.99%；与2008年比，美国和日本的份额分别减少了3.71和1.04个百分点，马来西亚、墨西哥和韩国的份额分别增加了2.39、1.22和1.08个百分点；进口的前5位贸易伙伴的市场份额为：美国23.15%、俄罗斯11.24%、德国10.49%、马来西亚10.35%、意大利8.35%，与2008年比，俄罗斯和德国的份额分别提高了9.92和1.54个百分点，马来西亚和中国台湾的份额分别下降了3.56和2.33个百分点。

人造板 2009年，人造板进出口总体上呈现大幅下降的态势，但刨花板进口量增值减。从品种结构看，人造板出口额中，胶合板仍占绝对比重，但份额进一步下降，纤维板的份额有所提高；人造板进口额中，胶合板的份额大幅下降，纤维板和刨花板的份额提高，纤维板的份额超过胶合板位居第一；从价格看，除刨花板平均出口价格上涨外，其他人造板进出口平均价格水平较大幅度回落（表4），而且进口价格降幅总体上高于出口价格降幅。

2009年人造板出口34.46亿美元，进口3.00亿美元，分别比2008年下降24.25%和25.74%；其中，胶合板、纤维板和刨花板出口额分别为25.24亿美元、8.84亿美元和0.33亿美元，分别比2008年下降25.79%、19.27%和28.26%；胶合板、纤维板和刨花板进口额分别为0.89亿美元、1.20亿美元和0.89亿美元，分别比2008年下降46.71%、14.29%和3.26%。“三板”出口额中，胶合板、纤维板和刨花板的比重分别为73.35%、25.69%和0.96%，与2008年比，胶合板的比重下降了1.54个百分点，纤维板的比重提高了1.59个百分点；“三板”进口额中，胶合板、纤维板和

表4 2009年“三板”进出口变化情况

产品	出口量		出口平均价格		进口量		进口平均价格	
	2009年(万立方米)	比2008年增减(%)	2009年(美元/立方米)	比2008年增减(%)	2009年(万立方米)	比2008年增减(%)	2009年(美元/立方米)	比2008年增减(%)
胶合板	563.48	-21.58	447.93	-5.36	17.92	-39.03	496.65	-12.83
纤维板	203.11	-14.75	435.23	-5.26	45.30	-10.21	264.90	-4.82
其中 硬质板	26.59	-31.56	691.99	2.23	8.21	-10.37	243.61	-11.93
其中 中密度板	175.49	-11.18	396.60	-4.94	35.75	-7.38	274.13	-4.73
其中 绝缘板	1.04	-42.86	384.62	-3.31	1.34	-50.37	74.63	-50.12
刨花板	12.49	-35.35	264.21	11.26	44.65	19.35	199.33	-18.81
其中：OSB（定向结构刨花板）	2.18	22.47	229.36	-17.37	6.56	-11.35	381.10	10.77

刨花板的份额分别为29.87%、40.27%和29.87%，与2008年比，胶合板的份额减少了12.02个百分点，纤维板和刨花板的份额分别增加了5.14和6.89个百分点。

2009年人造板进出口总量与价格变化的主要原因：一是受全球金融危机的影响，欧美市场对人造板需求下降，直接导致我国人造板出口量的减少；二是由于我国人造板工业的快速发展，多年来人造板进口下降的趋势依然在延续，加上家具出口增幅不大，导致人造板进口量的大幅下降；三是由于美元币值的反弹以及国际石油价格的大幅回落，人造板进口成本和运费下降，人造板进口价格随之大幅下降；四是由于我国人造板工业整体水平的提高，以及国际金融危机对中小人造板企业的淘汰效应，提升了出口人造板的整体质量水平和市场竞争力，在一定程度上收窄了人造板出口价格的降幅。

胶合板出口以美、日和欧洲市场为主，市场相对分散；胶合板进口主要来自马来西亚和印度尼西亚。纤维板出口市场以北美、俄罗斯和中东地区为主，进口市场则主要集中在东南亚和大洋洲地区；刨花板出口以俄罗斯和亚洲市场为主，市场比较分散，进口则主要来源于东南亚和欧洲市场。从贸易额看，胶合板出口的前5位贸易伙伴的市场总份额为44.92%，比2008年下降了0.71个百分点，其中阿拉伯联合酋长国和日本的份额分别下降了1.62和0.68个百分点，美国的份额提高了1.81个百分点；胶合板进口的前5位贸易伙伴的总份额为85.70%，比2008年下降了4.91个百分点，其中，马来西亚、日本和俄罗斯的份额分别提高了10.56、1.77和1.41个百分点，印度尼西亚的份额下降了19.10个百分点。纤维板出口的前5位贸易伙伴的总份额为53.33%，比2008年提高了4.89个百分点，其中美国、加拿大和伊朗的份额分别提高了7.45、1.73和3.05个百分点，俄罗斯和韩国的份额分别下降了2.63和2.41个百分点；纤维板进口的前5位贸易伙伴的总份额为67.59%，比2008年减少了2.75个百分点，其中泰国、澳大利亚和马来西亚的份额分别下降了1.07、3.02和1.74个百分点，新西兰的份额提高了2.34

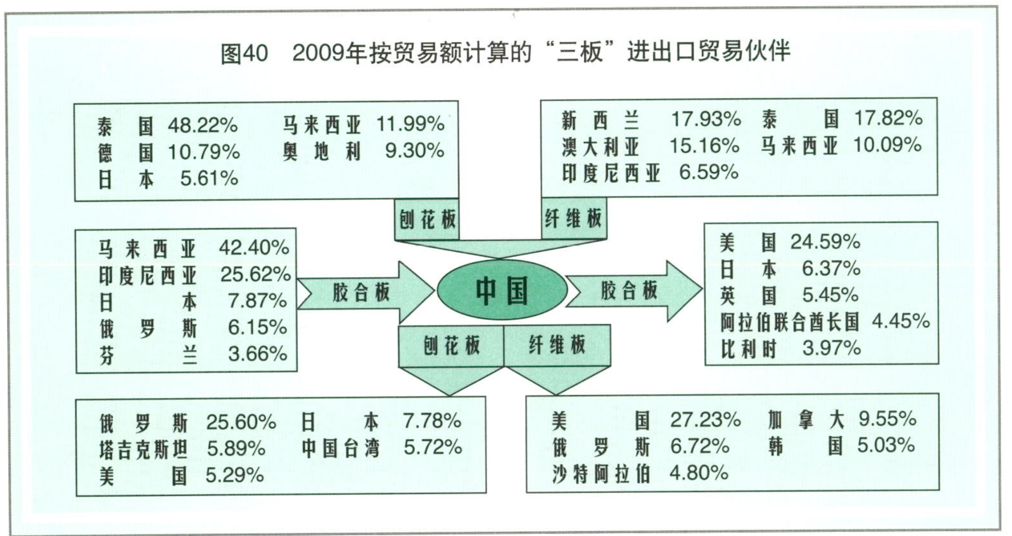

个百分点。刨花板出口的前5位贸易伙伴的总份额为50.28%，比2008年减少了13.81个百分点，其中俄罗斯和乌兹别克斯坦的份额分别减少了7.48和15.78个百分点，日本、塔吉克斯坦和中国台湾的份额分别增加了2.86、5.40和2.13个百分点；刨花板进口的前5位贸易伙伴的总份额为85.91%，比2008年提高了4.46个百分点，其中泰国和德国的份额分别增加了8.04和3.56个百分点，马来西亚和奥地利的份额分别减少了5.09和2.01个百分点（图40）。

木家具　2009年，木家具出口数量小幅回升，出口金额较大幅度增长，进口量增值减；出口价格水平远低于进口价格水平，但出口价格全面提高，进口价格较大幅度回落；贸易顺差进一步扩大；进出口市场由欧美市场向亚洲市场回归。

2009年木家具出口2.47亿件，合120.35亿美元，分别比2008年增长1.99%和9.24%；进口329.90万件，比2008年增长4.80%，进口额为2.98亿美元，比2008年下降4.58%（图41）；进出口贸易顺差为117.37亿美元，比2008年扩大9.64%。

从产品结构看，出口产品以木框架坐具和卧室用木家具为主，但两类家具的份额均有不同程度的下降，进口产品以木框架坐具、厨房用木家具和卧室用木家具为主，厨房用木家具的份额有所回升，其他类别家具的份额下降。木家具出口额中各类家具所占比重依次为：木框架坐具36.95%、卧室用木家具17.43%、厨房用木家具5.10%、办公用木家具4.31%、其他木家具36.21%，与2008年比，卧室用木家具、办公用木家具和木框架坐具的份额分别下降了2.38、1.20和1.11个百分点，其他木家具的份额提高了5.24个百分点；木家具进口额中各类家具所占比重依次为：木框架坐具22.26%、厨房用木家具19.99%、卧室用木家具16.11%、办公用木家具2.36%、其他木家具39.27%，与2008年比，厨房用木家具的份额提高了4.55个百分点，卧室用木家具、木框架坐具、办公用木家具

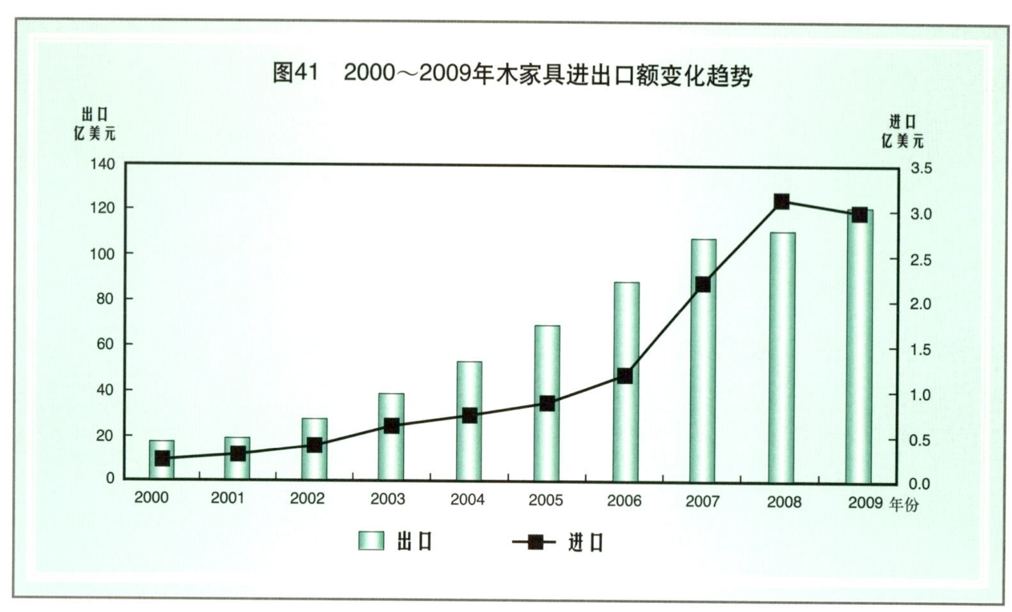

图41 2000～2009年木家具进出口额变化趋势

和其他木家具的份额分别减少了1.83、0.79、0.62和1.33个百分点。

从价格看，2009年家具出口平均价格为48.63美元/件，比2008年提高7.10%，进口平均价格为90.23美元/件，比2008年下降8.95%；各类家具的出口价格分别为：木框架坐具57.00美元/件、办公用木家具38.00美元/件、厨房用木家具38.51美元/件、卧室用木家具74.41美元/件、其他家具39.02美元/件，分别比2008年提高2.90%、1.28%、9.19%、2.48%、17.85%。各类家具的进口价格分别为：木框架坐具117.01美元/件、办公用木家具166.56美元/件、厨房用木家具183.69美元/件、卧室用木家具123.98美元/件、其他家具59.05美元/件；与2008年比，木框架坐具、厨房用木家具和其他家具的价格分别下降了35.31%、4.87%和7.46%，办公用木家具和卧室用木家具的价格分别提高了0.48%和1.96%。

从市场分布看，出口主要集中于北美、亚洲和欧洲市场，但欧美市场份额下降，亚洲市场份额较大幅度提高；进口市场中欧洲仍然占有绝对份额，但亚洲市场的份额有所增加。2009年，木家具出口中，各洲的市场份额依次为：北美洲39.43%、亚洲31.83%、欧洲20.77%、大洋洲4.68%、非洲2.02%、拉丁美洲1.27%，与2008年相比，亚洲的份额上升了9.17个百分点，北美洲和欧洲的份额分别下降了6.10和2.30个百分点；木家具进口中，各主要洲的市场份额依次为：欧洲67.85%、亚洲26.78%、北美洲5.14%，与2008年相比，亚洲的份额上升了4.93个百分点，欧洲和北美洲的份额分别下降了2.52和2.45个百分点。从主要贸易伙伴看，依贸易额，前5位出口贸易伙伴为:美国35.37%、英国6.93%、日本6.65%、新加坡5.88%、澳大利亚4.30%，与2008年相比，美国的份额下降了5.78个百分点，新加坡的份额提高了5.17个百分点；前5位进口贸易伙伴为：意大利

20.99%、德国18.55%、越南14.38%、波兰8.50%、美国4.78%，与2008年相比，越南、意大利和德国的份额分别提高了4.54、3.11和1.55个百分点，波兰和美国的份额分别减少了6.58和2.54个百分点。

2009年家具进出口数量、市场结构与价格变化的主要原因：一是受全球金融危机的直接影响，欧美市场对木家具的需求减少，但木家具出口退税率的提高，促进了木家具的出口，并在亚洲市场大幅增加，从而使木家具出口总量逆势而上，小幅增长；二是由于美元币值的反弹和国际石油价格回落，进口家具成本和运费下降，家具进口价格因此而较大幅度地下降；三是受国内家具生产成本上升，以及产品质量、设计与工艺水平的提高等因素的影响，我国出口家具的价格保持上涨趋势；四是越南等亚洲国家的劳动力成本优势明显，木材加工产品出口的价格竞争力增强，对我国出口的家具数量快速增长，市场份额明显提高。

木制品 2009年，木制品出口进一步减少，进口增加；贸易顺差缩小。木制品出口33.25亿美元，比2008年下降5.59%，进口0.84亿美元，比2008年增长12.00%；进出口贸易顺差32.41亿元，比2008年缩小了5.98%。从各类木制品出口看，建筑用木工制品、木工艺品和其他木制品的出口额分别比2008年减少了13.90%、7.48%和0.92%，木制餐具及厨房用出口额比2008年增加1.67%；出口额中各类木制品的份额依次为：建筑木制品24.35%、木工艺品22.25%、木餐具与厨具10.87%、其他42.53%，与2008年相比，建筑用木工制品的份额下降了2.34个百分点。

2009年木制品出口的市场格局基本稳定，前5位贸易伙伴集中了59.88%的市场份额，依次为：美国26.46%、日本18.26%、德国5.62%、英国5.51%、中国香港4.03%。

纸类 2009年，纸类产品出口额小幅增长，进口额大幅下降；从产品结构看，纸和纸制品进口量值较大幅度下降，木浆进口数量大幅增长，进口额小幅提高，废纸进口数量大幅增加，进口额大幅减少；进出口价格水平全面回落；贸易逆差缩小。

2009年纸类产品出口[①]71.14亿美元，与2008年同口径比增长2.15%；进口145.68亿美元，比2008年下降12.75%；进出口贸易逆差74.54亿美元，与2008年同口径比缩小了23.42%。出口产品主要是纸和纸制品、印刷品，分别占出口总额的86.15%和13.52%，与2008年同口径比，纸和纸制品的份额提高了1.04个百分点，印刷品的份额降低了1.27百分点；进口产品以木浆、纸和纸制品、废纸为主，分别占进口总额的46.65%、26.63%和26.06%，与2008年相比，废纸的比重下降了7.22个百分点，木浆、纸和纸制品的比重分别提高了6.76和0.50个百分点。

[①]2009年以前以当年造纸工业纸浆消耗量（值）中原生木浆的量（值）比例将纸和纸板、废纸出口量（值）折算为木质林产品出口量（值），2009年以木纤维浆（原生木浆和废纸中的木浆）的量（值）比例折算。

纸和纸制品（按木纤维浆比例折合值）出口480.28万吨，合61.29亿美元，与2008年同口径比分别增长4.33%和3.41%；进口349.59万吨（图42），合38.80亿美元，分别比2008年减少6.43%和11.07%；纸和纸制品平均出口价格为1 276.13美元/吨，平均进口价格为1 109.87美元/吨，比2008年分别回落16.40%和4.97%。

木浆（不包括从回收纸和纸板中提取的纤维浆）出口3.50万吨，合0.22亿美元；木浆进口1 357.85万吨（图43），合67.96亿美元，分别比2008年增长43.53%和2.03%；木浆平均出口价格为628.57美元/吨，平均进口价格为500.50美

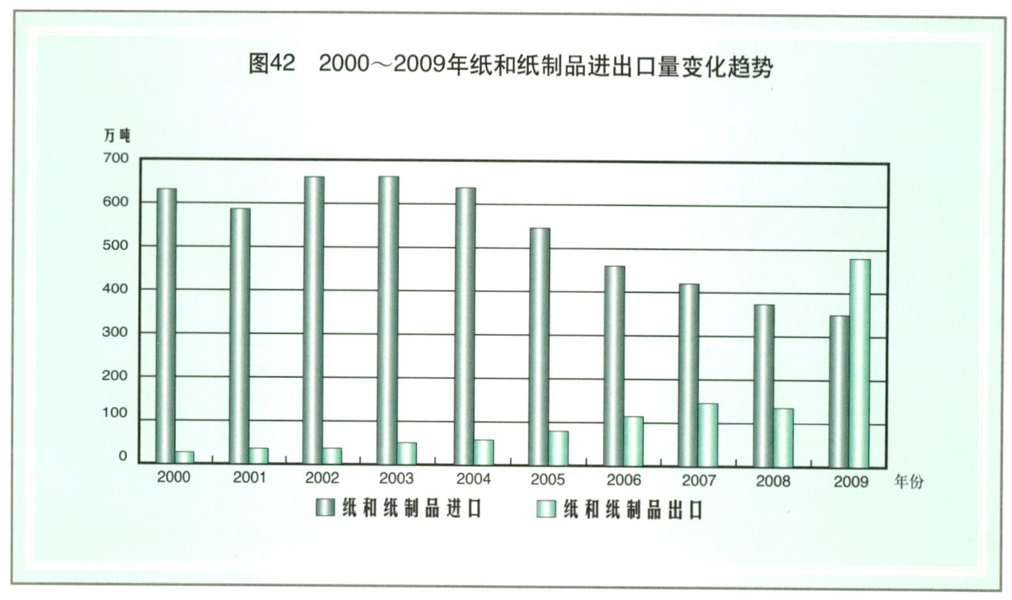

说明：2009年纸和纸产品出口的折算标准与2000～2008年不同。

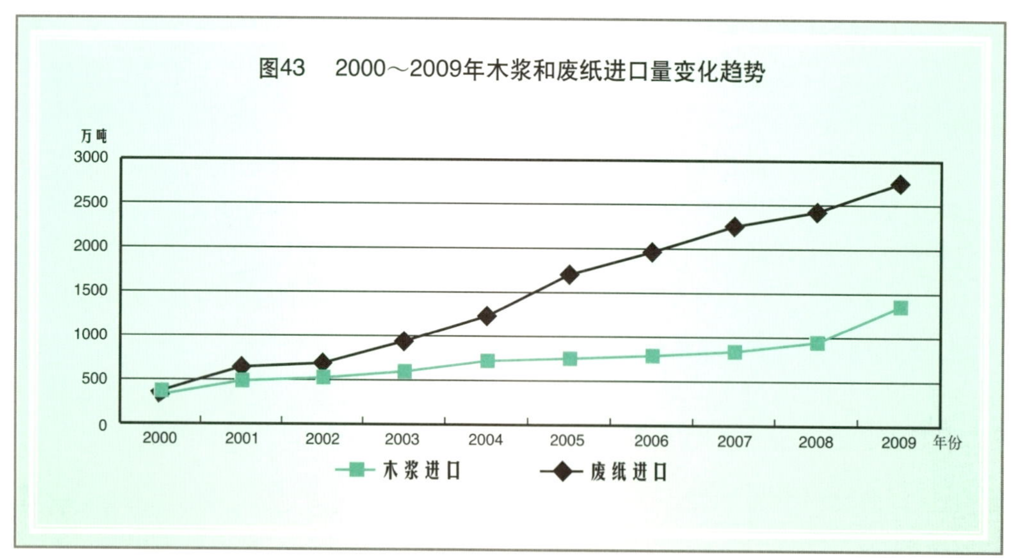

元/吨，分别比2008年下降3.40%和28.92%。

废纸进口2 750.17万吨（图43），比2008年增长13.62%；进口额为37.96亿美元，比2008年下降31.69%；进口平均价格为138.03美元/吨，比2008年回落39.88%。

从市场分布看，除了木浆进口中，拉丁美洲的份额较大幅度提高外，总体市场格局变化不大。按贸易额排序，木浆进口的前5位贸易伙伴集中了75%以上的市场份额，依次为：加拿大20.92%、巴西19.06%、智利13.83%、美国13.18%、印度尼西亚8.50%，与2008年相比，前5位贸易伙伴的总份额提高了0.77个百分点，其中，巴西、智利和美国的份额分别提高了5.68、1.41和0.93个百分点，加拿大和印度尼西亚的份额分别下降了2.72和4.53个百分点；纸和纸制品出口的前5位贸易伙伴依次是：美国18.35%、中国香港13.46%、日本11.23%、澳大利亚3.85%、英国3.79%，与2008年相比，日本的份额提高了2.74个百分点，中国香港的份额下降了1.11个百分点；纸和纸制品进口的前5位贸易伙伴分别为：日本17.12%、美国15.43%、中国台湾10.12%、瑞典10.08%、韩国9.76%，与2008年相比，瑞典的份额提高了2.39个百分点；废纸进口中，前5位贸易伙伴集中了超过75%的市场份额，依次为：美国41.82%、日本14.93%、英国9.38%、荷兰6.78%、中国香港3.72%，与2008年相比，前5位贸易伙伴的总份额下降了1.79个百分点，其中美国和英国的份额分别减少了2.39和1.58个百分点，日本的份额增加了2.61个百分点。

3. 非木质林产品进出口

非木质林产品进出口快速下降；出口产品结构相对稳定，进口产品结构变动较大；贸易逆差有所缩小。2009年非木质林产品出口94.66亿美元，进口117.84亿美元，比2008年分别下降12.44%和12.11%；贸易逆差为23.18亿美元，

图44　2009年非木质林产品出口结构

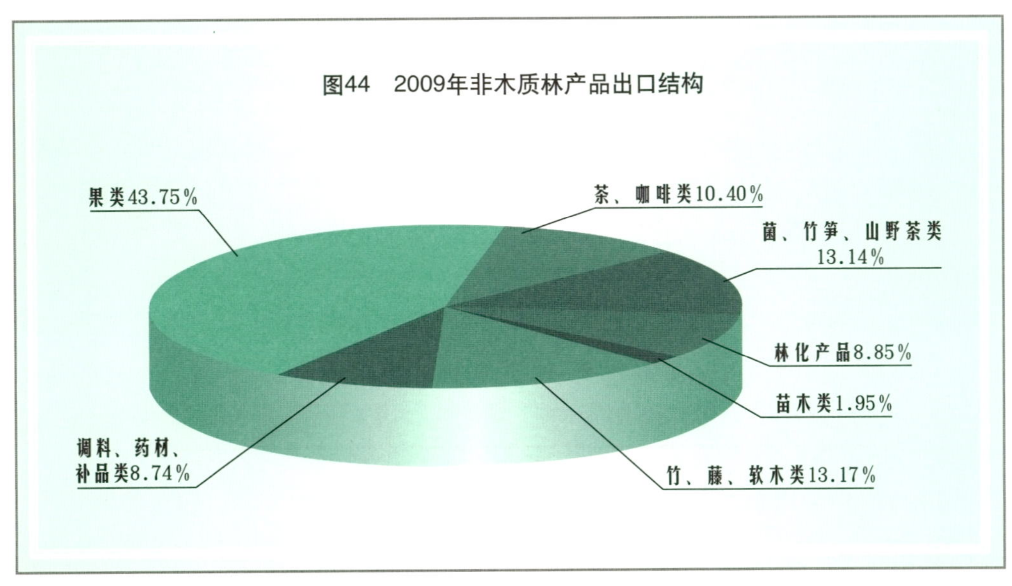

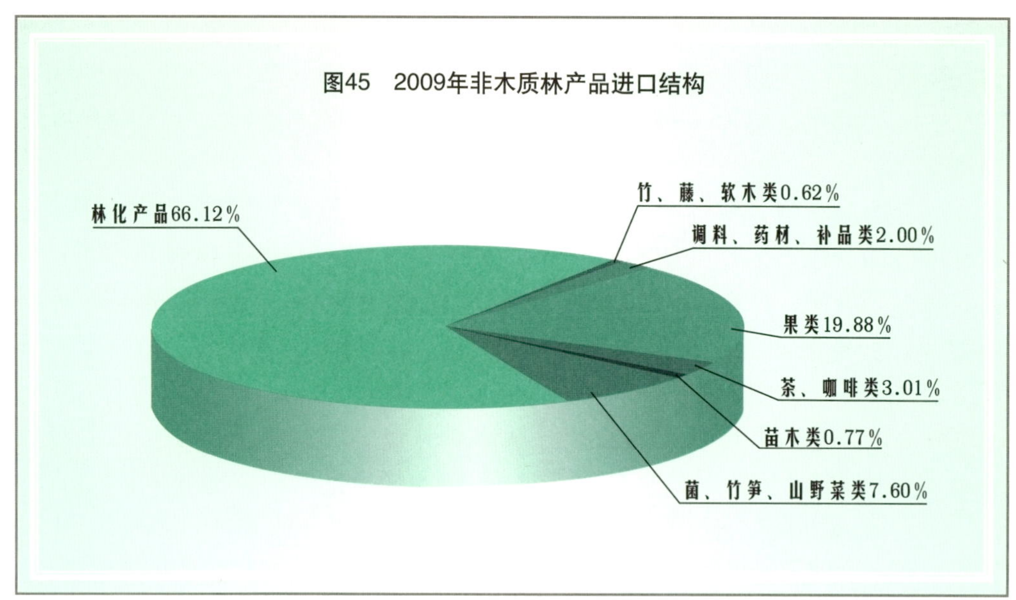

图45　2009年非木质林产品进口结构

比2008年缩小2.78亿美元。从产品结构看（图44、图45），与2008年相比，出口额中果类，调料、药材、补品类，茶、咖啡类的份额分别提高了1.38、0.99和0.97个百分点，竹、藤、软木类的份额下降了3.53个百分点；进口额中，果类，菌、竹笋、山野菜类的份额分别提高了6.61和4.66个百分点，林化产品的份额下降了11.45个百分点。

从地区结构看，非木质林产品出口市场比较分散，其中美、日市场份额相对较高，而进口市场则高度集中于东南亚国家，但市场集中度小幅下降；前5位出口贸易伙伴集中了近45%的市场份额，依次为：美国14.62%、日本14.47%、德国4.94%、中国香港4.90%、马来西亚4.42%；与2008年比，前5位出口贸易伙伴的市场总份额下降了1.88个百分点，其中美国的份额下降了2.85个百分点；前5位进口贸易伙伴的市场总份额超过80%，分别是：马来西亚28.14%、印度尼西亚22.83%、泰国21.57%、越南5.91%、美国4.20%，与2008年比，前5位进口贸易伙伴的总份额下降了2.23个百分点，其中，马来西亚的份额下降了6.82个百分点，泰国、越南和美国的份额分别提高了1.41、2.18和1.59个百分点。

果类　2009年，果类出口总体呈现下降态势，但干鲜果和坚果出口快速增长，果类加工品出口大幅下降；果类进口大幅增加；贸易顺差缩小；从产品结构看，在出口额和进口额中干鲜果和坚果所占比重进一步提高，而果类加工品的份额持续下降。

2009年果类出口41.40亿美元，比2008年下降9.63%，进口23.43亿美元，比2008年增长31.70%；贸易顺差17.97亿美元，比2008年缩小35.87%；果类出口额中，干鲜果和坚果、果类加工品和其他果类产品所占比重分别为54.47%、44.95%和0.59%，与比2008年相比，干鲜果和坚果的比重提高了11.66%个百分点，果类加工品的比重下降了11.62%个百分点；在果类加工品出口额中，果汁、果类罐头、果酒和饮料、其他果类加工品的比重分别为38.96%、27.08%、3.01%、30.95%，与2008年相比，果汁的比重下降了8.35个百分点，果类罐头和其他果类加工品的比重分别提高了5.35和2.97个百分点。果类进口额中，干鲜果和坚果占63.42%，果类加工品占35.25%，其他果类产品占1.33%，与2008年相比，干鲜果和坚果的比重提高了4.80个百分点，果类加工品的比重下降了6.00个百分点；在果类加工品进口额中，果酒和饮料、果汁、果类罐头和其他果类加工品的比重分别为68.77%、16.83%、0.85%和13.56%，与2008年相比，果酒和饮料的比重下降了1.34个百分点，其他果类加工品的比重提高了1.73个百分点。

从市场结构看，2009年果类出口的市场集中度持续下降，而进口的市场集中度进一步提高。按贸易额，前5位出口贸易伙伴集中了近50%的市场份额，依次为：美国18.58%、日本11.22%、俄罗斯6.72%、印度尼西亚6.35%、越南5.91%；与2008年相比，前5位出口贸易伙伴的总份额下降了3.27个百分点，其中美国的份额下降了4.34个百分点，印度尼西亚和越南的份额分别提高了1.96和2.12个百分点。前5位进口贸易伙伴占有的市场份额超过70%，依次为：泰国20.90%、美国16.94%、法国12.07%、越南11.71%、智利9.66%，与2008年相比，前5位贸易伙伴的总份额提高了5.49个百分点，其中，泰国和美国的份额分别提高了3.82和2.05个百分点，法国的份额下降了2.01个百分点。

林化产品　2009年林化产品进出口快速下降；大宗出口产品中深加工品的份额进一步提高；出口的总体价格水平下降，但活性炭的出口价格上涨，进口价格水平全面大幅回落；贸易逆差缩小。

2009年林化产品出口8.38亿美元，进口77.92亿美元，比2008年分别减少15.44%和25.08%；进出口贸易逆差69.54亿美元，比2008年缩减26.09%。出口额中前5位的产品总份额超过85%，依次为松香和树酯酸的深加工品27.81%、活性炭25.40%、松香21.68%、桉叶油5.53%、樟脑4.62%，与2008年比，松香和树酯酸的深加工品的份额提高了2.56个百分点，松香的份额下降了5.75个百分点；其中，松香和树酯酸的深加工品出口16.77万吨，比2008年增长2.63%，出口额为2.33亿美元，比2008年下降6.80%；活性炭出口19.56万吨，合2.13亿美元，分别比2008年减少21.79%和16.80%，出口平均价格1 088.25美元/吨，比2008年上涨6.41%，松香出口19.33万吨，合1.82亿美元，比2008年分别下降30.09%和33.09%，出口平均价格为940.14美元/吨，比2008年下降4.40%。林化产品进口以棕榈油及其分离品、天然橡胶及天然树胶为主，二者的总份额超过90%，其中，棕榈油及其分离品进口644.10万吨，进口额为42.19亿美元，占林化产品进口额的比重为54.15%，与2008年比，进口量增长21.94%，进口额下降19.07%，平均进口价格下降33.62%，占林化产品进口额的比重提高了4.03个百分点；天然橡胶及天然树胶进口171.07万吨，进口额为28.14亿美元，占林化产品出口额的36.11%，平均进口价格为1 645.04元/吨，与2008年比，进口量增长1.74%，进口额下降34.59%，平均进口价格回落35.71%，占林化产品进口额的比重降低了5.25个百分点。

从市场结构看，按贸易额计算，前5位出口贸易伙伴为：日本19.58%、美国9.05%、韩国7.84%、德国6.51%、比利时5.12%，与2008年比，韩国的份额提高了1.07个百分点，比利时的份额降低了0.90个百分点；前5位进口贸易伙伴依次为：马来西亚41.62%、印度尼西亚33.05%、泰国18.56%、越南1.38%、美国0.68%，与2008年比，马来西亚和泰国的份额分别下降了2.86和1.82个百分点，印度尼西亚的份额提高了4.05个百分点。

菌、竹笋、山野菜类　2009年菌、竹笋、山野菜类出口减少，进口大幅增加；贸易顺差缩小。菌、竹笋、山野菜类出口12.44亿美元，比2008年下降12.82%；其中，菌类出口10.18亿美元，比2008年下降15.94%，竹笋出口2.02亿美元，比2008年增长4.66%；菌、竹笋、山野菜类进口8.96亿美元，比2008年增长127.41%；其中木薯产品进口8.89亿美元，比2008年增长127.37%。贸易顺差3.48亿美元，比2008年缩减66.31%。

从市场结构看，出口的市场集中度提高，并由欧美市场向亚洲市场转移；进口市场高度集中于东南亚地区，并由印度尼西亚向泰国和越南转移。依贸易额排序，前5位出口贸易伙伴依次为：日本29.23%、美国9.87%、泰国8.27%、中国香港6.45%、韩国5.19%，与2008年比，前5位出口贸易伙伴的市场份额提高了7.15个百分点，其中，日本、泰国、中国香港和韩国的份额分别提高了4.54、3.05、0.85和1.13个百分点；主要进口贸易伙伴的市场份额依次为：泰国64.82%、越南31.56%和印度尼西亚2.71%，与2008年比，泰国和越南的份额分别提高了0.78和2.06个百分点，印度尼西亚的份额下降了2.64个百分点。

茶、咖啡类　2009年茶、咖啡类产品进出口下降，但出口降幅小于进口降幅，贸易顺差有所扩大。

2009年茶、咖啡类出口9.84亿美元，进口3.55亿美元，比2008年分别下降3.53%和15.88%；贸易顺差6.29亿元，比2008年扩大5.18%。出口以茶叶和可可产品为主，其中茶叶出口30.30万吨，出口额为7.05亿美元，占茶、咖啡类出口额的71.65%，出口平均价格为2 326.73美元/吨，与2008年比，出口量和出口额分别增长2.05%和3.37%，占茶、咖啡类出口额的比重上升4.74个百分点，出口价格上涨1.27%；可可及其制品出口1.30亿美元，比2008年减少35.00%，占茶、咖啡类出口额的13.21%，比2008年下降6.43个百分点。进口以可可及其制品和咖啡为主，其中可可及其制品进口2.62亿美元，比2008年下降16.29%，占茶、咖啡类进口额的73.80%；咖啡（包括咖啡壳、咖啡皮和含咖啡的咖啡代用品）

进口0.51亿元，比2008年下降21.54%，占茶、咖啡类进口额的14.37%。

从市场结构看，茶叶出口的市场格局基本稳定，可可及其制品出口和进口的市场集中度明显下降，出口市场份额由欧美市场向亚洲和拉丁美洲市场转移，进口市场份额由非洲和东南亚市场向欧美市场转移。按贸易额排序，前5位茶叶出口贸易伙伴为：摩洛哥20.26%、日本7.13%、美国5.70%、中国香港5.52%、俄罗斯5.04%，与2008年比，摩洛哥的份额提高了2.49个百分点，日本和中国香港的份额分别减少了1.06和1.28个百分点；前5位可可及其制品出口贸易伙伴为：中国香港17.10%、法国12.45%、美国11.42%、澳大利亚4.62%、巴西3.80%，与2008年比，前5位出口贸易伙伴的市场总份额降低了17.41个百分点，其中法国和美国的份额分别降低了9.57和19.60个百分点，中国香港、澳大利亚和巴西的份额分别提高了11.57、1.59和3.55个百分点；前5位可可及其制品进口贸易伙伴为：意大利17.21%、马来西亚16.23%、加纳10.97%、美国10.38%、印度尼西亚9.60%，与2008年比，前5位进口贸易伙伴的市场总份额降低了7.76个百分点，其中加纳、印度尼西亚和科特迪瓦的份额分别降低了13.08、5.06和4.54个百分点；意大利和美国的份额分别提高了8.70和5.30个百分点。

竹、藤、软木类 2009年竹、藤、软木类进出口下降；贸易顺差缩小。竹、藤、软木类出口12.47亿美元，进口0.73亿美元，分别比2008年下降30.91%和1.35%；贸易顺差11.74亿元，比2008年缩小32.18%。出口额中，竹及竹编结品（不包括家具）占34.37%，柳条编结品（不含家具）占32.09%，竹地板和其他竹制特形材占17.99%，藤及藤编结品（不含家具）占9.28%，竹藤柳家具占4.96%，软木及软木制品占1.26%，其他竹、藤、软木类产品占0.06%；与2008年相比，竹藤柳家具的份额提高了2.47个百分点，藤及藤编结品（不含家具）、柳条制篮筐及其他编结品的份额分别降低了0.82和1.29个百分点。进口以软木及软木制品、藤及藤编结品（不含家具）、竹及竹编结品（不含家具）为主，进口额中三者的份额依次为45.29%、34.71%和5.08%，与2008年相比，软木及软木制品的份额下降了2.42个百分点。

从市场结构看，竹、藤、软木类产品的进出口市场格局基本稳定，出口市场以美国、欧洲和东南亚为主，进口市场则主要集中于欧洲与东南亚。按贸易额，前5位出口贸易伙伴的份额依次为：美国24.10%、马来西亚8.27%、新加坡8.16%、德国6.51%、荷兰5.96%，与2008年比，新加坡的份额下降了4.50个百分点，德国和荷兰的份额分别提高了1.46和1.87个百分点；前5位进口贸易伙伴的份额分别为：葡萄牙33.95%、印度尼西亚31.91%、缅甸13.06%、意大利5.20%、中国台湾4.61%，与2008年比，葡萄牙的份额下降了4.91个百分点，印度尼西亚、缅甸和意大利的份额分别提高了1.43、1.50和2.46个百分点。

调料、药材、补品类 2009年调料、药材、补品类出口8.27亿美元，进口2.35亿美元，比2008年分别下降1.31%和4.47%。

调料、药材、补品类出口的前5位贸易伙伴的份额依次是：中国香港22.12%、日本20.30%、越南11.09%、韩国6.37%、中国台湾4.23%，与2008年比，中国香港和越南的份额分别增加了2.08和2.30个百分点，日本的份额减少了1.55个百分点；前5位进口贸易伙伴的份额分别为：中国香港56.32%、德国10.33%、日本4.86%、印度3.12%、马来西亚2.92%，与2008年比，中国香港的份额提高了2.56个百分点，德国的份额下降了3.10个百分点。

苗木类 2009年苗木类出口1.85亿美元，比2008年增长24.16%，进口0.90亿美元，比2008年下降1.10%。

专栏15 野生动植物国际贸易保护管理

2009年，野生动植物进出口管理加强。在着力完善规章制度方面，修改了“濒危野生动植物进出口证书核发管理办法”（草案），确定了“濒管中心实施行政许可工作流程及行政许可违规行为责任追究规定”和“对外确认证书管理规定”；在强化贸易监管基础建设方面，启动了中国“两爬”类物种贸易监测方案制定工作；完成了重点敏感贸易木材种类鉴定手册框架；启动了野生动植物网上博物馆的开发设计工作；在切实加强行政许可管理方面，进一步明确“物种证明”适用范围和加强证明书签注工作。

L

P153-173

附录

2009年各地区林业产业总产值

（按现行价格计算）

单位：万元

地　　区	总　计	第一产业	第二产业	第三产业
全国合计	**174937336**	**72252565**	**87179183**	**15505588**
北　　京	1160520	721782	78304	360434
天　　津	191138	159250	24138	7750
河　　北	6150643	3333543	2590228	226872
山　　西	1172872	1013189	104365	55318
内 蒙 古	1795755	1030362	542705	222688
辽　　宁	6987416	4492239	2102165	393012
吉　　林	6431830	1671566	3986773	773491
黑 龙 江	5803188	2176103	2715939	911146
上　　海	610464	249502	296992	63970
江　　苏	11364664	3507260	7046839	810565
浙　　江	13678175	4532848	7741296	1404031
安　　徽	5135559	2131643	2617299	386617
福　　建	14727221	3995335	10402938	328948
江　　西	9184321	4097649	3213495	1873177
山　　东	9906004	5173333	4504069	228602
河　　南	6464626	3752919	2254667	457040
湖　　北	5963486	2830093	2546975	586418
湖　　南	9211497	3283653	4184928	1742916
广　　东	22001160	3448906	18168121	384133
广　　西	8817723	3904590	4599581	313552
海　　南	2359956	1327695	963687	68574
重　　庆	2117564	1304557	526916	286091
四　　川	9533984	3701272	3600236	2232476
贵　　州	2475936	1235314	690065	550557
云　　南	4598691	3524784	905360	168547
西　　藏	128798	115464	13334	
陕　　西	1977672	1711147	152064	114461
甘　　肃	1178477	1006415	54388	117674
青　　海	59043	56493		2550
宁　　夏	610314	314629	210243	85442
新　　疆	2526910	2172133	80215	274562
大兴安岭	611729	276897	260858	73974

2009年各地区按经济成分、造林方式、林种分的造林面积

单位：公顷

地区	当年造林面积											
	总计	按经济成分分		按造林方式分				按林种用途分				
		公有经济造林	非公有经济造林	人工造林		飞播造林	无林地和疏林地新封山育林	用材林	经济林	防护林	薪炭林	特种用途林
				合计	其中：竹林							
全国合计	**6262330**	**3583134**	**2679196**	**4156293**	**87468**	**226337**	**1879700**	**801317**	**1002555**	**4407654**	**23705**	**27099**
北京	17566	16942	624	10153			7413	32	990	14731		1813
天津	15654	3112	12542	14987		667		5392	601	9661		
河北	306373	118584	187789	197724		35002	73647	29449	13825	260911	21	2167
山西	326602	286384	40218	196900		8000	121702	600	28148	287812	10009	33
内蒙古	861933	557693	304240	353096		96000	412837	21178	8202	831205	1348	
辽宁	129974	32399	97575	91309			38665	2854	4257	122623	240	
吉林	30228	18462	11766	27421			2807	154		30074		
黑龙江	213124	144393	68731	187126			25998	20300	1844	186771	13	4196
上海	2051	1858	193	2051					867	1184		
江苏	83713	51036	32677	82851	4		862	11963	15658	55853	31	208
浙江	27422	20984	6438	19378	788		8044	1503	1790	24126		3
安徽	68952	24225	44727	53336	5230		15616	7121	439	61184		208
福建	33261	10917	22344	33261	408			18646	2053	12494		68
江西	228630	63470	165160	209019	1157		19611	120388	23276	82528	1715	723
山东	182171	80769	101402	180529			1642	42463	26172	113067		469
河南	416131	111321	304810	382129			34002	156296	47676	212159		
湖北	149174	32791	116383	129969	1144		19205	48598	23056	75770	1226	524
湖南	125031	42359	82672	99039	1568		25992	18880	7133	97218	1088	712
广东	19952	19153	799	16045	13		3907	307	327	19318		
广西	139409	17169	122240	118973	4361		20436	99878	3845	34959	667	60
海南	19377	3628	15749	19377				1219	1721	16437		
重庆	95726	69218	26508	32350	812		63376	16142	8221	69563	1800	
四川	487782	365465	122317	204753	28740		283029	62693	28919	395677	333	160
贵州	236120	202866	33254	90494	1209		145626	9617	19394	205223	738	1148
云南	713478	274528	438950	605993	41939		107485	87995	481500	142097	623	1263
西藏	70299	32190	38109	51795			18504		4819	65480		
陕西	449453	379931	69522	206014	95	86668	156771	7130	43979	395445	2899	
甘肃	212373	202443	9930	111851			100522		1658	197383		13332
青海	140659	134142	6517	32450			108209			140659		
宁夏	89480	75309	14171	65958			23522	1132	25496	62852		
新疆	343565	162726	180839	303295			40270	9387	176689	156523	954	12
大兴安岭												

注：全国合计造林面积中包括军事管理区 26 667 公顷人工营造的防护林。

2009年各地区营林生产主要指标完成情况

单位：公顷

地区	更新造林	低产低效林改造面积	四旁（零星）植树（万株）	年末实有封山（沙）育林面积	幼林抚育作业面积（公顷次）	成林抚育面积		当年苗木产量（万株）	育苗面积	
						合计	其中：中、幼龄林抚育面积		合计	其中：本年新育
全国合计	344254	543412	245555	21537816	14878720	10607972	6362619	3343846	661796	188748
北京	413	276	629	90774	46762	99130	69466	8605	12441	797
天津			296	26014	85985	64664	34785	3713	4860	1858
河北	4781	6281	10657	920873	650295	382141	249204	219902	43088	16630
山西		207	11212	752981	231102	48913	45616	138739	35127	14644
内蒙古	28512	3374	4802	3014054	874457	1032015	543822	171292	8179	5119
辽宁			10905	989553	366117	95457	77926	261230	16920	6314
吉林	7585	10715	920	240908	655853	191724	159107	60430	3770	1701
黑龙江	6380	5843	2495	604860	710738	316326	233284	119404	11957	4260
上海			309		51224	38070	22779	11966	18940	272
江苏	1119	374	14644	19524	322618	433049	321381	289645	64195	12729
浙江	15742	62931	2381	886800	53806	168313	80012	202473	90191	13430
安徽	421	7053	16259	528622	863417	654852	328715	82791	35107	7025
福建	91109	11756	2233	178430	346987	77383	37619	39292	793	641
江西	24349	44531	15379	459598	629700	297205	176083	124429	24445	6097
山东	7307	8218	18080	213802	1175835	1256462	969840	243119	84250	23524
河南	900	7208	29905	299830	1066681	1160757	549405	185463	59514	25295
湖北	2707	54513	12163	1172663	282784	371718	278962	109757	32437	6639
湖南	1604	70899	10666	519355	654698	240373	112586	95862	23633	1887
广东	55930	38691	7038	47865	215095	208009	112818	57442	4275	1041
广西	73996	10183	3559	2278039	678717	512769	219267	74043	1913	1277
海南	6281		127	316113	2215	8162	8162	7533	502	502
重庆		38127	10607	299471	106028	65161	62559	87868	11008	4326

（续）

地　区	更新造林	低产低效林改造面积	四旁（零星）植树（万株）	年末实有封山(沙)育林面积	幼林抚育作业面积（公顷次）	成林抚育面积		当年苗木产量（万株）	育苗面积	
						合　计	其中：中、幼龄林抚育面积		合　计	其中：本年新育
四　川	1978	85020	25539	1535814	531437	199301	157271	112469	6422	2488
贵　州	68	11459	2736	743396	189468	132936	53906	98001	2298	1605
云　南	5020	15960	9139	1573327	22874	38400	33831	98954	4332	3090
西　藏	3890		40	138257	97			840	699	355
陕　西	1333	21309	12686	841843	528652	468110	282601	150898	18314	8503
甘　肃		2053	5215	683956	372412	329245	167632	146066	15284	7015
青　海		2433	1210	687429	58504	6033	6033	38979	2436	1067
宁　夏		285	741	227147	952294	462760	197692	48737	14614	3713
新　疆	2829	23407	2974	1246518	2148121	1220535	742256	52268	9805	4866
大兴安岭		306	9		3747	27999	27999	1636	47	38

2009 年各地区主要林产品产量

单位：吨

地　区	生　漆	油桐籽	油茶籽	乌桕籽	五倍子	棕　片	松　脂	竹笋干	核　桃	板　栗	紫胶（原胶）
全国合计	**20498**	**367287**	**1169289**	**33171**	**14431**	**77314**	**1046579**	**465340**	**979366**	**1627656**	**3694**
北　京									15808	31494	
天　津									654	615	
河　北									70518	211619	
山　西									70399	259	
内蒙古											
辽　宁							3		67845	86045	
吉　林									11861	826	
黑龙江									350		
上　海								214			
江　苏			174					3887		29356	
浙　江		68	47048			481	992	126061	20731	77526	
安　徽	257	2656	29973	146	49	953	13569	14281	15317	108715	
福　建	217	20897	89294	521	132	11868	74762	78418	11	72085	23
江　西	758	12433	268966	285	161	3450	57306	9979	501	25616	4
山　东									48242	247937	
河　南	1563	72416	19347	11426	3350		2673	40	44816	237725	
湖　北	7752	13617	65991	9399	1867	2365	38382	20278	4951	190677	
湖　南	2801	37178	418982	1117	1145	32738	36994	37634	5158	71033	877
广　东		6254	55144	517		2217	168542	28849		11429	298
广　西	31	69872	133363	116	101	2977	469878	22008	631	62530	
海　南							2211				
重　庆	617	19761	1967	6170	2303	744	749	52668	8990	7214	
四　川	819	24236	3426	1344	644	3987	10848	51349	123683	21987	61
贵　州	1983	54669	28264	1816	1354	3129	7067	10283	13546	18225	59
云　南	519	16611	6616	97	122	9358	161745	7198	191213	58710	2372
西　藏									1750		
陕　西	3151	16567	734	217	3067	3026	858	2185	89648	52434	
甘　肃	30	52			136	21		8	48184	3599	
青　海									272		
宁　夏									47		
新　疆									124240		
大兴安岭											

1981～2009年全国分造林方式、分林种造林面积

单位：千公顷

年份	造林面积合计	按造林方式分			按林种用途分				
		人工造林	飞播造林	无林地和疏林地新封	用材林	经济林	防护林	薪炭林	特种用途林
1981	4110.07	3681.00	429.07		2531.20	630.47	636.87	192.00	119.53
1982	4495.60	4115.80	379.80		2630.60	652.80	860.93	222.33	128.94
1983	6324.40	5603.13	721.27		3804.60	819.53	1098.40	451.07	150.80
1984	8253.67	7290.74	962.93		5065.67	939.07	1476.40	585.47	187.06
1985	8336.80	6948.80	1388.00		5291.40	793.07	1472.80	598.67	180.86
1986	5274.00	4158.20	1115.80		3326.67	689.20	768.93	392.47	96.73
1987	5414.20	4207.27	1206.93		3338.46	865.27	752.47	373.80	84.20
1988	5533.27	4574.80	958.47		3302.93	913.67	823.33	392.53	100.81
1989	5023.33	4109.53	913.80		3015.33	752.20	817.07	364.67	74.06
1990	5208.47	4353.34	855.13		3156.47	644.53	1029.73	340.07	37.67
1991	5594.47	4751.80	842.67		3343.67	669.53	1243.67	311.67	25.93
1992	6030.40	5083.70	946.70		3355.10	973.20	1442.10	235.30	24.70
1993	5903.40	5044.40	859.00		2812.50	1563.60	1314.60	191.10	21.60
1994	5992.66	5190.24	802.42		2504.47	2063.94	1253.31	152.07	18.87
1995	5214.61	4629.35	585.26		1844.25	1969.85	1240.44	145.26	14.81
1996	4919.38	4314.96	604.42		1710.85	1672.02	1368.61	150.04	17.86
1997	4354.93	3737.75	617.18		1465.05	1371.31	1366.23	135.49	16.85
1998	4811.05	4086.00	725.05		1459.68	1394.82	1772.02	167.03	17.50
1999	4900.71	4276.85	623.86		1418.01	1403.88	1948.54	115.30	14.98
2000	5105.14	4345.01	760.13		1218.46	1350.28	2430.83	82.34	23.23
2001	4953.04	3977.32	975.72		905.52	1068.54	2913.54	45.61	19.83
2002	7770.97	6896.04	874.93		898.74	964.21	5828.81	59.14	20.07
2003	9118.89	8432.49	686.41		1175.81	797.32	7087.32	37.07	21.37
2004	5598.08	5018.88	579.19		871.13	456.69	4210.77	49.97	9.52
2005	3637.68	3221.29	416.39		607.55	337.82	2667.95	16.07	8.29
2006	3838.79	2446.12	271.80	1120.87	481.63	403.32	2942.59	7.80	3.45
2007	3907.71	2738.52	118.67	1050.52	610.37	478.42	2790.17	7.99	20.76
2008	5353.74	3684.26	154.07	1515.41	782.11	850.77	3697.16	4.02	19.67
2009	6262.33	4156.29	226.34	1879.70	801.32	1002.56	4407.65	23.71	27.10

注：根据造林技术规程（GB/T 15776-2006），本表自2006年起将无林地和疏林地新封山育林面积计入造林总面积。

1979～2009年林业重点工程完成造林面积情况

单位：千公顷

年别	合计	天然林资源保护工程	退耕还林工程		京津风沙源治理工程	三北及长江流域等重点防护林体系建设工程							速生丰产用材林基地建设工程
			小计	其中：退耕地造林		小计	三北防护林体系建设工程	长江中上游防护林体系建设工程	沿海防护林体系建设工程	珠江流域防护林体系建设工程	太行山绿化工程	平原绿化工程	
1979～1985年	**10109.80**					**10109.80**	**10109.80**						
1986年	1106.73					1106.73	1106.73						
1987年	1064.80					1064.80	1064.80						
1988年	1063.93					1063.93	1063.93						
1989年	1001.80					1001.80	956.07	45.73					
1990年	1662.06					1662.06	983.33	324.13			354.60		
七五小计	**5899.32**					**5899.32**	**5174.86**	**369.86**			**354.60**		
1991年	2082.20					2082.20	1170.47	462.40	223.60		225.73		
1992年	2308.00					2308.00	1255.20	584.60	235.80		232.40		
1993年	2602.10				132.80	2211.80	1160.00	573.00	131.20		275.20	72.40	257.50
1994年	2729.59				139.79	2366.48	1255.49	546.00	152.78		358.22	53.99	223.32
1995年	2862.17				168.59	2450.71	1333.26	535.71	103.27		427.04	51.43	242.87
八五小计	**12584.06**				**441.18**	**11419.19**	**6174.42**	**2701.71**	**846.65**		**1518.59**	**177.82**	**723.69**
1996年	2669.49				164.95	2316.73	1342.28	463.96	72.17		402.46	35.86	187.81
1997年	2642.61				215.95	2233.46	1266.12	447.75	63.48	56.72	366.32	33.07	193.20
1998年	2856.00	290.35			231.58	2196.02	1243.96	448.60	60.29	39.85	343.74	59.58	138.05
1999年	3275.63	477.56	447.93	381.47	211.58	2032.46	1245.41	369.84	44.48	32.09	293.36	47.28	106.10
2000年	3345.92	426.37	683.60	328.42	280.27	1708.80	1053.16	206.94	56.91	30.68	298.51	62.60	246.88
九五小计	**14789.65**	**1194.28**	**1131.53**	**709.89**	**1104.33**	**10487.47**	**6150.93**	**1937.09**	**297.33**	**159.34**	**1704.39**	**238.39**	**872.04**
2001年	3160.18	948.08	870.99	386.14	217.32	1034.92	541.71	162.72	90.90	27.05	141.29	71.25	88.87
2002年	6777.38	856.08	4423.61	2039.77	676.38	775.63	453.76	110.29	55.71	46.55	76.15	33.16	45.68
2003年	8262.78	688.26	6196.13	3085.93	824.43	533.54	275.30	108.75	38.56	44.71	50.05	16.18	20.43
2004年	4802.85	641.45	3217.54	824.90	473.27	448.32	232.34	113.28	30.18	31.76	30.92	9.85	22.27
2005年	3109.10	424.81	1898.36	667.39	408.25	368.20	217.89	65.94	22.68	30.67	28.52	2.50	9.49
十五小计	**26112.30**	**3558.68**	**16606.63**	**7004.13**	**2599.64**	**3160.62**	**1721.00**	**560.98**	**238.03**	**180.74**	**326.93**	**132.94**	**186.73**
2006年	2810.80	774.82	1050.53	218.49	409.54	566.82	326.83	78.67	16.96	28.82	114.67	0.87	9.10
2007年	2681.65	732.88	1056.02	59.46	315.13	574.22	381.53	76.40	23.85	17.42	73.93	1.10	3.39
2008年	3437.50	1009.02	1189.70	2.16	469.04	765.77	497.95	72.25	74.25	36.97	80.28	4.07	3.98
2009年	4596.24	1360.91	886.67	0.74	434.82	1893.08	1255.87	222.13	212.18	82.06	119.16	1.67	20.77
总计	**83021.32**	**8630.58**	**21921.07**	**7994.87**	**5773.69**	**44876.28**	**31793.19**	**6019.08**	**1709.25**	**505.35**	**4292.55**	**556.86**	**1819.70**

注：太行山绿化工程1990年造林面积354.60千公顷系指1984～1990年的造林面积，其中1990年造林面积为109.73千公顷。京津风沙源治理工程1993～2000年数据为原全国防沙治沙工程数据。速生丰产用材林基地工程1993～2000年数据为原利用世界银行贷款营造速生丰产用材林工程数据。根据造林技术规程（GB/T 15776-2006），本表自2006年起将无林地和疏林地新封山育林面积计入造林总面积。

2009年各地区林业重点工程造林面积

单位：公顷

地　区	全部造林面积	重点工程造林面积						其他造林
		合　计	天然林资源保护工程	退耕还林工程	京津风沙源治理工程	三北及长江流域等重点防护林体系建设工程	速生丰产用材林基地建设工程	
全国合计	6262330	4596244	1360913	886666	434817	1893077	20771	1666086
北　京	17566	14634			12454	2180		2932
天　津	15654	15654			1127	14527		
河　北	306373	284821		23358	108398	152320	745	21552
山　西	326602	265031	51799	35667	21292	156273		61571
内蒙古	861933	812223	238022	48555	291546	234100		49710
辽　宁	129974	129974		23485		106489		
吉　林	30228	30074		3913		26161		154
黑龙江	213124	213124		58475		153193	1456	
上　海	2051	1383				1383		668
江　苏	83713	50769				50769		32944
浙　江	27422	24301				24301		3121
安　徽	68952	59232		32540		26692		9720
福　建	33261	10576				10576		22685
江　西	228630	96504		34517		45385	16602	132126
山　东	182171	63843				63843		118328
河　南	416131	116139	10667	53333		52139		299992
湖　北	149174	79651	18937	26212		34502		69523
湖　南	125031	104029		53333		50696		21002
广　东	19952	16575				16575		3377
广　西	139409	73502		33892		37642	1968	65907
海　南	19377	18474		3427		15047		903
重　庆	95726	79338	42667	36671				16388
四　川	487782	417561	381072	36489				70221
贵　州	236120	140379	72765	33274		34340		95741
云　南	713478	283420	150841	118648		13931		430058
西　藏	70299	58442	47621	10821				11857
陕　西	449453	406027	244533	39328		122166		43426
甘　肃	212373	210772	73856	42797		94119		1601
青　海	140659	104870	20801	28102		55967		35789
宁　夏	89480	89480	7332	33042		49106		
新　疆	343565	298775		50120		248655		44790
大兴安岭								

注：退耕还林工程中包括军事管理区26 667公顷荒山荒地造林。

1979～2009年林业重点工程完成投资及国家投资情况

单位：万元

指标名称		合　计	天然林资源保护工程	退耕还林工程	京津风沙源治理工程	三北及长江流域等重点防护林体系建设工程							野生动物植物保护及自然保护区建设工程	速生丰产用材林基地建设工程
						小　计	三北防护林体系建设工程	长江中上游防护林体系建设工程	沿海防护林体系建设工程	珠江流域防护林体系建设工程	太行山绿化工程	平原绿化工程		
1979～1989年	实际完成投资	62295				62295	53781	1167			7347			
	其中：国家投资	35443				35443	33076	427			1940			
1990年	实际完成投资	25537				25537	16733	6676			2128			
	其中：国家投资	13469				13469	10291	2616			562			
1991年	实际完成投资	34949				34949	19750	7747	5214		2238			
	其中：国家投资	20247				20247	14315	3205	1983		744			
1992年	实际完成投资	44640				44640	24921	10342	7250		2127			
	其中：国家投资	22888				22888	15978	3608	2613		689			
1993年	实际完成投资	118913			3351	66925	35080	15112	9773		4436	2524		48637
	其中：国家投资	32351			1914	27613	18076	5283	2346		949	959		2824
1994年	实际完成投资	144563			6822	79326	38928	18587	9485		6903	5423		58415
	其中：国家投资	36779			3064	32187	19589	6535	1899		1643	2521		1528
1995年	实际完成投资	162611			7259	86411	42459	18308	10268		7443	7933		68941
	其中：国家投资	43062			3523	36285	21454	5474	2089		2253	5015		3254
“八五”小计	实际完成投资	505676			17432	312251	161138	70096	41990		23147	15880		175993
	其中：国家投资	155327			8501	139220	89412	24105	10930		6278	8495		7606
1996年	实际完成投资	203110			15741	124720	71169	23114	16548		7371	6518		62649
	其中：国家投资	54772			4506	47433	30802	7455	2531		2085	4560		2833
1997年	实际完成投资	244737			33782	152324	80567	21095	12653	16430	12247	9332		58631
	其中：国家投资	68989			12247	52494	34704	7196	2198	502	2853	5041		4248
1998年	实际完成投资	495760	227761		37741	176215	90289	27774	21029	12060	11970	13093		54043
	其中：国家投资	285611	206365		10176	63797	37206	11154	3340	1557	5411	5129		5273
1999年	实际完成投资	761756	409225	33595	35477	235521	118754	31384	22897	16463	24232	21791		47938
	其中：国家投资	506707	351309	33595	8198	108432	57383	16345	5717	2775	14195	12017		5173

（续）

指标名称		合　计	天然林资源保护工程	退耕还林工程	京津风沙源治理工程	三北及长江流域等重点防护林体系建设工程							野生动物植物保护及自然保护区建设工程	速生丰产用材林基地建设工程
						小　计	三北防护林体系建设工程	长江中上游防护林体系建设工程	沿海防护林体系建设工程	珠江流域防护林体系建设工程	太行山绿化工程	平原绿化工程		
2000 年	实际完成投资	1106412	608414	154075	43102	300821	143682	31273	31551	14392	23781	56142		
	其中：国家投资	881704	582886	146623	15655	136540	71602	18427	13768	6831	13327	12585		
“九五”小计	实际完成投资	2811775	1245400	187670	165843	989601	504461	134640	104678	59345	79601	106876		223261
	其中：国家投资	1797783	1140560	180218	50782	408696	231697	60577	27554	11665	37871	39332		17527
2001 年	实际完成投资	1795799	949319	314547	183275	303066	102468	53406	40026	10678	16169	80319	20917	24675
	其中：国家投资	1355797	887717	248459	59283	145743	56163	22736	14425	6499	8832	37088	12109	2486
2002 年	实际完成投资	2558004	933712	1106096	123238	316711	139272	45837	41164	17657	17151	55630	39261	38986
	其中：国家投资	2250647	881617	1061504	120022	157582	66512	27942	13839	15481	10920	22888	28460	1462
2003 年	实际完成投资	3339160	679020	2085573	258781	232083	85437	41442	29155	13136	10436	52477	52406	31297
	其中：国家投资	2978139	650304	1926019	239513	136239	49105	27758	20127	11083	8097	20069	25609	455
2004 年	实际完成投资	3510242	681985	2142905	267666	352661	86645	109028	51946	11922	13048	80072	44465	20560
	其中：国家投资	2983123	640983	1920609	261857	135782	44014	26017	29705	9797	11268	14981	22133	1759
2005 年	实际完成投资	3616302	620148	2404111	332625	192556	85231	53607	23029	9134	14620	6936	51452	15410
	其中：国家投资	3212387	584777	2185928	325408	91292	41252	12808	19704	7039	10095	394	24450	532
“十五”小计	实际完成投资	14819507	3864184	8053232	1165585	1397077	499053	303320	185320	62527	71423	275434	208501	130928
	其中：国家投资	12780093	3645398	7342519	1006083	666638	257046	117261	97800	49899	49212	95420	112761	6694
2006 年	实际完成投资	3533372	643750	2321449	327666	179501	84328	24386	42553	6509	13949	7776	54718	6288
	其中：国家投资	3255411	604120	2224633	310029	85398	38539	8262	20637	4647	13108	205	30750	481
2007 年	实际完成投资	3480379	820496	2084085	320929	165879	94026	13912	37819	3994	13213	2915	79580	9410
	其中：国家投资	3029091	666496	1915544	298768	91273	48202	9964	23290	2811	6541	465	55464	1546
2008 年	实际完成投资	4202355	973000	2489727	323871	337349	184078	34916	94009	7142	16804	400	69800	8608
	其中：国家投资	3626077	923500	2210195	310795	139275	99184	13119	18429	4043	4275	225	41963	349
2009 年	实际完成投资	5087347	817253	3217569	403175	557076	270310	101057	140019	23828	21663	199	80097	12177
	其中：国家投资	4179556	688199	2886310	355377	209602	133198	27000	35953	8979	4422	50	39948	120
1979-2009 年	实际完成投资	34502706	8364083	18353732	2724501	4001029	1851175	683494	646388	163345	247148	409480	492696	566665
	其中：国家投资	28858781	7668273	16759419	2340335	1775545	930354	260715	234593	82044	123647	144192	280886	34323

2009年各地区森林火灾情况

地区	森林火灾次数（次）					火场总面积（公顷）	受害森林面积（公顷）			损失林木	
	合计	一般火灾	较大火灾	重大火灾	特大火灾		合计	其中 天然林	其中 人工林	成林蓄积（立方米）	幼林株数（万株）
全国合计	**8859**	**4945**	**3878**	**35**	**1**	**213636**	**46156**	**5124**	**36058**	**1125075**	**9454**
北京	4	3	1			13	7		7		1
天津	6	5	1			4	2		2	5	0
河北	63	53	10			443	105		105	323	1
山西	37	13	24			3149	636	111	525	29023	31
内蒙古	66	32	30	4		17764	3734		31	16	1689
辽宁	176	123	53			1424	481	47	410	378	18
吉林	131	98	33			351	206	1	105	1975	13
黑龙江	54	36	17		1	99819	1834	1743	91		
上海											
江苏	50	49	1			49	5		5	4	0
浙江	247	51	196			3547	1580		1207	48085	122
安徽	100	57	43			758	311	1	310	6205	12
福建	579	38	528	13		16018	11011	207	10804	420721	578
江西	394	91	303			8184	3300	21	3279	55022	432
山东	17	6	11			210	69		69		11
河南	596	436	160			1990	810		810	827	39
湖北	660	575	85			2228	473	77	390	3046	39
湖南	2173	878	1289	6		18080	10110	60	10050	248925	658
广东	188	53	135			2631	1269	79	1190	22715	3475
广西	569	333	236			7167	1190	40	1150	34182	509
海南	46	28	18			222	163	3	160	286	2
重庆	87	78	9			247	66	7	53	921	5
四川	310	247	57	6		5731	2578	2094	484	57783	24
贵州	1626	1199	421	6		12661	3702	383	3315	117204	1331
云南	510	320	190			10235	2222	238	1332	77348	430
西藏	11	10	1			47	5				
陕西	55	47	8			282	108	4	104	22	23
甘肃	29	29				78	2		2		0
青海	16	14	2			154	103	0	16		2
宁夏	8	8				69					2
新疆	51	35	16			84	73	8	50	60	8

2009年各地区森林病虫鼠害防治情况

单位：公顷

地　区	合计		森林病害		森林虫害		森林鼠害	
	发生面积	防治面积	发生面积	防治面积	发生面积	防治面积	发生面积	防治面积
全国合计	**11419714**	**8193837**	**1031236**	**818753**	**8502993**	**6381447**	**1885485**	**993637**
北　京	39233	39000	740	740	38493	38260		
天　津	36527	38293	4240	4667	32287	33627		
河　北	508760	574580	34353	29847	465960	536813	8447	7920
山　西	280147	203380	2587	2127	238340	169267	39220	31987
内蒙古	1062700	435127	18487	9167	703833	307067	340380	118893
辽　宁	703747	611307	60340	42427	641540	567033	1867	1847
吉　林	294267	113080	25267	19047	249767	83227	19233	10807
黑龙江	369051	335357	24475	19395	202400	189786	142176	126175
上　海	11475	11207	712	732	10763	10475		
江　苏	83457	78031	17227	17121	66230	60910		
浙　江	70534	64289	20362	17997	50172	46292		
安　徽	336606	260229	59401	49480	277139	210682	67	67
福　建	207682	116334	14048	13509	193635	102825		
江　西	387333	332167	62653	53580	324680	278587		
山　东	598663	732816	122384	112365	476279	620451		
河　南	479713	427873	86333	97047	393380	330827		
湖　北	334670	300924	20971	19881	302872	276989	10827	4053
湖　南	393380	191387	5527	4993	387553	186393	300	
广　东	442097	149761	49839	36861	392257	112900		
广　西	359400	85528	23129	2638	336271	82890		
海　南	7189	5356	1199		5990	5356		
重　庆	277695	262929	12527	11241	157498	153933	107670	97755
四　川	775873	615747	92013	60133	652960	529713	30900	25900
贵　州	291787	234427	11507	10520	265387	214327	14893	9580
云　南	331127	306620	34820	31427	295153	274087	1153	1107
西　藏	139733		36667		79733		23333	
陕　西	405293	262140	12933	8167	261047	184793	131313	69180
甘　肃	243247	207240	21020	23533	130180	104887	92047	78820
青　海	265514	195031	18681	13806	103967	74018	142866	107207
宁　夏	366633	206313			142113	73600	224520	132713
新　疆	1188633	744367	111747	100480	579453	508173	497433	135713
大兴安岭	127547	53000	25047	5827	45660	13260	56840	33913

2009年各地区主要森林工业、林产化学产品产量

地　区	木材（万立方米）	竹材（亿根）	锯材（万立方米）	人造板（万立方米）				松香（吨）	栲胶（吨）	紫胶（吨）
				合　计	其　中					
					胶合板	纤维板	刨花板			
全国合计	**7068.29**	**13.57**	**3229.77**	**11546.65**	**4451.24**	**3488.56**	**1431.00**	**1001574**	**11000**	**1992**
北　京	7.51			12.17		12.17				
天　津	5.01			5.63	2.83		2.80			
河　北	58.06		168.98	1097.84	347.01	278.76	198.28		1500	
山　西	5.74		0.10	55.45	0.30	31.57	23.59			
内蒙古	311.81		391.73	69.32	32.41	13.99	20.06		1334	
辽　宁	187.08		161.64	194.76	67.14	36.81	28.87	300		
吉　林	395.06		96.54	192.89	73.64	35.79	54.89			
黑龙江	530.57		126.45	98.34	13.47	30.77	29.62			
上　海				15.83	3.98	11.85				
江　苏	99.44	0.04	56.90	2195.90	903.14	506.72	345.80			
浙　江	196.56	1.57	271.98	487.12	143.85	119.46	13.68			
安　徽	373.76	0.84	124.23	670.62	344.02	197.16	39.25	4648		
福　建	635.27	3.85	133.85	702.12	268.98	170.26	129.97	62467		6
江　西	339.79	0.74	126.43	320.72	116.08	85.25	34.80	50098		4
山　东	221.18		364.68	1163.00	516.24	400.14	82.71			
河　南	110.34	0.02	115.56	1422.59	598.46	345.58	263.95	2500		
湖　北	219.07	0.25	27.65	248.69	37.51	149.05	8.37	13274		
湖　南	546.12	0.73	229.67	430.80	241.58	55.50	17.96	13107	10	862
广　东	524.78	1.26	76.35	577.54	132.64	322.21	75.23	105987		177
广　西	963.62	2.42	389.25	864.88	380.45	317.50	19.93	618999	7161	
海　南	153.30	0.03	31.00	42.50	22.00	15.50	3.00	2883		
重　庆	24.46	0.01	5.28	38.99	30.06	5.71	1.73	1160		
四　川	192.23	0.40	117.56	419.43	120.13	222.79	25.76	2506		59
贵　州	130.48	0.12	41.20	47.04	28.56	7.75	0.86	3825		
云　南	476.37	1.20	125.96	112.87	22.60	71.19	8.26	119820	845	884
西　藏	67.35		19.38	0.01						
陕　西	36.54	0.07	1.55	33.97	1.54	31.80	0.44		150	
甘　肃	4.30			2.44	1.41	0.81	0.22			
青　海	0.18									
宁　夏	0.38									
新　疆	37.33		1.12	0.20	0.20					
大兴安岭	214.60		24.73	22.99	1.00	12.49	0.98			

1981～2009年全国主要森林工业、林产化学产品产量

年份	木材（万立方米）	竹材（万根）	锯材（万立方米）	人造板（万立方米）				松香（吨）	栲胶（吨）	紫胶（吨）
				合计	其中 胶合板	纤维板	刨花板			
1981	4942.31	8656	1301.06	99.61	35.11	56.83	7.67	406214	40159	1095
1982	5041.25	10183	1360.85	116.67	39.41	66.99	10.27	400784	36000	1397
1983	5232.32	9601	1394.48	138.95	45.48	73.45	12.74	246916	34131	1045
1984	6384.81	9117	1508.59	151.38	48.97	73.59	16.48	307993	36523	1489
1985	6323.44	5641	1590.76	165.93	53.87	89.50	18.21	255736	36875	2102
1986	6502.42	7716	1505.20	189.44	61.08	102.70	21.03	293500	42059	1661
1987	6407.86	11855	1471.91	247.66	77.63	120.65	37.78	395692	50306	1909
1988	6217.60	26211	1468.40	289.88	82.69	148.41	48.31	376482	41862	1482
1989	5801.80	15238	1393.30	270.56	72.78	144.27	44.20	409463	26411	833
1990	5571.00	18714	1284.90	244.60	75.87	117.24	42.80	344003	20402	829
1991	5807.30	29173	1141.50	296.01	105.40	117.43	61.38	343300	19516	876
1992	6173.60	40430	1118.70	428.90	156.47	144.45	115.85	419503	26141	732
1993	6392.20	43356	1401.30	579.79	212.45	180.97	157.13	503681	26176	931
1994	6615.10	50430	1294.30	664.72	260.62	193.03	168.20	437269	18177	1001
1995	6766.90	44792	4183.80	1684.60	759.26	216.40	435.10	481264	19662	1393
1996	6710.27	42175	2442.40	1203.26	490.32	205.50	338.28	501221	23766	1450
1997	6394.79	44921	2012.40	1648.48	758.45	275.92	360.44	675758	19814	579
1998	5966.20	69253	1787.60	1056.33	446.52	219.51	266.30	416016	14081	255
1999	5236.80	53921	1585.94	1503.05	727.64	390.59	240.96	434528	10972	294
2000	4723.97	56183	634.44	2001.66	992.54	514.43	286.77	386760	7510	778
2001	4552.03	58146	763.83	2111.27	904.51	570.11	344.53	377793	9446	431
2002	4436.07	66811	851.61	2930.18	1135.21	767.42	369.31	395273	9132	561
2003	4758.87	96867	1126.87	4553.36	2102.35	1128.33	547.41	443306	11970	1078
2004	5197.33	109846	1532.54	5446.49	2098.62	1560.46	642.92	485863	12113	1117
2005	5560.31	115174	1790.29	6392.89	2514.97	2060.56	576.08	606594	7668	779
2006	6611.78	131176	2486.46	7428.56	2728.78	2466.60	843.26	845959	10564	3569
2007	6976.65	139761	2829.10	8838.58	3561.56	2729.85	829.07	1061658	13733	3430
2008	8108.34	126220	2840.95	9409.95	3540.86	2906.56	1142.23	945590	9337	2891
2009	7068.29	135650	3229.77	11546.65	4451.24	3488.56	1431.00	1001574	11000	1992

2009年各地区林业系统固定资产投资完成额

单位：万元

地区	总计	营林固定资产投资			森工固定资产投资			
		合计	基本建设	更新改造	合计	基本建设	更新改造	其他投资
全国合计	**13513349**	**11161861**	**11095168**	**66693**	**2351488**	**1786595**	**453854**	**111039**
北京	339462	339462	290991	48471				
天津	30572	30572	30572					
河北	330527	330527	330527					
山西	620845	620845	620845					
内蒙古	679629	661355	661355		18274	1152		17122
辽宁	331567	331567	331567					
吉林	445644	255120	254894	226	190524	176432	8980	5112
黑龙江	834066	496292	495889	403	337774	331077	6697	
上海	64986	64986	64986					
江苏	738587	738587	738387	200				
浙江	47302	47152	47152		150	150		
安徽	130358	130358	128975	1383				
福建	40710	38337	38337		2373	1524	564	285
江西	232054	231554	229554	2000	500		500	
山东	212444	212444	205929	6515				
河南	570593	570593	570593					
湖北	279846	274006	268364	5642	5840	4530	300	1010
湖南	312354	312351	312351		3	3		
广东	78135	78135	78135					
广西	2680619	981409	981409		1699210	1193511	423960	81739
海南	27994	27994	27994					
重庆	573208	573208	573208					
四川	1605475	1600043	1600043		5432	4032	1300	100
贵州	331912	331912	331912					
云南	372359	365233	364920	313	7126	4811		2315
西藏	25250	25250	25250					
陕西	401925	401695	400155	1540	230		230	
甘肃	466615	466615	466615					
青海	119745	119745	119745					
宁夏	108396	108396	108396					
新疆	282271	281406	281406		865	718		147
局直属单位	197899	114712	114712		83187	68655	11323	3209
大兴安岭	158467	75280	75280		83187	68655	11323	3209

1981～2009年全国林业系统固定资产投资完成额

单位：万元

年份	固定资产投资完成总额	营林固定资产投资			森工固定资产			
		合计	基本建设	更新改造	合计	基本建设	更新改造	其他投资
1981	140752	51231	51231		89521	81959	7563	
1982	168725	54403	54403		114321	64442	10166	39713
1983	164399	46578	46578		117822	73066	15414	29341
1984	180111	53300	53300		126811	78863	14059	33889
1985	183303	61898	61898		121405	76700	12771	31934
1986	231994	60296	59191	1105	171698	78862	16095	76741
1987	247834	69691	68157	1534	178143	87292	26561	64290
1988	261413	83782	81559	2223	177631	79603	37930	60098
1989	237553	93261	92160	1101	144292	75567	33100	35625
1990	246131	100957	100024	933	145174	84966	28508	31700
1991	272236	109462	107639	1823	162774	104359	27322	31093
1992	329800	140826	137411	3415	188974	120749	34706	33519
1993	409238	162777	158849	3928	246461	145700	54853	45908
1994	476997	194633	189541	5092	282364	173920	56376	52068
1995	563972	212546	208531	4015	351426	206932	112608	31886
1996	638626	295283	278722	16561	343343	203809	96678	42856
1997	741802	392904	384653	8251	348898	215739	80701	52458
1998	874648	610303	606051	4252	264345	164192	61143	39010
1999	1084077	917812	915591	2221	166265	79703	50288	36274
2000	1677712	1510541	1506583	3958	167171	62672	65347	39152
2001	2095636	1919835	1916182	3653	175801	61071	63968	50762
2002	3152374	2976388	2961367	15021	175986	101037	39574	35375
2003	4072782	3892793	3884708	8085	179989	67196	59867	52926
2004	4118669	3989023	3984506	4517	129646	55980	35139	38527
2005	4593443	4419596	4397842	21754	173847	69678	72280	31889
2006	4957918	4784890	4707672	77218	173028	82257	62164	28607
2007	6457517	6217121	6151056	66065	240396	146186	46343	47867
2008	9872422	8366173	8277170	89003	1506249	1245733	197183	63333
2009	13513349	11161861	11095168	66693	2351488	1786595	453854	111039

2000～2009年林产品进出口金额

单位：千美元

产品			2000	2001	2002	2003	2004	2005	2006	2007	2008	2009
总计		**出口**	**7295125**	**7855079**	**9579666**	**12235984**	**16300854**	**20574172**	**26377042**	**31930993**	**33488310**	**36316317**
		进口	**11449462**	**10982586**	**12897294**	**16641987**	**19939912**	**22102107**	**25798689**	**32360169**	**38439466**	**33902486**
原木	针叶原木	出口	231	178		57		91	94	17	21	274
		进口	378859	541914	997164	945157	1168493	1387979	1713618	2404879	2414186	2234430
	阔叶原木	出口	7706	5375	3174	2830	1959	1950	1275	1194	965	4306
		进口	1276781	1152063	1141095	1501992	1635825	1855561	2215648	2950955	2769073	1852088
	合计	出口	7937	5553	3174	2887	1959	2040	1368	1211	986	4580
		进口	1655641	1693977	2138260	2447149	2804318	3243540	3929266	5355834	5183259	4086518
锯材		出口	179143	196860	192332	236790	219843	281431	356490	392669	412265	346344
		进口	982031	988518	1167462	1198789	1387144	1516885	1697715	1774871	2039427	2327863
单板		出口	55669	69746	89297	110806	120710	128529	171508	200086	243925	172678
		进口	192257	95889	89383	95536	109913	121181	118163	135718	98504	63736
特形材		出口	99777	94361	122967	187866	278238	557133	731094	519003	448662	371345
		进口	7723	9236	16018	21359	15043	25099	27429	21636	19774	15547
刨花板		出口	8879	6063	21940	20022	21394	18396	25183	34758	45873	32712
		进口	65595	83714	104455	113224	123197	115461	101730	106352	91859	88913
纤维板		出口	10213	9280	20536	20662	125121	396067	635782	1085801	1094538	884401
		进口	282882	279101	302642	320892	272725	229268	195714	168916	140415	119570
胶合板		出口	188958	242272	427048	495433	1249941	1879039	2910501	3577941	3400530	2523949
		进口	436784	254445	258957	355124	384280	276681	197174	170383	167469	89042
木制品		出口	1456873	1578047	1864973	2299221	2934699	3139195	3791812	3828644	3522246	3324597
		进口	46957	28190	26834	35366	52953	49605	61572	70251	75033	84081
家具		出口	1668491	1852066	2706327	3815513	5229343	6843165	8783827	10683050	11017339	12035202
		进口	23078	28567	38628	60661	72706	87217	117585	220383	311952	297671
木片		出口	120365	105358	90730	95223	102486	92893	64321	25249	9034	887
		进口	1466	3873	6184	31878	39929	122141	119140	158338	182490	353802
木浆		出口	6081	2704	2373	2041	925	10728	16480	27487	6916	22351
		进口	2093664	2061438	2154478	2643336	3526709	3694780	4354322	5498741	6660933	6795615
废纸		出口	406	20	15	37	24	8	5	18	1	48
		进口	556938	658612	732240	1231243	1726999	2457178	2748047	4041970	5556926	3796054
纸和纸制品		出口	309266	415259	444050	599608	768335	1060777	1457284	1844016	2070567	6129326
		进口	3963171	3649500	4136723	4393027	4637510	4387339	4215202	4287379	4363240	3879784
木炭		出口	42570	54710	56191	63494	39067	22501	26111	20114	22979	26065
		进口	1553	2731	1283	2051	2809	6070	5922	9914	14663	17552
松香		出口	138772	141747	159505	139805	163850	254515	365260	274265	271944	181729
		进口	2296	1377	1901	3574	4392	4849	5815	6686	4739	6104
水果	柑橘属	出口	47102	40367	55673	75574	105020	143383	161510	257633	437373	592697
		进口	28802	30868	27969	47922	48433	44859	54642	54670	67312	74224
	鲜苹果	出口	96560	100648	149425	209773	274407	306313	372552	512645	698398	713518
		进口	11679	17074	22441	23708	29417	25428	25277	34674	45188	54108

（续）

产品			2000	2001	2002	2003	2004	2005	2006	2007	2008	2009
水果	鲜梨	出口	35799	40826	59415	79968	90665	122078	147713	161765	215087	220716
		进口	336	287	258	239	234	52	23	16	27	23
	鲜葡萄	出口				5827	7382	9982	19234	32944	47437	85926
		进口				41608	67482	82385	69654	63180	95018	172077
	山竹果	出口					10	1	1			
		进口					29764	39547	25217	62230	69565	144383
	鲜榴莲	出口					1					
		进口					52501	47863	53929	71250	92850	124373
	鲜龙眼	出口					1131	1348	2160	2718	2770	857
		进口					69286	73265	85219	98239	124192	157334
坚果	核桃	出口	23278	27693	21927	25842	31043	46112	56691	53887	59270	19849
		进口	352	372	1131	1081	2648	3767	6324	6218	4608	28502
	板栗	出口	61311	52196	47236	49989	58461	49803	57404	62244	62981	68208
		进口	2848	3625	9096	22454	21813	21993	20264	18304	18531	18108
	松子仁	出口	18660	30468	46420	51334	68896	76324	103081	81610	47675	142974
		进口	607	636	205	36	100	154	63	1091	6955	7875
	开心果	出口				3232.691	4800	6403	5488	5906	13098	5622
		进口				15295.372	17432	19252	14664	43178	76554	77461
干果	梅干及李干	出口	5141	5240	2332	1488	1568	1073	970	2136	1942	2311
		进口	1410	1745	2573	883	972	591	1071	1500	1783	2865
	龙眼干、肉	出口	1012	731	1013	858	1041	883	1079	1018	1005	1249
		进口	22639	13930	14789	19544	28730	26933	32991	52849	53530	88737
	柿饼	出口	10980	10389	10838	12911	13210	16314	12105	15983	10630	9098
		进口		23	7		11	43	37	18		
	红枣	出口	6356	6276	7939	9838	10942	11561	10717	10709	12187	17399
		进口		7	17	1	25	1	5	3	14	20
	葡萄干	出口				10830.824	18397	21762	30880	36329	47225	65311
		进口				9571.859	14666	15747	15695	17917	19686	18340
果汁	柑橘属果汁	出口	3066	3916	3657	3680	3347	3974	7402	10525	14424	14218
		进口	10132	16986	46090	65640	50443	62562	85830	122646	97790	106311
	苹果汁	出口	116385	147671	173066	254178	325345	458169	594846	1243994	1130079	655526
		进口	283	459	372	348	1042	412	297	1224	4634	718
其他		出口	2576164	2614608	2799266	3351253	4029252	4612272	5456183	6924636	8117936	7640042
		进口	1058338	1057406	1596900	3440447	4344283	5299957	7412689	9683594	7567286	6718656

说明：①资料来源：2000～2009 年数据由海关总署信息中心提供；

②木浆中未包括从回收纸与纸板中提取的木浆；

③纸和纸制品中未包括回收纸和纸板及印刷品等；

④将从回收的纸与纸板中提取的纤维浆、回收纸与纸板出口额折算为木制林产品价值的系数为：2000 年取 0.18，2001 年取 0.23，2002～2003 年取 0.21，2004～2006 年取 0.22，2007 年取 0.214，2008 年取 0.221；2009 年按木纤维浆（原生木浆和废纸中的木浆）价值比例折算，取 0.81；

⑤将纸和纸制品出口额折算为木制林产品价值的系数为：2000 年取 0.22，2001 年取 0.28，2002～2003 年取 0.26，2004～2006 年取 0.27，2007 年取 0.26，2008 年取 0.26；2009 年按木纤维浆（原生木浆和废纸中的木浆）价值比例折算，取 0.81；

⑥印刷品、手稿、打字稿等的进（出）口额 = 进（出）口折算量 × 纸和纸制品的平均价格。

2000～2009年林产品进出口数量

产品			单位	2000	2001	2002	2003	2004	2005	2006	2007	2008	2009
原木	针叶原木	出口	立方米	1135	646		417		742	113	66	100	851
		进口	立方米	6400661	9142210	15782950	15019747	16003654	18270100	19717608	23270909	18577008	20302606
	阔叶原木	出口	立方米	25576	17093	10957	8980	6137	6185	4169	3655	2725	11885
		进口	立方米	7211085	7721541	8550093	10435720	10304868	11097886	12435326	13861696	10992626	7756655
	合计	出口	立方米	26711	17739	10957	9397	6137	6927	4282	3721	2825	12736
		进口	立方米	13611746	16863751	24333043	25455467	26308522	29367986	32152934	37132605	29569634	28059261
锯材		出口	立方米	414336	449748	448337	543013	489331	682072	829990	763544	717475	561106
		进口	立方米	3613693	4034120	5483706	5598051	6051670	6054178	6153148	6557793	7181828	9935167
单板		出口	立方米	53430	62324	93120	106626	110498	104091	143893	152746	146283	114327
		进口	立方米	649488	335736	286652	223395	154142	151800	134002	130215	91894	72327
特形材		出口	吨	80277	78006	99850	146197	221247	424922	518926	363790	310052	251560
		进口	吨	11548	13000	23384	22566	11962	13127	16523	13755	12333	7953
刨花板		出口	立方米	26273	24958	51183	67463	130751	95035	141658	179824	193171	124944
		进口	立方米	343773	447559	589686	623999	652594	633972	541102	524918	374137	446543
纤维板		出口	立方米	35308	26815	80338	63556	509945	1376697	1968316	3056768	2382562	2031141
		进口	立方米	1014513	1070243	1251646	1394223	1377045	1137113	924481	702512	504505	452979
胶合板		出口	立方米	686991	965361	1792423	2040470	4305484	5583972	8303695	8715903	7185060	5634800
		进口	立方米	1001808	650859	636130	797810	799298	589120	413429	304098	293937	179178
木制品		出口	吨			1300712.399	1593213	1983984	2009708	2304919	2207534	1750049	1563994
		进口	吨			27194.76251	31660	37844	39018	47047	52585	60187	39734
家具		出口	件	91340898	93611649	117969289	142179765	175777874	211601212	248149710	280364654	242633034	247470421
		进口	件	624847	576391	571981	876469	851909	863112	1290094	2468740	3147981	3298999
木片		出口	吨	1854972	1771351	1559915	1137770	1094162	880655	596242	214540	73014	7247
		进口	吨	1202	3596	52271	279741	302680	871274	895437	1139607	1056387	2766012
木浆		出口	吨	12829	5776	4639	3763	1504	20456	32007	50781	10628	35045
		进口	吨	3294418	4873085	5232622	5988591	7214995	7520149	7881293	8383914	9460349	13578483
废纸		出口	吨	820	201	143	228	163	30	24	108	4	220
		进口	吨	3713597	6419109	6872609	9381794	12306851	17036170	19623353	22562110	24205826	27501707
纸和纸制品		出口	吨	263340	352519	364822	502386	576634	790907	1145650	1457278	1356450	4802753
		进口	吨	6311911	5867244	6606778	6626430	6376108	5465318	4604689	4208691	3735959	3495948
木炭		出口	吨	81540	97690	103759	106615	68141	37497	46652	42643	50976	54922
		进口	吨	24852	31279	21839	26654	31066	43013	39406	75003	136266	156678
松香		出口	吨	281420	302279	356307.796	301173	342888	347455	367148	329214	276517	193291
		进口	吨	1556	836	1136	1924	2152	2345	2872	3122	1076	2927
水果	柑橘属	出口	吨	200271	171240	216847	292034	361385	465623	435127	564471	862105	1113002
		进口	吨	61861	67860	58195	76637	66889	61530	78931	74421	79946	91652
	鲜苹果	出口	吨	297651	303558	438738	609052	774131	824050	804226	1019840	1153326	1174191
		进口	吨	25475	39371	56014	41524	37281	33204	31075	36396	42395	54116
	鲜梨	出口	吨	146425	182270	243438	296962	318218	368298	375298	405189	446656	463159
		进口	吨	633	622	746	689	500	81	16	14	9	13

（续）

产品			单位	2000	2001	2002	2003	2004	2005	2006	2007	2008	2009
水果	鲜葡萄	出口	吨				13433	17800	21257	34293	55790	63303	100225
		进口	吨				53412	58887	57490	46021	42775	51613	89775
	山竹果	出口	吨					2	3	1			
		进口	吨					30811	35200	17161	40404	41084	91719
	鲜榴莲	出口	吨					1					
		进口	吨					85500	75371	85220	105667	138929	196147
	鲜龙眼	出口	吨					1547	3251	3150	3560	2221	945
		进口	吨					109418	143375	168482	174625	196451	256037
坚果	核桃	出口	吨	21399	24560	18614	22411	25805	32267	33617	28081	26179	10582
		进口	吨	789	583	1270	1468	2687	3717	6290	7813	9033	21102
	板栗	出口	吨	30768	27884	29660	32369	37581	37065	43379	45409	40920	46640
		进口	吨	2132	3041	5755	9902	13503	13763	13343	11151	11890	10820
	松子仁	出口	吨	3528	6497	7015	6080	9542	11655	9948	7882	4178	7862
		进口	吨	604	668	216	33	70	27	8	196	882	935
	开心果	出口	吨				2177	3572	4992	3931	3953	7691	2469
		进口	吨				11435	9473	11965	9129	19290	29605	21545
干果	梅干及李干	出口	吨	4364	5296	3561	2041	1697	663	484	736	475	551
		进口	吨	1629	2647	3834	785	1010	503	1095	1372	1552	3034
	龙眼干、肉	出口	吨	261	280	347	292	311	250	287	254	222	232
		进口	吨	45260	32652	35582	38361	55461	44385	58895	80996	76117	133616
	柿饼	出口	吨	7777	6549	8809	11535	11067	11603	7122	8546	5660	5001
		进口	吨		16	3		21	59	123	7		
	红枣	出口	吨	11241	9024	12277	17483	15796	13080	9539	9496	7884	8668
		进口	吨		16	45	1	26	1	1		17	5
	葡萄干	出口	吨				7778	12122	13392	23392	25680	30620	41345
		进口	吨				7931	10772	11274	11109	12338	12570	11743
果汁	柑橘属果汁	出口	吨	2920	3686	3716	4214	3266	3848	8984	11941	16895	20220
		进口	吨	9554	18635	37956	53057	48255	60814	64454	65324	47566	65108
	苹果汁	出口	吨	142315	228394	296568	418235	487139	648463	673047	1042326	692574	799505
		进口	吨	531	802	570	478	1344	461	348	1028	2270	467

说明：①资料来源：2000～2009 年数据由海关总署信息中心提供；

②表中数据体积与重量按刨花板 650 千克 / 立方米，单板 750 千克 / 立方米的标准换算；2000～2003 年按纤维板 700 千克 / 立方米折算，2004～2006 年纤维板分别按硬质纤维板 950 千克 / 立方米、中密度纤维板 650 千克 / 立方米、绝缘板 250 千克 / 立方米的标准折算；2007～2009 年纤维板折算标准：密度 >800 千克 / 立方米的取 950 千克 / 立方米，500 千克 / 立方米 < 密度 <800 千克 / 立方米的取 650 千克 / 立方米，350 千克 / 立方米 < 密度 <500 千克 / 立方米的取 425 千克 / 立方米，密度 <350 千克 / 立方米的取 250 千克 / 立方米；

③木浆中未包括从回收纸和纸板中提取的木浆；

④纸和纸制品中未包括回收的废纸和纸板、印刷品、手稿等；

⑤纸和纸制品出口量按纸和纸产品中的木浆比例折算，出口量的折算系数：2000 年为 0.18，2001 年为 0.23，2002～2003 年为 0.21，2004～2006 年为 0.22，2007 年为 0.214，2008 年为 0.221；2009 年按木纤维浆（原生木浆和废纸中的木浆）比例折算，为 0.80；

⑥核桃进（出）口量包括未去壳核桃和核桃仁的折算量，其中核桃仁的折算量是以 40% 的出仁率将核桃仁数量折算为未去壳的核桃数量；

⑦柑橘属水果中包括橙、葡萄柚、柚、蕉柑、其他柑橘、柠檬酸橙、其他柑橘属水果。

注　释

1. 文中林产品进出口部分，将林产品分为木质林产品和非木质林产品。木质林产品划分为8类：原木、锯材（包括特形材）、人造板及单板（包括单板、胶合板、刨花板、纤维板和强化木）、木制品、纸类（包括木浆、纸及纸板、纸或纸板制品、废纸及废纸浆、印刷品等）、木家具、木片、其他（薪材、木炭等）；非木质林产品划分为7类：苗木类，菌、竹笋、山野菜类，果类，茶、咖啡类，调料、药材、补品类，林化产品类，竹藤、软木类（含竹藤家具）。

2. 关于造林面积统计，根据造林技术规程（GB/T 15776-2006），自2006年起将无林地和疏林地新封山育林面积计入造林总面积。1985年以前（含1985年），按造林成活率40%以上统计，1986年以后按成活率85%统计。

3. 附表中所有统计资料和数据均未包括香港、澳门特别行政区和台湾省。

4. 附表中符号使用说明："空格"表示该项统计指标数据不足本表最小单位数、不详或无该项数据。

后　记

《2010中国林业发展报告》是集体劳动的成果。在国家林业局领导的直接领导下，局发展规划与资金管理司和经济发展研究中心负责组织和编写，各司局、有关直属单位、北京林业大学参加了这项工作。

本报告在编写过程中，得到了国家统计局、海关总署、中国造纸协会等单位的大力支持，他们为之提供了有关资料，在此表示感谢。

我们诚恳希望广大读者关心林业发展并能提供宝贵的建设性意见。我们的联系方式是：

地址：北京市东城区和平里东街18号

国家林业局发展规划与资金管理司

国家林业局经济发展研究中心

电话：010-84238489，84239170

E-mail:tongjichu@forestry.gov.cn

编　者

2010年9月

图书在版编目 (CIP) 数据

2010 中国林业发展报告 / 国家林业局编．－北京：中国林业出版社，2010.9
ISBN 978-7-5038-5932-8
Ⅰ．① 2… Ⅱ．① 国… Ⅲ．①林业经济－经济发展－研究报告－中国－ 2010 Ⅳ．① F326.23

中国版本图书馆 CIP 数据核字 (2010) 第 183840 号

责任编辑：刘家玲

出版：中国林业出版社 (100009 北京西城区刘海胡同 7 号)
E-mail:wildlife_cfph@163.com 电话：83225764
发行：中国林业出版社
制作：北京美光制版有限公司
印刷：北京佳信达欣艺术印刷有限公司
版次：2010 年 9 月第 1 版
印次：2010 年 9 月第 1 次
开本：889mm × 1194mm 1/16
印张：11.75
字数：230 千字
印数：1 ～ 2000 册
定价：88.00 元